本书系国家社科基金青年项目"延迟退休对不同职业群体退休行为的影响效应及配套机制研究"(16CRK019)的结项成果。

系统理论视野下的
退休制度研究

林熙 著

中国社会科学出版社

图书在版编目（CIP）数据

系统理论视野下的退休制度研究／林熙著 . —北京：中国社会科学出版社，2023.8
　ISBN 978 – 7 – 5227 – 2409 – 6

　Ⅰ.①系… Ⅱ.①林… Ⅲ.①退休—劳动制度—研究—中国 Ⅳ.①F249.213.4

中国国家版本馆 CIP 数据核字（2023）第 143954 号

出 版 人	赵剑英
责任编辑	彭 丽　李 沫
责任校对	刘 健
责任印制	王 超

出　　版	中国社会科学出版社
社　　址	北京鼓楼西大街甲 158 号
邮　　编	100720
网　　址	http://www.csspw.cn
发 行 部	010 – 84083685
门 市 部	010 – 84029450
经　　销	新华书店及其他书店
印　　刷	北京君升印刷有限公司
装　　订	廊坊市广阳区广增装订厂
版　　次	2023 年 8 月第 1 版
印　　次	2023 年 8 月第 1 次印刷
开　　本	710×1000　1/16
印　　张	18.25
插　　页	2
字　　数	263 千字
定　　价	98.00 元

凡购买中国社会科学出版社图书，如有质量问题请与本社营销中心联系调换
电话：010 – 84083683
版权所有　侵权必究

目 录

第一章 绪论 ……………………………………………………（1）
 第一节 研究背景与研究意义 ……………………………（1）
 第二节 文献综述 …………………………………………（2）
 第三节 基本思路与研究方法 ……………………………（26）
 第四节 本书秉持的基本观点和理论创新价值 …………（29）

第二章 理论基础与基本概念界定 ………………………（31）
 第一节 理论基础 …………………………………………（31）
 第二节 概念界定 …………………………………………（56）

第三章 退休制度的系统论分析逻辑
   ——一个理论阐释 ………………………………（62）
 第一节 卢曼系统理论的核心观点对退休分析的适用考察 …（62）
 第二节 退休建构中所关涉的诸系统 ……………………（68）

第四章 退休在系统结构耦合中产生和演进的路径
   ——基于西方工业国家的历史研究 ……………（86）
 第一节 退休的基础——经济系统功能分化下劳动与
    资本的区分 ……………………………………（87）
 第二节 退休在西方工业国家的产生和演化 ……………（92）

第三节　结论 …………………………………………… (110)

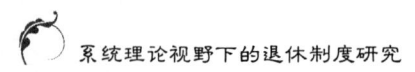

第五章　中国的退休与延迟退休的系统演化特征及其职业群体特征 ……………………………………… (116)
　　第一节　退休在中国的产生 …………………………… (116)
　　第二节　经济体制改革下退休的系统性重构 ………… (126)
　　第三节　延迟退休对职业群体的影响方式分析 ……… (141)

第六章　延迟退休条件下不同职业群体的退休约束和退休决策 ………………………………………………… (161)
　　第一节　延迟退休与养老保险的经济收益变化 ……… (162)
　　第二节　退休制度对劳动者退休行为的约束效应 …… (176)
　　第三节　延迟退休背景下中国中老年劳动者的退休决策 … (186)

第七章　延迟退休对不同职业群体退休社会规范的重塑 …… (200)
　　第一节　社会规范视野下的退休规范 ………………… (200)
　　第二节　延迟退休对不同群体退休规范的挑战和重塑 … (207)

第八章　跨越边界
　　——灵活退休机制的国际实践带来的启示 …………… (224)
　　第一节　灵活退休机制的界定、分类和运行原理 …… (224)
　　第二节　典型国家的灵活退休政策实践 ……………… (230)
　　第三节　灵活退休机制对中国退休制度改革的借鉴思路 … (236)

第九章　延迟退休政策配套改革的政策建议
　　——多元化、灵活化的延迟退休实践框架 …………… (241)
　　第一节　阻碍延迟退休政策实施的几个关键的结构性问题 …… (242)
　　第二节　建构退休收入与老龄收入的合理关系 ……… (245)
　　第三节　在延迟退休中融入灵活退休机制 …………… (253)

第四节　建立新时代的老龄劳动用人关系 …………………（265）
第五节　总结 ………………………………………………（270）

参考文献 ……………………………………………………（272）

第一章 绪论

第一节 研究背景与研究意义

一 研究背景

自 2013 年十八届三中全会决定明确提出引入渐进式延迟退休年龄政策的改革决定以来，渐进式延迟退休政策正式被提上官方议事日程，引起社会的高度关注和广泛讨论。此后，"十三五"规划纲要、"十四五"规划和 2035 年远景目标纲要、《"十四五"国家老龄事业发展和养老服务体系规划》等重要政策文件均明确提出实施延迟法定退休年龄政策，退休制度改革作为应对老龄化重要战略布局的组成部分，已然箭在弦上。退休政策调整是应对人口老龄化挑战的核心政策举措，对社会保障制度的可持续性、劳动力市场的长期供求平衡、老龄化背景下经济社会的长期发展战略都有着枢纽性的重要作用。退休制度作为嵌入到经济政治中的系统耦合结果，也必然对经济、政治环境的变化做出反应，从而具有相当程度的复杂性和艰巨性。延迟退休年龄政策设计和推进中，需要在对中国退休的制度特征和内在逻辑做出清晰判断的基础上，在对退休制度演化改革逻辑的认知上，在我国养老保险演变发展的规律和趋势的认知上，充分捕捉我国独特的国家—市场关系下的退休制度的系统耦合规律和特征，研究延迟退休对不同职业群体的劳动者在经济因素、社会因素、认知偏好等方面的影响，从中剖析我国延迟退休机制设计面临的内在阻力及其深层原因，以此为基础尝试在退休制度的创新实践基础上，制定和推进劳动者、用人单位、国家均能接受的延迟退休配套方案，推进符合中国特色的延迟退休可持续的落地运行。

二 研究意义

本书将生命历程制度化理论视野和卢曼的社会系统理论方法为研究的理论主线，探索退休的产生和演化的理论逻辑及其在演化过程中逐渐产生的新形态和新趋势，进一步探索退休演化过程中对各参与主体的影响及其应对和疏解策略。本书从经济学、社会学等多学科融合的视野，在对退休演化的逻辑内涵和发展趋势的研判下，重点研究我国延迟退休政策实施对不同职业群体退休行为的影响机理、影响路径及效果，探索制约不同职业群体退休意愿和退休行为的经济、社会、文化因素，层层递进，探索退休这一生命历程制度形成的内在机理及其调整改革的关键要素与核心难点，为构建实质性而非形式性的延迟退休的理论和实践问题做出探讨。首先，本书有助于科学把握不同职业群体劳动者对延迟退休政策的态度、偏好和倾向，全面认知退休政策的公众预期和社会反响，有的放矢地降低政策推进阻力。其次，有助于为延迟退休政策推进过程中引入灵活退休等配套机制提供具有前瞻性的政策储备。

第二节 文献综述

一 国外相关研究综述

国外关于退休行为的研究起步较早，主要集中在三个层面：基于经济学理论研究经济因素对退休决策的激励；基于社会学理论，立足生命历程、年龄规范探讨非经济因素对退休行为的塑造；基于行为研究，探索个人因素对退休决策、退休行为的影响。近年来，许多研究突出了多学科融合的趋势，对退休行为及其影响因素的分析也越来越细化。

（一）经济保障影响不同职业、行业劳动者的退休决策

经济学将退休行为视为生命周期中的跨期最优选择问题，认为劳动者通过适时领取养老金，实现个人收入的平滑的最优选择。Mitchell

等（1984）[①]"研究经济收益和退休行为之间的关系，结合工资、社会保障制度等维度，采用新古典研究范式探讨退休行为的最优决策问题。老年劳动者基于工资、养老金等经济收益，在收入和闲暇之间做出最优决策。Lazear（1986）[②] 在其经典研究中对退休的形态及其制度关联做了归纳。笔者认为，退休不仅意味着永久地退出劳动力市场，同时与社会保障制度、私营养老金有着密切的关联。通过对一系列相关理论模型的探讨，基于生命周期的储蓄行为分析退休行为，指出美国劳动者退休年龄下滑与养老金带来的收入效应有关，养老金收入使劳动者愿意享受更多的闲暇。经济激励是决定退休行为的重要因素，而退休年龄的变化会作用于养老金计发公式，提前或延迟领取养老金将直接影响劳动者的经济财富，研究者将其命名为养老金财富（pension wealth），度量从个人在相应制度和年龄等参数假设下一生的养老金总额，而不同时点领取养老金会带来养老金财富在总量上的增减，而这个增减可能带来社会保障隐形税。Feldstein 和 Samwick（1992）[③] 是这一研究领域的主要开创者。他们研究了不同经济社会背景，如不同的收入、婚姻状况下，社会保障制度是如何诱发与社会保障相关的边际税率的，从而这些边际税率是如何降低社会保障的公平和效率的。这些边际税率影响不同年龄段劳动者的劳动供给选择，以及家庭内部的劳动分工。研究表明，边际税率对年轻人和贫困者影响更大，年龄越大边际税率就越低；对单身者的影响大于夫妇；对男性的影响大于女性。Diamond 和 Gruber（1998）[④] 以养老金财富为基础研究了美国劳动者退休行为和社会保险的关系。在对美国养老保险的基本构架、发展历程做了简单归纳后，构建模型估计 55 岁以后的劳动者参加社会保障所面临的隐形税或隐性补贴的程度，并指出

[①] Mitchell O. S., "Retirement and Economic Behavior", Edited by Henry J. Aaron and Gary Burtless (Book Review), *Industrial and Labor Relations Review*, 1985, 38 (4), p. 669.

[②] Lazear, E. P., "Retirement from the Labor Force", in *Handbook of Labor Economics*, O. Ashenfelter and R. Layard eds., Vol. 1, 1986, pp. 305 – 355.

[③] Feldstein, Martin, and Andrew Samwick, "Social Security Rules and Marginal Tax Rates", *National Tax Journal*, Vol. 45, No. 1, 1992, pp. 1 – 22.

[④] Diamond, Peter and Jonathan Gruber, "Social Security and Retirement in the United States", *Social Security and Retirement around the World*, Chicago: University of Chicago Press, 1999, pp. 437 – 474.

对于夫妇而言，社会保障系统基本是公平的，65岁之前没有显著的隐形税效应，但65岁之后隐形税效应显著。而单身者和高收入者会面临较高的隐形税。Holzmann（2013）[1]对国际养老保险改革趋势做了总结。回顾了养老保险改革的主要挑战和动因，归纳了多层次养老保险体系改革的主要趋势，包括提高退休年龄等，以及提出在长寿、移民等风险下，养老保险经济激励对个人行为的影响。Stock和Wise（1990）[2]建立选择价值模型（Option Value 模型），成为这一问题的经典研究方法。选择价值模型将劳动者延迟退休后额外的工作收入变化，和根据生存概率与精算条件调整后的养老金变化做出测算，从而较直观地表现出延迟退休对劳动者经济收益的变化。这一研究融合了养老金财富的增减和工作收入的增减，从而能够较全面地展现劳动者在不同年龄退休可能产生的总体经济效益。在此基础上，涌现了大量针对退休与经济激励的研究成果。针对经济激励与提前退休的实证研究指出，不同行业劳动者具有不同的提前退休选择。例如Disney（2006）[3]针对福利保障制度对就业的影响做出研究，通过对多个国家多种福利制度和税收制度进行微观计量分析，从而了解福利制度尤其是养老金对劳动就业供给的影响。Whiteford和Whitehouse（2006）[4]研究了OECD国家养老保险改革的主要挑战，指出在养老保险财务压力日渐沉重的趋势下，养老保险资格条件被收紧，养老金经济激励下调，养老金待遇随预期寿命调整，这些都旨在平衡人口老龄化背景下养老保险待遇对适当劳动供给的关联。Börsch-Supan（2004，2015）[5][6]利用养老金财富、选择

---

[1] Holzmann, Robert, "Global Pension Systems and their Reform: Worldwide Drivers, Trends and Challenges", *International Social Security Review*, Vol. 66, No. 2, 2013, pp. 1–29.

[2] Stock, James H., and David A. Wise, "The Pension Inducement to Retire: An Option Value Analysis", *Issues in the Economics of Aging*, University of Chicago Press, 1990, pp. 205–230.

[3] Disney R., "The Impact of Tax and Welfare Policieson Employment and Unemployment in OECD Countries, *IMF Working Papers*, 2006.

[4] Whiteford, Peter, and Edward Whitehouse, "Pension Challenges and Pension Reforms in OECD Countries", *Oxford Review of Economic Policy*, Vol. 22, No. 1, 2006, pp. 78–94.

[5] Börsch-Supan, Axel, et al., "Micro-modeling of Retirement Decisions in Germany", *Social Security Programs and Retirement Around the World: Micro-estimation*, 2004, pp. 285–343.

[6] Börsch-Supan A., Bucher-Koenen T., Coppola M., et al., "Savings in Times of Demographic Change: Lessons from the German Experience", *Journal of Economic Surveys*, 2015, Vol. 29, No. 4, pp. 807–829.

价值模型进行微观建模，研究了德国养老保险机制设计下，不同世代劳动者所面临的退休经济激励及其展现出的退休行为模式，指出精算不平衡的养老保险计发方式是诱使劳动者提早退休的主要原因，提出应使养老保险实现精算中立。同时通过税收机制对养老保险的关联分析，Börsch-Supan 指出不同类型的劳动者面临的退休收入课税差异将影响其退休—工作决策，而贫困者、单身者受到税收杠杆的冲击更大，因此还应注重政策调整背景下的公平性问题。大多数针对养老金财富增减的研究着眼于公共养老金，Armour（2017）[1]则将私营养老金纳入了考虑，针对美国的社会保障和私营养老金制度模式，以及近年来提高养老金领取年龄的政策实践，提出私营养老金的存在对延迟退休的养老金财富增减增加了复杂性。

在经济学研究退休行为的领域，美国国家经济研究局（NBER）自 1999 年以来的长期研究项目具有相当的权威性和可参考性。NBER 集合一批世界顶尖的研究养老保险的经济学家对 12 个 OECD 国家社会保障财富与退休决策的长期研究项目，揭示养老保险制度的经济激励与不同职业及收入水平劳动者退休行为之间的密切联系，指出建立精算公平的养老保险制度是激励延迟退休的首要保证，并对与退休行为相关联的各个因素做了深入研究，至今已持续 20 年。其中 1999 年的研究[2]主要针对 12 个主要工业国家的社会保障制度下的退休制度做了概观性的描述，并通过养老金财富等理论工具对社会保障经济激励和退休的关联做了初步探讨，其目的在于揭示尽管各国的劳动力市场和社会保障制度差异巨大，但社会保障对退休行为的影响是显而易见的。2004 年的《微观估测》[3]对社会保障和退休的经济分析建立了标准模型，形成较完整的分析范式，在此模型下，经济学家对 12 个 OECD 国

---

[1] Armour P., Hung A., "Drawing down Retirement Wealth: Interactions between Social Security Wealth and Private Retirement Savings", *SSRN Electronic Journal*, 2017.

[2] Gruber, Jonathan, and David A. Wise, eds., *Social Security and Retirement around the World*, Chicago: University of Chicago Press, 1999.

[3] Gruber, Jonathan, and David A. Wise, eds., *Social Security Programs and Retirement Around the World: Micro-estimation*, Chicago: University of Chicago Press, 2004.

家的社会保障和退休年龄进行了模拟，结论指出在平均条件下，延迟三年领取养老金会降低56—65岁劳动者退出劳动（也即是OECD语境下的提前退休）的概率，即23%—36%。而不同国家提前退休的精算损失差异较大，受各国养老金计发规则的影响。最后研究指出，尽管各国在就业文化、社会保障制度、劳动力市场安排等方面有显著差异，但社会保障影响退休行为的方式和结果差别不大，具有相当程度的类同性。2007年的《改革的财政影响》[①]在前两个阶段的基础上，关注三种退休年龄改革对社会保障制度财务的影响。以前两阶段的模拟为基础，探讨随着不同的退休年龄改革方案，这些国家原有的退休年龄分布会如何改变，并且这个改变将如何作用于财政平衡。由此，该研究衡量的不是单纯的社会保障制度长期财务收支平衡，而是透过退休年龄调整引导的退休行为改变，专注于退休年龄调整所带来的对财务平衡的影响。2010年的《与青年就业的关联》[②]重点研究退休政策对青年就业率的影响。传统理论认为提前退休可以为年轻劳动者腾出岗位，从而有助于缓解青年失业压力。但研究结论指出退休对于劳动力市场功能的实现是存疑的，例如老年群体提前退休对青年群体失业问题的解决效果并不明显，仅有少数一两个国家产生了一定效果，大多数国家则没有实证表明老年退休和青年就业的显著关联。2012年的《退休改革与健康、死亡率、就业历史趋势、残障保险参与》[③]研究退休和健康、就业与残障保险的关系。身体状况和残障保障是影响劳动者劳动参与行为的重要因素，也是实践当中影响退休行为的一个大类，因此需要对这一领域进行单独研究。通过对死亡率、健康状况和残疾保险参与情况做比较研究，这一阶段主要奠定了研究残疾保险影响健

[①] Gruber, Jonathan, and David A. Wise, eds., *Social Security Programs and Retirement around the World: Fiscal Implications of Reform*, Chicago: University of Chicago Press, 2007.

[②] Gruber, Jonathan, and David A. Wise, eds., *Social Security Programs and Retirement around the World: The Relationship to Youth Employment*, Chicago: University of Chicago Press, 2010.

[③] David A. Wise, ed., *Social Security Programs and Retirement around the World: Historical Trends in Mortality and Health, Employment, and Disability Insurance Participation and Reforms*, Chicago: University of Chicago Press, 2012.

康和劳动参与的基础。不同国家在这几方面存在的差异提供了自然实验的基础。研究表明残疾保险的建立和参与对劳动参与有显著影响。紧随其后的2016年的《残障保险项目与退休》①是其姊妹篇，在2012年的基础上探讨残障保险对退休的影响。残障保险的领取年龄在实践中被用作提前退休年龄之一。该研究建立在2012年、2004年的研究基础上，采用微观经济模型，分析社会保障项目资格的改变对劳动者退休行为的影响，尤其是养老金领取年龄和残障保险领取年龄，二者在案例国家中对劳动者的退休行为有非常显著的影响。自2017年起，项目的研究重心转移到劳动者自身的工作能力方面，研究在延迟退休大背景下，劳动者是否有足够的能力提供合适的劳动供给。2017年的《老龄群体的劳动能力》②着眼于研究健康能力对劳动者持续工作的影响。前期研究业已证明社会保障提供的经济激励是制约劳动者劳动供给的重要外部因素，那么这一期的研究则着眼于劳动者自身是否有能力工作更久这些内部因素，尤其在退休年龄已经普遍提高的背景下。该研究旨在探索健康状况和工作时间的关系，从而为延迟退休年龄政策提供基础。作者采用Milligan-Wise方法估计死亡率和就业的关联，采用Cutler、Meara and Richards-Shubik的方法比较老人和年轻老人的健康状况，用以综合衡量老年人的健康水平。研究表明与更早的世代相比，当前世代有工作更久的能力，但与更近的世代（例如1995年后的老人）相比，工作能力的提升并不多。紧随其后的2018年的《更长久地工作》③试图回答在经历了长期劳动参与下降后近年来劳动参与上升的原因、为何劳动参与提升在不同国家差异较大。该部分的研究主要建立在描述性研究的基础上，总结和归纳劳动参与变化的趋势及其国别特色因素。而研究认为健康、教育等因素都不足以解释劳动参与变化在各国的实际情况。而妇女就业增

---

① David A. Wise, eds., *Social Security Programs and Retirement Around the World: Disability Insurance Programs and Retirement*, Chicago: University of Chicago Press, 2016.

② David A. Wise, eds., *Social Security Programs and Retirement around the World: The Capacity to Work at Older Ages*, Chicago: University of Chicago Press, 2017.

③ Coile, Kevin Milligan, and David Wise, eds., *Social Security Programs and Retirement around the World: Working Longer*, Chicago: University of Chicago Press, 2019.

加以及制度因素，尤其是社会保障政策变化是主导各国劳动参与变化趋势的主要原因。2018年的《退休激励因素及其改革》① 是一项新的综合研究的开端。这个研究建立在过去20年的研究基础上，回溯性地探索过去若干年社会保障制度改革所引发的经济激励到底能否支撑劳动参与、退休行为变化的解释，这是对往期理论和实证研究的一个回顾、反思和总结，项目的研究过程也是改革的进行过程。研究认为社会保障隐形税在各个国家都有显著下降，尽管国别情况不同，但社会保障改革切实提高了劳动参与，提供了对延迟退休的正面激励。NBER的长期项目至今仍在继续中，其研究主题环环相扣，以1999年的制度归纳和2004年的微观建模为基础，分析了退休和财政负担、劳动力市场的关联，分析了残障保险和退休行为的关联，分析了退休和劳动能力的关系，堪称经济学方法研究退休问题的集大成者，也是这一研究范式下对退休行为进行研究的必读文本。这一研究对社会保障制度调整—改变经济激励—改变退休行为这一新古典经济学的逻辑线索有着坚定不移的信任，也做出有说服力的论证，不仅值得经济学研究退休反复思考，也值得多学科角度研究退休进行借鉴。

（二）生命历程制度化、退休渠道与退休行为

生命历程范式是社会学研究退休问题最基本的理论方法之一。社会学家将退休视为由福利国家制度塑造而成的制度化生命历程阶段，是现代社会所特有的新型人生阶段。Kohli（2009）② 是生命历程制度化理论的开创者之一。在其1986年的经典论文中，他提出了生命历程的几个基本要点，认为生命历程深受社会制度影响和塑造，工业时代之后的生命历程是围绕着劳动就业这个主题而塑造出来的，并且这个生命历程具有普遍性。为了论证这一点，Kohli深入研究了生命历程的历史发展，从前工业社会到工业社会的生命周期、年龄界限、个人生涯的预期，最终形

---

① Börsch-Supan, Axel and Courtney Coile eds., *Social Security Programs and Retirement around the World: Reforms and Retirement Incentives*, Chicago: University of Chicago Press, 2021.

② Kohli, Martin, "The World We Forgot: A Historical Review of the Life Course", in Walter R. Heinz, Johannes Huinink, and Ansgar Weymann eds., *The Life Course Reader: Individuals and Societies across Time*, Frankfurt, Campus-Verlag, 2009, pp. 64–90.

成了结构化的分析范式,初步提出制度是如何参与到生命历程的构建当中。Kohli（2007）[1]在对其早期理论及研究实践进行反思后,再次重申生命历程制度化也已成为当代社会的显著特征之一,同时对生命历程社会学如何涵盖新的社会动态发展做出了讨论和展望,同时还对已经有所显现的标准生命历程的侵蚀现象进行了讨论和解读,并对维持生命历程的相关政策前景进行了探讨。Mayer是生命历程制度化分析的另一位开创者。Mayer（1989）[2]认为传统的生命历程研究关注不同的年龄群体、不同的生活阶段、不同的生活主题等方面。国家对生命历程的塑造是日益兴旺的领域,提供了综合研究生命历程制度化的的范式,从国家的角度研究生命历程制度不是生命历程研究的特殊领域,而是生命历程研究的全新方法。论文对当前这一领域的一些研究发展做了归纳和提炼,描述了这一领域的理论架构。论文通过文献研究的方法,对美国、西欧在婚教育、婚姻、就业、退休等多个领域的生命历程发展和国家政策干预做了综合研究。Mayer（2007）[3]利用生命历程制度化方法研究了社会变迁的两个矛盾话题,也即是西方社会总体有着非常相似的工业社会发展历程,例如当前工业就业的减少和服务业就业的增多、家庭结构改变、人口老龄化等,但具体国家却又体现出非常特殊的个体特征和应对策略,例如在教育、家庭、劳动力市场、社会保障等政策领域的特征,作者对这些领域的变化做了生命历程分析,在总结理论和实证成果的基础上做了展望。Mayer（2007）[4]则站在福利国家类型学的视角,试从埃斯平-安德森等人的福利国家分类研究中,寻找不同福利国家体制下的生命历

---

[1] Kohli, Martin, "The Institutionalization of the Life Course: Looking Back to Look Ahead", *Research in Human Development*, Vol. 4. No. 4, 2007, pp. 253-271.

[2] Mayer, Karl Ulrich, and Urs Schoepflin, "The State and the Life Course", *Annual Review of Sociology*, 1989, pp. 187-209.

[3] Mayer, Karl U., "The Paradox of Global Social Change and National Path Dependencies: Life Course Patterns in Advanced Societies", Alison E. Woodward and Martin Kohli (eds.) (2001), *Inclusions and Exclusions in European Societies*, London: Routledge, 2007, pp. 89-110.

[4] Mayer, Karl U., "Life Courses and Life Chances in a Comparative Perspective", for the Symposium in Honor of Robert Erikson "Life Chances and Social Origins", *Swedish Council for Working Life and Social Research* (FAS), Sigtunahöjden, November 24-25, 2003.

程阶段,用以进行生命历程制度的比较研究。研究表明不同的福利国家体制对劳动力市场、社会保障有着直接约束,从而塑造了不同的生命历程特征。论文以案例国家的形式,归纳了福利国家在就业、妇女就业、家庭生命历程、收入轨迹、退休、职业流动、工会、贫困问题、流动性等方面的特征。Mayer（2009）[1] 回顾了生命历程理论和方法的发展,并归纳了2000年以来生命历程实证研究的主要成果和进展,并对这一领域的研究做了整体评价。2000年以来的主要进展体现在基于个人长期数据库的实证研究、制度环境对生命历程的影响、社会组织影响下的生命历程、健康与生命历程四个方面。

在生命历程制度化理论下,退休是由一系列制度因素所塑造出的制度化的生命历程阶段。退休制度主要由社会保障制度和劳动力市场制度建构而成,推动或拉动劳动者在特定的时间节点退出劳动力市场,步入新的生命阶段。这些制度要素构成了退休渠道（pathways to retirement）,是调节老年劳动供给的重要工具,影响不同职业劳动者的退休激励和退休机会,让符合条件的劳动者通过各种路径实现退休。这一领域的开创性成果来自Kohli、Rein等学者编著的 *Time for Retirement* 一书[2]。该著作集合了退休研究领域卓有成就的社会学家对社会制度,尤其是劳动力市场制度和社会保障制度如何影响劳动者的退休路径进行了理论分析和实践研究。该著作首次提出了退休渠道的概念,集中分析了劳动者因领取养老金、弹性领取养老金、领取残障保险、领取失业保险、领取职业养老金或职业福利而实现多种形态退休的现实表征。这一研究拓宽了传统上对退休的理解,奠定了从生命历程角度研究退休的实现路径。紧随其后,Naschold[3]集合一批学者,编写了探讨福利国家制度和公司政策对劳

---

[1] Mayer, Karl U., "New Directions in Life Course Research", *Annual Review of Sociology*, 2009, pp. 413 – 433.

[2] Martin Kohli, Martin Rein, Ann-Marie Guillemard, and Herman Van Gunsteren eds., *Time for Retirement: Comparative Studies of Early Exit From the Labor Force*, Cambridge: Cambridge University Press, 1991.

[3] Naschlod, Frieder and Bert de Vroom eds., *Regulating Employment and Welfare: Company and National Policies of Labour Force Participation at the End of Worklife in Industrial Countries*, Walter de Gruyter & Co., 1993.

动者退休行为影响的论文集，对荷兰、德国、法国、瑞典、东德、日本等国的福利国家制度和退休，尤其是提前退休的关联做了分析，指出福利国家制度，尤其是社会保障、劳动力市场制度、集体谈判等，从宏观到微观都深刻影响着劳动者在其工作生涯末期的工作—退休决策，并提出了退休制度分类的二维坐标，通过社会保障待遇高低和劳动力市场融合程度高低将退休模式分为四个类别，并将其对应到不同的福利国家类型，由此打通了福利国家分类和退休阶段之间的逻辑联系。Maltby 等学者在 2004 年编写的《老龄和向退休转移》[1] 同样是这一领域的重要文献，与之前的两本著作相异的是，著作中的论文更加重视老龄化背景下劳动者退休意愿转移的现状和原因。也即是说，其论述的重点被放在年龄文化、年龄规范这些由制度所引致的非正规规范是如何塑造不同国家劳动者生命历程的。这同样是一个典型的以福利国家类型学为基础的比较研究。这一著作的出发点在于探讨不同国家的退休文化的具象化和成因。不难发现，这一时期的比较著作都深受艾斯平—安德森福利国家类型学的影响，希望通过对不同福利国家体制的分析，探索蕴藏其中的对退休行为、退休阶段起到影响的制度、文化因素。基于退休制度实践发展，退休渠道主要体现为正常退休、因残障退休、因劳动力市场退休、弹性退休等形态，具体表现则随福利国家类型的不同而不同。除这些著作之外，其他学者也就福利国家类型学对西方国家退休行为模式的影响，并由此总结出不同福利国家模式下的退休类型模式。例如 Guillemard 等（1993）[2] 回顾了劳动力市场年龄结构的改变以及老年劳动者参与率的下降情况，从福利国家、劳动力市场、生命历程等方面做出解读，并在这些视角下探讨提前退休的社会意义。Ebbinghaus（2006）[3] 研究了自 20 世纪 70 年代以来的提前退休潮流，针对美国、欧洲和日本的提前退休实

---

[1] Maltby, Tony and Bert de Vroom eds., *Ageing and the Trransition to Retirement*, Ashgate Publishing Limited., 2004, p.8.

[2] Guillemard, Anne-Marie and Martin Rein, "Comparative Patterns of Retirement: Recent Trends in Developed Societies", *Annual Review of Sociology*, Vol.19, 1993, pp.469–503.

[3] Ebbinghaus Bernhard, *Reforming early Retirement in Europe, Japan and the USA*, Oxford: Oxford University Press, 2006.

践,从社会保障、生产制度、劳动关系等方面对退休产生的推力和拉力两方面出发,对三个国家地区的提前退休现象做了评述和分析。Venne(2017)[①] 加拿大女性的部分退休选择做了研究,探讨了女性选择部分退休的现状和经济社会背景因素。Mulders(2019)[②] 针对荷兰的公务员与私营雇员退休倾向做了研究,认为没有强制退休年龄的公务员与其他部门雇员的退休倾向没有本质的不同,这意味着不同的职业类别因享有不同的社会保障规则,而诱发了不同的退休行为。Papers(2017)[③] 则研究了自2000年以来退休渠道大幅收缩后,中老年劳动者退出劳动力市场的途径,指出中老年劳动者即使缺乏提前退休渠道调节退休,也可能被迫退休,而这种被迫退休造成的后果就是,老人实际上是领取社会救助金来实现提前退休的,这既增加财政负担,也加剧老年贫困。

(三)年龄规范对不同社会群体退休行为的塑造

年龄规范是社会学研究老龄和退休问题的核心内容之一。退休行为受到与年龄相关联的社会规范的显著影响。Neugarten(1965)[④] 首次提出了年龄规范是一系列附加在具体生命历程事件发生时间表上的社会期望与共识,而年龄规范直接对特定年龄的适切行为提供了社会群体所乐于接受的预期,由此对不同年龄群体的行为进行了限制,而这些限制最终有助于成年人的社会化的形成。Han和Moen(1999)[⑤] 利用美国的微观数据,研究美国退休者的时序特征,研究认为社会分层、个人生活史在群体、年龄、职业生涯的度量下,对退休过程起到非常重要的影响。研究指出,受多种制度特征影响的对于退休时点的规范效应依然被低估了,

---

① Venne, Rosemary A., and Maureen Hannay, "Demographics, the Third Age and Partial Retirement: Policy Proposals to Accommodate the Changing Picture of Female Retirement in Canada", *Journal of Women & Aging*, Vol. 29, No. 6, 2017, pp. 475–493.

② Mulders, Jaap Oude, "Employers' Age-related Norms, Stereotypes and Ageist Preferences in Employment", *International Journal of Manpower*, Vol. 41, No. 5, 2019, pp. 523–534.

③ Papers D. D., "Closing Routes to Retirement: How Do People Respond?", *Discussion Papers of DIW Berlin*, 2017.

④ Neugarten, Bernice L., Joan W. Moore, and John C. Lowe, "Age Norms, Age Constraints, and Adult Socialization", *American Journal of Sociology*, Vol. 70, No. 6, 1965, pp. 710–717.

⑤ Han, Shin-Kap, and Phyllis Moen, "Clocking out: Temporal Patterning of Retirement", *American Journal of Sociology*, Vol. 105, No. 1, 1999, pp. 191–236.

这些时点提供了尤其是男性劳动者在不同时间点进行就业决策的锚点，为他们建立了生命时钟。Kim 和 Moen（2002）[1]针对劳动者退休后的心理健康进行研究，指出需要在生命历程框架下理解退休时点和退休者心理健康的关联，而生命历程的制度化则犹如在个人行为中植入"社会时钟"。作者认为退休者在两年之内完成渐进的退休是较有利于心理健康的。Vermeer（2014）[2]对社会关联和退休偏好进行了调查研究，指出劳动者的退休决策受到社会环境的重要影响。亲戚、朋友、同事、熟人的退休时点会影响个人的退休时点。如果社会关系退休较晚，那么个人也会倾向于更晚退休。社会关系每平均晚退休一年可能带来个人晚退休三个月。研究还指出，个人更倾向于依据国家养老金来标定合适的退休年龄，从而国家养老金的领取年龄造就了退休年龄的基本规范。Wind（2006）[3]研究不同工作生涯对劳动者心理退休的影响路径，认为在实际退休之前，劳动者已经开始心理退休的过程。论文研究了老年劳动者走向退休的不同心理路径和工作倾向及其对实际退休的影响。退休政策作用于不同社会群体，会形成不一而足的年龄规范。有学者针对政策、经济等因素形成的社会规范进行了研究，以经济学的方法得出了社会学希望得出的结论。Lumsdaine 和 Wise（1994）[4]针对为何美国劳动者在 65 岁有较高的退休率做出了经济学和快学科的解释，认为诸多政策因素提供的经济激励和规范性约束可能是这一现象的原因。Samwick（1998）[5]使用结合了家庭、人口信息、养老金信息的数据库进行分析，衡量了不同群体受社会保障经济激励影响的退休可能性，同时指出政策影响是第

---

[1] Kim J. E., Moen P., "Retirement Transitions, Gender, and Psychological Well-BeingA Life-Course, Ecological Model", *Journals of Gerontology*, Vol. 57, No. 3, 2002, pp. 212-222.

[2] Vermeer N., Rooij M. V., Vuuren D. V., "Social Interactions and the Retirement Age", *DNB Working Papers*, 2014.

[3] Wind A. D., Leijten F. R., Hoekstra T., et al., "'Mental Retirement?' Trajectories of Work Engagement Preceding Retirement among Older Workers", *Scandinavian Journal of Work, Environment & Health*, Vol. 43, No. 1, 2006, pp. 34-41.

[4] Lumsdaine, Robin L., James H. Stock, and David A. Wise, "Why are Retirement Rates so High at Age 65?", *Advances in the Economics of Aging*, University of Chicago Press, 1996, pp. 61-82.

[5] Samwick, Andrew A., "New Evidence on Pensions, Social Security, and the Timing of Retirement", *Journal of Public Economics*, Vol. 70, No. 2, 1998, pp. 207-236.

二次世界大战后福利国家劳动参与率下降的主要原因。不同群体可选择的退休年龄对其退休行为的影响更甚于纯粹的经济激励。Burtless（2007）[1]认为退休决策不一定是一项理性决策，劳动者做出退休的决定可能只是模仿某些看起来更加明智的决定者（例如有资历的前辈），甚至可能只是遵循"拇指规则"（随意决定规则），从而做出与所谓经济理性全然相反的决定。针对美国劳动者的调研指出，他们在规划退休时，很少去考虑所谓的养老金多少的问题。论文根据实际调研情况对经济学理论讨论的退休决策做了一一反驳，关注退休行为背后的非经济、非理性因素。反之，不同群体、阶层业已形成的退休行为也会反作用于退休年龄规范（Mayer, 1989）。在一定情况下，年龄规范可能引发年龄歧视问题。Johnson（1996）[2]研究了1966—1980年的年龄歧视现象，年龄歧视会导致劳动者更愿意提早退休。Adams（2004）[3]针对1960年以来的反歧视法规进行了研究，认为劳动者在脱离了反年龄歧视保护范围后很容易退休，但是没有证据表明反年龄歧视政策降低了劳动者的退休行为。Sargeant（2004）[4]研究了强制退休年龄和年龄歧视的关系。论文讨论了强制退休年龄废止的政策效果，并分析了与之相关的几种退休年龄，尤其是合同规定的退休年龄将如何受到这一政策的影响，但其他的退休年龄并不会受到政策影响，因此综合效应还有待检验。Baylsmith（2014）[5]研究了年龄歧视和认知、对年老就业状态的辨认、自愿退休年龄、工作融合度的关联。研究认为年老歧视和工作融合度的关系密切，但是没

---

[1] Burtless, Gary, "Social Norms, Rules of Thumb, and Retirement: Evidence for Rationality in Retirement Planning", *Social structures, aging, and self-regulation in the elderly*, 2006, pp. 123 – 188.

[2] Johnson R. W., Neumark D., "Age Discrimination, Job Separations, and Employment Status of Older Workers: Evidence from Self-Reports", *Journal of Human Resources*, Vol. 32, No. 4, 1996, pp. 779 – 811.

[3] Adams S. J., "Age Discrimination Legislation and the Employment of Older Workers", *Labour Economics*, Vol. 11, No. 2, 2004, pp. 210 – 241.

[4] Sargeant M., "Mandatory Retirement Age and Age Discrimination", *Employee Relations*, Vol. 2, No. 2, 2004, pp. 151 – 166.

[5] Baylsmith P. H., Griffin B., "Age Discrimination in the Workplace: Identifying as a Late-career Worker and Its Relationship with Engagement and Intended Retirement Age?", *Journal of Applied Social Psychology*, Vol. 44, No. 9, 2014, pp. 588 – 599.

有证据显示年龄歧视和自愿退休年老有直接关联。但是工作融合与自愿退休年龄的提升有正向的关联。Schlachter（2012）[1]等学者对欧美国家近年来针对不同职业群体的年龄歧视及反歧视政策做了详细梳理。年龄歧视在很多国家都有表现，尽管通过年龄歧视来达到调节劳动群体的目的可能具有经济效率性，但很难回答背后对劳动权利的损害。著作中的论文集选择在年龄歧视立法方面做得较为突出的国家。不同国家对年龄歧视保护的年龄界限设定与保护方式各有不同。年龄歧视的保护大多针对那些劳动合同范围内的劳动者，而在合同中对退休年龄做出禁止性限制的条款正在被越来越多的国家废除。Radl（2012，2013）[2][3]分析了老年就业的歧视性社会规范对退休行为的影响，并从社会分层的角度对不同的社会阶层之退休行为及其影响因素进行了分析，同时还就女性和社会阶层的就业—退休行为的交互影响做了分析。研究认为社会阶层对退休行为有重要影响，尤其在诱发非自愿性退休行为层面。退休的拉力和推力因素在不同社会阶层的作用方式和作用程度是有显著差异的。

（四）经济社会因素对不同人群退休行为的影响

个人因素、家庭因素往往对退休决策形成激励或限制，这一领域结合经济学、社会学进行行为分析，依据大样本的追踪数据，运用多种实证方法，探索个人经济社会因素对退休行为的影响。现有研究表明，不同职业群体，因其财产、收入、健康、教育、婚姻家庭、子女等因素的差异，退休行为各有不同。Meadows（2003）[4]对英国的退休行为研究文

---

[1] Schlachter M., "The Prohibition of Age Discrimination in Labor Relations", General Reports of the XVIIIth Congress of the International Academy of Comparative Law/Rapports Généraux du XVIIIème Congrès de l'Académie Internationale de Droit Comparé, *Springer Netherlands*, 2012.

[2] Lancee B., Radl J., "Social Connectedness and the Transition From Work to Retirement", *Journals of Gerontology*, Vol. 67, No. 4, 2012, pp. 481 – 490.

[3] Radl J., "Labour Market Exit and Social Stratification in Western Europe: The Effects of Social Class and Gender on the Timing of Retirement", *European Sociological Review*, Vol. 29, No. 3, 2013, pp. 654 – 668.

[4] Meadows, Pamela., "Retirement Ages in the UK: A Review of the Literature", NIESR Discussion Papers 755, 2003.

献做了综述，主要关注多种经济社会因素对退休行为的影响。Mclean (2012)[1] 对退休的未来趋势做了研究，并提炼出影响劳动者退休选择的诸种因素、近期变化和未来发展，从而对退休的未来形态做了勾勒；Börsch-Supan（2010）[2] 利用 SHARE 的数据研究了欧洲快速老龄化背景下，经济收入、健康、社会因素和老年生活品质的关联。论文介绍了 SHARE 数据库对国际比较研究的重要意义，并利用相关数据对经济收入、家庭社会因素、健康状况等因素对欧洲劳动者退休决策的影响做了研究。Hanel（2012）[3] 通过对瑞士女性劳动者在不同时点的退休决策的研究，指出教育程度越高的社会阶层，往往越倾向延迟退休。Moorthy（2017）[4] 基于美国的调研数据，利用行为分析的成果，提出增加美国劳动者退休收入的政策建议，尤其是关于通过提升金融素养来提高美国劳动者的储蓄意识，从而选择更晚领取养老金。家庭内部决策则往往引发夫妻联动的退休行为。Gustman 和 Steinmeier（2014）[5] 针对夫妻对于退休的共同决策建立经济模型进行分析。传统的经济分析为简化起见，往往关注个人决策，而这一研究则放宽了这个假设，基于模型对夫妻选择全职工作、部分退休、完全退休的决策进行了不同假设下的模拟。Schirle（2008）[6] 利用美国、加拿大、英国的数据研究了 20 世纪 90 年代以来男性就业率的共同上升趋势，尤其探索了妻子的退休决策在这一时期是如何影响丈夫的退休决策的。研究认为丈夫适应妻子的退休决策可以解

---

[1] Mclean M., "The Future of Retirement", *Pensions An International Journal*, Vol. 17, No. 3, 2012, pp. 134 – 136.

[2] Börsch-Supan, Axel, et al., "Longitudinal Data Collection in Continental Europe: Experiences from the Survey of Health, Ageing, and Retirement in Europe (SHARE)", *Survey Methods in Multinational, Multiregional, and Multicultural Contexts*, 2010, pp. 507 – 514.

[3] Hanel B., Riphahn R. T., "The Timing of Retirement — New Evidence from Swiss Female Workers", *Labour Economics*, Vol. 19, No. 5, 2012, pp. 718 – 728.

[4] Moorthy A., Amin S., "Using Behavioral Insights to Increase Retirement Savings", *Mathematica Policy Research Reports*, 2017.

[5] Gustman, Alan L., and Thomas L. Steinmeier, "Integrating Retirement Models: Understanding Household Retirement Decisions", *Factors Affecting Worker Well-being: The Impact of Change in the Labor Market*, Emerald Group Publishing Limited, 2014.

[6] Schirle, Tammy, "Why Have the Labor Force Participation Rates of Older Men Increased since the Mid-1990s?", *Journal of Labor Economics*, Vol. 26, No. 4, 2008, pp. 549 – 594.

释25%—50%这一时期男性的退休决策。Dwyer 和 Mitchell（1999）[1] 利用 HRS 数据衡量生理和心理健康对美国劳动者退休决策的影响。笔者采用了个人健康评估之外的更加客观的标准来衡量健康状况，并提出健康因素对劳动者退休决策的影响更甚于经济因素。综合健康状况较差的男性会提早一年到两年退休。这一研究对后续学者的研究有较大影响。Juster 和 Suzman（2016）[2] HRS 数据在公共政策、组织行为的使用方面做了综合说明。HRS 数据是美国研究健康状况和退休关联的主要数据工具，积累了大量较为可靠的调研数据，引发了一系列研究成果。这一领域最有代表性的研究成果集中体现2012—2016 年NBER 的"全球社会保障制度与退休研究"项目对公民健康状况、保障制度与退休行为的关联研究。这一研究的综述已放在前文对该项目的整体综述中，兹不赘述。

二 国内研究综述

国内学界自20 世纪90 年代，有学者就提出应当促进延迟退休，提高退休年龄，抑制提前退休。林义（1994，2002）[3][4] 认为我国现在退休政策几个主要问题，亟须进行改革。我国退休制度与社会保障改革不匹配。职工提前退休问题日趋严峻。在经济转型与经济环境、劳动力市场供求矛盾尖锐的背景下，在社会心理的制约下，退休制度调整受到多种因素推动。作者提出应坚决抑制提前退休，并渐进推行弹性退休政策，实施退休制度综合改革策略。李珍（1998）[5] 指出我国退休年龄偏低，而低龄退休带来的诸多经济社会问题，对社会保障制度造成沉重负担，并认为低龄退休对年轻劳动力就业并无直接的促进作用。建议提高退休年龄，用"晚进晚出"代替"早进早出"，来减

---

[1] Dwyer D. S., Mitchell O. S., "Health Problems as Determinants of Retirement: Are Self-rated Measures Endogenous?", *Pension Research Council Working Papers*, Vol. 18, No. 2, 1999, pp. 173 – 193.

[2] Juster F. T., Suzman R., "An Overview of the Health and Retirement Study", *Journal of Human Resources*, 2016, Vol. 30, No. 1, 2016, pp. 7 – 56.

[3] 林义:《关于我国退休制度的经济思考》,《当代财经》1994 年第4 期。

[4] 林义:《我国退休制度改革的政策思路》,《财经科学》2002 年第5 期。

[5] 李珍:《关于中国退休年龄的实证分析》,《中国社会保险》1998 年第5 期。

轻就业压力。陈凌、姚先国（1999）[①] 提出应用经济和法律手段引导劳动者的退休行为，而非行政命令。提出科学制定退休年龄政策应首先考虑社会保险的安全性，提高法定退休年龄，并为由劳动意愿的退休者提供临时工作。近年来，随着退休政策调整被提上官方议事日程，延迟退休问题的研究更加丰富。需要说明的是，近年研究中包含了许多延迟退休对养老保险长期财务压力的关联影响的研究，但这与本书的范围无明显相关，因此尽管这类文献是当前国内退休研究的另一个主流领域，但此处不进行综述。

（一）延迟退休与养老保险激励的关联研究

较多学者立足养老保险待遇，探讨延迟退休的经济激励问题。研究立足社会保障隐形税、养老金财富等理论，指出在当前的养老保险制度构架下，养老保险对于延迟退休有负向的经济激励作用，延迟退休可能造成劳动者退休收益的损失。汪泽英、曾湘泉（2004）[②] 运用"社会养老保险收益激励模型"进行分析发现，中国城镇企业职工退休时点的选择呈现出一些特征：现行的企业养老保险制度激励劳动者按照法定年龄退休，而非推迟退休年龄；如果条件许可，职工更趋向于提前退休。郭正模（2010）[③] 则认为劳动力市场退出是由国家和企业等社会保障制度、法律法规、其他规则运作下的劳动力的退出市场行为。对于受社会养老保险制度覆盖老年劳动者，退休年龄及养老金制度安排客观上体现了该社会普遍认同的效用最大化选择。机会受益模型（也即是选择价值模型）对社会养老保险制度影响提前退休或延迟退休的行为有较好的解释力。鉴于近期在社会就业困难以及新增劳动力供给较为充分的情况下，全面提高退休年龄的时机还不成熟。彭浩然（2012）[④] 利用边际隐性税

[①] 陈凌、姚先国：《论我国退休政策的劳动力市场效应》，《中国劳动》1999年第12期。

[②] 汪泽英、曾湘泉：《中国社会养老保险收益激励与企业职工退休年龄分析》，《中国人民大学学报》2004年第6期。

[③] 郭正模：《对制度安排的劳动力市场退出和退休行为的经济学分析》，《社会科学研究》2010年第2期。

[④] 彭浩然：《基本养老保险制度对个人退休行为的激励程度研究》，《统计研究》2012年第9期。

率的方法，测算了国民经济九大行业的退休边际税率，指出当前的养老保险制度对退休有负面经济激励，而且对贫困者更为不利。申曙光、孟醒（2014）①基于某市的微观调查，认为在不同的养老保险计发假定下，当前的养老保险有激励提前退休的可能，对延迟退休存在负面的经济激励。彭希哲、邬民乐（2009）②指出在当前中国的老龄化发展速度下，养老保险可持续发展的根本基础在于不断提高劳动生产率，而合适的经济激励能够促进劳动者选择延迟退休，从而增加老年劳动供给。姜春力、杨燕绥等（2014）③认为延迟退休势在必行，应制定综合政策措施来推进延迟退休，包括推迟养老金领取年龄，制订延迟领取养老金的经济激励方案，从而实现对人口老龄化的积极应对。封进（2017）④就延迟退休对异质性个体的养老金财富影响做了研究，指出对于收入较低者而言，延迟退休带来的总财富增加较少。总体看，延迟1年，只有7%的男性和4%的女性总财富会下降；延迟退休5年，会使得71%的男性劳动者和6%的女性劳动者福利受损。

（二）我国劳动者退休行为的多元化影响因素研究

有学者对影响退休年龄、退休行为、退休偏好的多元化经济社会因素进行研究。宏观层面上，人口结构、经济发展、养老保险制度、退休政策是决定合理退休年龄的基本要素。席恒、翟绍果（2015）⑤指出退休是对劳动者劳动贡献与社会福利之间的均衡，受养老金政策影响较大。李昂、申曙光（2017）⑥ 2010年采用CFPS数据Probit模型

---

① 申曙光、孟醒：《财富激励与延迟退休行为——基于A市微观实际数据的研究》，《中山大学学报》（社会科学版）2014年第4期。

② 彭希哲、邬民乐：《养老保险体系可持续性与劳动生产率增长》，《人口与经济》2009年第2期。

③ 姜春力、杨燕绥、胡成：《渐进延迟我国退休年龄政策设计与建议》，《中国智库经济观察》2014年第2期。

④ 封进：《延迟退休对养老金财富及福利的影响：基于异质性个体的研究》，《社会保障评论》2017年第4期。

⑤ 席恒、翟绍果：《我国渐进式延迟退休年龄的政策机制与方案研究》，《中国行政管理》2015年第5期。

⑥ 李昂、申曙光：《社会养老保险与退休年龄选择——基于CFPS2010的微观经验证据》，《经济理论与经济管理》2017年第9期。

研究指出，养老保险对提前退休有显著的正向激励，并且会降低延迟退休的概率。研究还指出，这一激励效应与家庭结构有关。如果劳动者不与子女共同居住，那么受养老保险的激励会更强。微观层面上，一些学者利用微观调查数据，通过实证分析，指出残疾、健康状况对劳动者当前退休决策具有关键影响。陈功等（2012）[①]研究了残疾人的退休政策，指出除视力、听力残疾外，其他残疾人领取养老金的时间长度都少于10年，残疾人的退休时点存在过早的问题。刘元春（2015）[②]认为划定退休年龄必须综合衡量退休年龄的社会基础。退休年龄的社会基础涵盖人口健康水平、文化素质、老龄化程度、社会福利制度、社会经济发展水平、财税状况、养老金收支等多方面的因素。通过对退休年龄社会基础的国际比较，指出我国与发达国家退休年龄的社会基础不同，不可盲目效仿主要发达国家延迟退休年龄。在健康因素之外，职业、收入、教育背景等因素对退休行为有同样明显的塑造作用，退休行为体现出基于不同社会群体的多元特性。阳义南（2011）[③]使用广东省21个地市的调研数据，研究指出，工资和工龄对退休年龄有正向影响，教育程度越高的女职工越倾向延迟退休，职务越高，职工退休越晚，女职工在配偶退休后倾向于更晚退休。钱锡红、申曙光（2012）[④]研究了经济收入和健康状况对劳动者退休意愿的影响。研究认为二者对退休期望有正向的影响，同时良好的健康状况可能放大经济地位对退休期望的影响。李汉东、凌唯心（2014）[⑤]主要分析老年人口的健康状况和工作意愿，认为已退休人员退休年龄严重偏低，男女差异明显，而健康对于劳动者的退休决策有非常显

[①] 陈功、宋新明、刘岚：《中国残疾人退休年龄政策研究》，《残疾人研究》2012年第3期。

[②] 刘元春：《退休年龄社会基础的国际比较》，《广东行政学院学报》2015年第1期。

[③] 阳义南：《我国职工退休年龄影响因素的实证研究》，《保险研究》2011年第11期。

[④] 钱锡红、申曙光：《经济收入和健康状况对退休期望的影响———一个交互效应模型》，《经济管理》2012年第3期。

[⑤] 李汉东、凌唯心：《我国老年人口退休年龄、健康状况及工作意愿分析》，《老龄科学研究》2014年第9期。

的影响。牛建林（2015）① 研究了受教育程度和退休年龄的关联，但认为受教育程度较高的劳动者延迟退休的平均可能性不高，但是受教育程度最高和最低的劳动者实际退休年龄相对较晚，总体而言劳动者受教育程度对延迟退休有正向的影响。何圆、王伊攀（2015）② 研究了退休决策和家庭结构的关联，尤其是隔代抚育和子女养老对退休决策的影响。研究发现，子女对父母的经济补贴会增加延迟退休的倾向，而隔代抚育则会增加提前退休的倾向。经济效应是影响延迟退休的主要因素，条件越好越有可能延迟退休。李乐乐、杨燕绥（2017）③ 利用2000—2013年的调研数据，采用灰色关联分析方法，对影响退休年龄的九个因素做了灰色关联分析，发现居民价格指数对退休年龄的影响最为显著，而受教育年限、就业率、平均工资则有不同程度的影响。在中国男女性退休年龄不同的政策设计下，性别对退休年龄的影响也受到关注。廖少宏（2012）④ 使用中国综合社会调查数据，对提前退休行为及其影响因素做了分析。认为性别构成退休差异，女性实际退休年龄受法定退休年龄影响更大。而随着劳动力市场灵活性的增大，人们参与工作的意愿会上升，提前退休意愿会下降。社会保障对男性的退休决策影响显著，同时医疗保险和失业保险也影响男性的退休行为。退休年龄问题研究本书组、刘伯红等（2011）⑤ 研究了男女同龄退休的相关问题。论文通过对不同地区、群体、性别等就业者进行实证研究，探讨制约男女性做出不同选择的个人、家庭、工作单位、经济、社会观念等复杂因素，从而提出有针对性、有区别、分阶段的逐

---

① 牛建林：《受教育水平对退休抉择的影响研究》，《受教育水平对退休抉择的影响研究》2015年第5期。

② 何圆、王伊攀：《隔代抚育与子女养老会提前父母的退休年龄吗？——基于CHARLS数据的实证分析》，《人口研究》2015年第2期。

③ 李乐乐、杨燕绥：《基于灰色关联分析的我国退休年龄影响因素研究》，《西北人口》2017年第5期。

④ 廖少宏：《提前退休模式与行为及其影响因素——基于中国综合社会调查数据的分析》，《中国人口科学》2012年第3期。

⑤ 退休年龄问题研究本书组，刘伯红、郭砾等：《她/他们为什么赞成或反对同龄退休？——对选择退休年龄影响因素的实证研究》，《妇女研究论丛》2011年第3期。

步解决退休年龄强制性差别对待的问题。林相森、白金（2017）[①] 利用 Probit 模型考察了婚姻状况对女性退休行为的影响。研究指出与未婚女性相比，其他状态女性（有配偶、离异、丧偶）退出劳动的可能性会显著更低，同时女性的退休决策也深受其他经济社会因素，例如健康、收入、子女收入等的影响。

（三）延迟退休与社会群体意愿和利益

有学者直接或间接指出了延迟退休会对不同性别、职业、收入阶层的劳动者造成差异化影响，提出应充分考虑不同社会群体的退休预期。例如赵耀辉（2014）[②] 研究了我国不同社会群体的实际退休年龄和意愿的差异，总结了退休模式。杨翠迎、汪润泉（2017）[③] 以城镇就业人员为考察对象，围绕退休养老待遇水平，梳理中华人民共和国成立以来的退休政策，横向上比较了不同就业群体间的待遇差距。结果发现，劳动保险时期的职工退休待遇虽然存在一定的群体差距，但国家对待遇差距有较强的调控能力；社会保险时期双轨制导致职工待遇差距有扩大的趋势。机关事业单位与企业改革的不同步导致我国养老待遇差距拉大，机关事业单位与企业职工养老金并轨后，虽然从形式上实现了二者统一，但是待遇不平等问题难以消除。王延中（2016）[④] 指出社会保障制度的公平可持续发展面临如何实现社会各阶层更加公平地享有社会保障资源，以及怎样提高社会保险制度可持续性等诸多挑战，提出延迟退休应考虑不同人群的利益，根据行业、工种、劳动性质的岗位来具体细化方案。丁建定、何家华（2014）[⑤] 从核心目标、关键选择、配套制度以及社会心理准备等几个方面，分析

[①] 林相森、白金：《婚姻对我国城镇女性退休行为的影响》，《当代财经》2017 年第 8 期。

[②] 赵耀辉：《老龄化、退休与健康》，《2014 年春季 CMRC 中国经济观察》2014 年。

[③] 杨翠迎、汪润泉：《我国城镇就业人员养老金待遇的历史考察与思考》，《社会保障研究》（北京）2017 年第 1 期。

[④] 王延中：《中国"十三五"时期社会保障制度建设展望》，《辽宁大学学报》（哲学社会科学版）2016 年第 1 期。

[⑤] 丁建定、何家华：《关于推迟退休年龄问题的几点理论思考——兼论中国推迟退休年龄问题》，《社会保障研究》（北京）2014 年第 1 期。

了延迟退休年龄与经济发展、劳动者权益、政府、个人和企业权责关系确立,以及社会保障制度整合完善之间的关系,认为推迟退休年龄的核心目标在于增加经济活动人口,认为延迟退休政策实施需要适应不同类型劳动者的心理预期,观念因素对于退休年龄的影响最为明显。韩克庆(2014)[①]特别关注网络民粹主义在延迟退休政策推进中扮演的作用,指出知识阶层、精英阶层和普通群众在退休观念和意见表达方面的差异。于铁山(2017)[②]利用2014CLDS数据研究发现,在社会认知层面,劳动力的生活幸福感与主观地位对于延迟退休年龄政策具有显著影响。因此,建议根据不同年龄采取差异化和更具弹性的延迟退休年龄政策。周明、韩茜薇(2017)[③]利用10省市调研数据研究指出选择延迟退休的群体更倾向于以社区养老作为老年生活的方式,企业职工相比行政事业单位的劳动者更偏好选择社区养老。因此,延迟退休政策的推出时机要考虑养老服务体系的建设情况。李东方、江建(2017)[④]采用有序Logistic回归检验了企业职工预期退休年龄的影响因素。研究指出,性别、年龄、健康、抚养赡养人数和现行的缴费政策以及对养老金改革的认知对企业职工预期退休年龄年限产生显著影响;女性的预期退休年龄低于男性,年龄越高预期退休年龄越长,31—45岁的预期退休年龄年限最短。健康水平和收入越高,预期退休年龄越长。家庭因素方面,抚养赡养3人预期退休年龄最长,抚养赡养4人及以上的退休年龄年限最短。王竹、陈鹏军(2018)[⑤]基于28个省级行政区调研数据指出行政机关、政府部门职工对延迟退休抵制

[①] 韩克庆:《延迟退休年龄之争——民粹主义与精英主义》,《社会学研究》2014年第5期。

[②] 于铁山:《延迟退休年龄政策的社会认同与影响因素——基于CLDS(2014)数据的实证研究》,《社会工作与管理》2017年第6期。

[③] 周明、韩茜薇:《延迟退休背景下劳动者养老方式选择意愿影响因素分析——基于我国10省市调查数据的实证分析》,《西北大学学报》(哲学社会科学版)2017年第2期。

[④] 李东方、江建:《企业职工预期退休年龄及影响因素的实证研究——基于我国10省市调查数据的实证分析》,《西北大学学报》(哲学社会科学版)2017年第2期。

[⑤] 佚名:《我国职工延迟退休意愿决定因素实证分析——基于全国28个省级行政区的调查数据》,《江苏大学学报》(社会科学版)2018年第6期。

最小，家庭待养人口数越多的职工越反对延迟退休，职工的工作压力越大、越不喜欢所从事的工作、对工作环境与福利待遇越不满意越反对延迟退休。郑苏晋、王文鼎（2017）[①] 研究指出延迟退休会增加职工养老金财富，即使基本养老金增长率不高，但如果有较高的个人账户收益率和较高的工资增长率，养老金财富的增长效应也会随着退休年龄的增加而增强。基于较为普遍的对延迟退休年龄政策的反对现象，阳义南、肖建华（2018）[②] 运用潜变量研究说明有多于1/3的职工愿意推迟退休。最后建议延迟退休应主要依靠发挥基本养老保险制度的经济激励作用。

三 国内外相关研究简评

老龄化背景下，延迟退休相关问题研究引起国内外学界的高度重视。国外研究呈现出多学科理论和方法融合的趋势，对不同社会群体退休行为的研究日趋细致化、定量化、多元化。从研究学科看，经济学是研究退休行为的主流学科，目前已积累了大量以经济收益、效用最大化为核心的，对退休行为决策的研究。并且随着经济学家将多种与退休相关联的经济社会因素纳入经济学理论和方法框架进行研究，经济学对退休的研究也不再仅仅针对养老金的多或少来研究，而是将残疾、失业、家庭等多种因素对经济激励的影响进行揭示，以及由此传导到退休行为决策的机理，从而在保留经济学基本方法的基础上，尽可能地对退休进行多角度分析。社会学以生命历程方法为核心对退休问题进行分析，从宏观的生命历程制度化角度到微观的生活史考察角度，均产生了较丰富的研究成果。国外研究退休以长期积累的微观数据为基础，这些数据有些已有超过50年的积累，对退休的跟踪和比较研究较之国内研究具有先天优势。总体而言，国外对退休研究的历

[①] 郑苏晋、王文鼎：《延迟退休会减少职工的养老金财富吗？》，《保险研究》2017年第5期。

[②] 阳义南、肖建华：《参保职工真的都反对延迟退休吗？——来自潜分类模型的经验证据》，《保险研究》2018年第11期。

史、基础、理论、方法均有相当长期的积累,这也为我们提供了退休研究的理论、方法和路径参考。与之相较,国内研究则呈现出以下特色。

第一,研究内容方面,国内学界对我国实施渐进延迟退休年龄政策的实施条件、政策影响的研究日趋细致,主要集中在延迟退休的经济激励、延迟退休的劳动力市场效应、延迟退休对养老保险财务负担的影响效应、延迟退休意愿等方面,但对退休的深度认知还比较缺乏,而劳动者退休行为、意愿影响因素的研究则需要进一步深化。一方面,目前大多数研究将退休视为不言自明的前提假设,只就退休的具体参数设计进行探讨,从而忽略了退休作为工业社会以来的制度建构,在调节劳动供给、保障社会福利、维护公平正义等多维度视角下的功能需求,以及这些需求是如何通过系统性的制度建构来实现,未能探讨中西方退休在建构发展当中的异同及其形成的退休语义的差异。退休并非让劳动者晚领几年养老金这样单纯的事件,而在新的经济背景和就业形态下,退休的内在功能也在发生变化,单纯就退休谈退休,可能失去延迟退休政策研究的深度和广度。另一方面,目前更多研究是从养老保险也即经济收益的角度研究退休政策并提出相应建议,从退休行为的角度虽然也涌现出较多研究,但对于为何这些因素足以影响退休行为的理论机制并未进行充分论证,而在对多因素进行探讨时,许多研究并没有有效进行变量控制,从而研究结论从理论和技术上看,不一定禁得起推敲。

第二,研究方法方面,国内研究在研究视角和方法论上,绝大多数立足经济学范式,较少从经济学、社会学、行为学、心理学等多学科融合创新的角度研究延迟退休问题,研究视野和方法有待拓展。研究范式单一将影响对退休这一复杂经济社会现象的理论认知与实践探索,容易将退休简化为经济决策。退休调整是一个典型的复杂系统问题,综合多学科理论进行系统研究。此外,在具体的研究操作方式上,国内学界近年来伴随微观综合调查数据库资源的日渐丰富,涌现出较能与国际接轨的基于微观数据做出的实证分析,旨在揭示多种经济社会因素与劳动者退休决策影响，但这类研究中部分研究对数据和方法本身未能进行深入的梳理和锤炼，由此得到的研究结论对实践的指导价值有限。

第三节 基本思路与研究方法

一 本书研究的基本思路

本书立足退休行为的跨学科研究方法进行研究，遵循以下思路进行。

（1）构建理论分析框架，尝试结合生命历程制度化理论和卢曼的社会系统理论分析退休的内在运行机理，以及制约不同职业群体退休的关键因素。（2）基于社会系统理论比较中西方退休的演化逻辑和制度内涵，从而建构对退休演化规律的基本认知。一方面，通过对工业国家完整的退休演化历程进行考察，正确认知西方退休理念、退休政策逻辑的独特性，认清其退休和退休语义建构的特征；另一方面，在对比的基础上考察我国退休演变的规律和特征，从而引导出我国的退休改革、延迟退休和工业国家的内在区别。（3）研究渐进退休年龄政策调整对各职业群体退休激励、退休机会、退休观念的影响方向和影响程度。研究结合经济激励、个人因素、观念因素，分析各职业群体对退休、提前退休和延迟退休政策的激励框架和态度倾向，分析延迟退休对不同职业群体退休观念的革新与重塑效应，探索延迟退休政策推进在对不同职业群体退休行为的综合影响。（4）研究更具灵活性的退休机制及其实践，并提出对中国延迟退休形成配套推进机制的可能路径。本部分基于工业国家新兴的灵活退休机制进行比较研究，探索灵活退休的原因和内在逻辑，以及机制运行的约束条件，并将其融入对我国构建适应多群体期望的退休政策取向相融合进行探讨，提出我国在延迟退休过程中建构灵活退休机制的可能路径。（5）基于延迟退休对各职业群体退休行为的综合影响，提出延迟退休政策推进过程中的配套政策机制，构建更具灵活性、更能适应不同职业群体多元化需求的退休政策框架和劳动力政策。研究思路如图1-3-1所示。

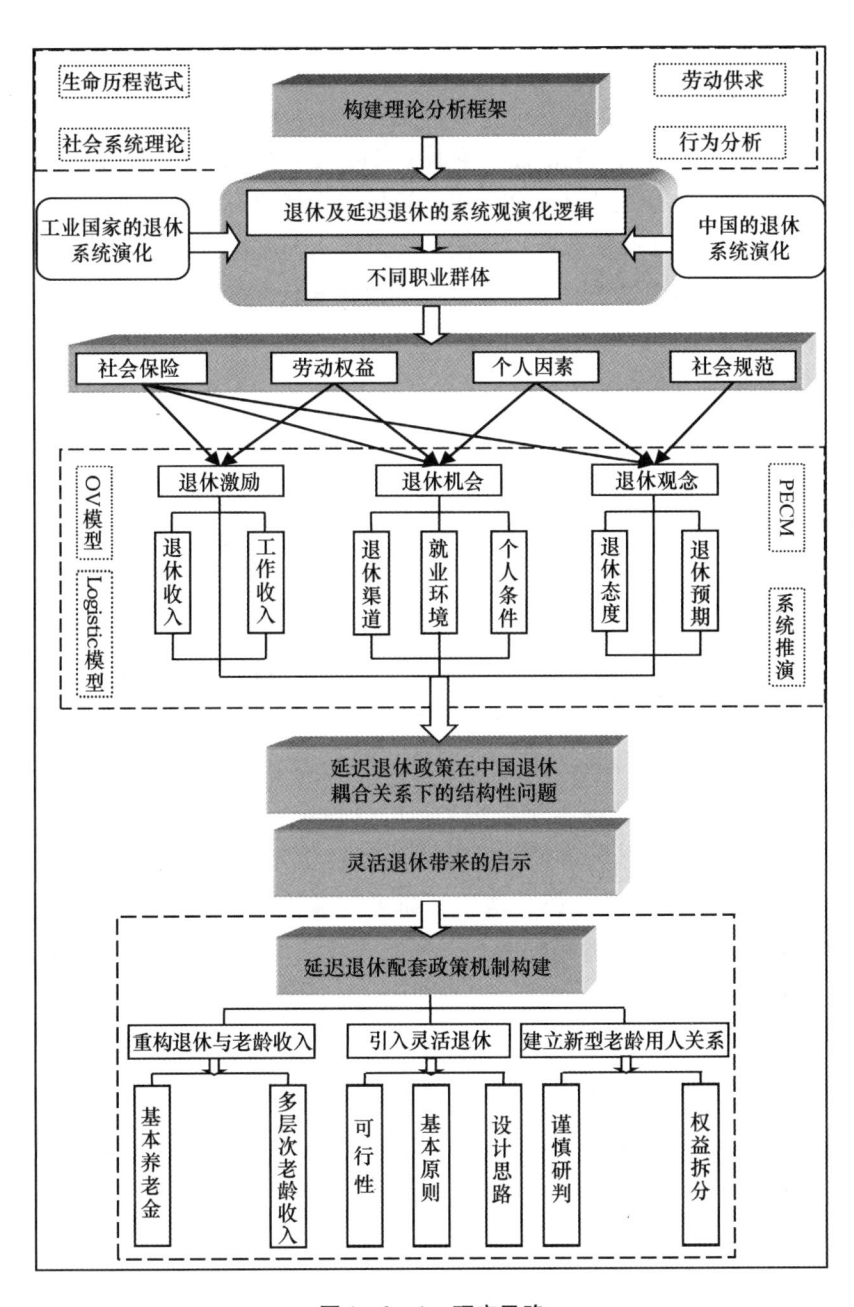

图 1-3-1 研究思路

二 研究方法

结合研究内容与研究思路，本书主要运用以下方法进行研究。

(1) 跨学科研究方法。本书综合运用多学科研究理论和方法研究退休行为。本书以生命历程范式和社会系统理论为基础，分析退休的本质特征和交互因素，结合经济学领域研究退休激励问题的经典方法 Option Value 模型，选择适切的统计模型，运用行为分析、生涯发展心理学的相关理论和工具开展研究。

(2) 实证研究方法。本书综合运用多种计量统计方法，对延迟退休背景下不同职业群体退休行为、倾向、观念的表现形式和影响因素进行实证研究。本书依托调研数据及中国健康与养老追踪调查（CHARLS）wave1-wave3 数据、中国家庭健康调查（CHNS）（1989—2011）等长期跟踪调查数据，运用生存分析方法，使用分段指数模型（Piecewise Constant Exponential Model，PCEM）跟踪研究我国劳动者个人退休行为的演变历程及其与退休政策调整的关联；考察延迟退休政策推进过程中不同职业的劳动者退休决策的差异情况；研究在同一职业群体之内因收入情况、技能水平、层级地位等因素影响，其退休行为有何区别。本书依托调研数据和中国社会状况综合调查（CSS），运用 Logistic 模型、生存分析方法实证研究职业因素对退休观念、态度、行为的影响状况；分类研究教育、健康、收入等个人因素对不同职业群体退休行为的影响。

(3) 系统研究方法。基于尼克拉斯·卢曼的社会系统理论及其分析范式，从退休产生和演化的内在逻辑进行分析和推演，理解退休作为系统耦合结果的本质，以及中西方退休演进下退休制度、退休实践、退休演进的语义之差异，从而进一步理解基于西方语境提出的延迟退休在中国语境下的适用性和差异性，从根本出发理解我国延迟退休的真实内涵和发展方式，由此厘清我国退休改革发展的自然趋势和关键约束。

第四节 本书秉持的基本观点和理论创新价值

一 基本观点

（1）退休是多系统耦合的结果，延迟退休也遵循相同的逻辑。因此延迟退休不是就养老金领取年龄做延迟领取的单一调节，而是以养老金领取年龄调节为抓手，向市场主体传递劳动者合适可以停止工作的可能性，传递用人单位合适可以停止其劳动合同的可能性，并由此作为观察点，引发其他经济社会系统做出反应。

（2）中国的退休制度的建构方式与西方国家退休制度有本质不同。中国政府需要同时站在政府、劳动者、单位三方面做出统一的部署，而非如西方一般立足政府与市场的相对独立的互动甚至冲突。这既体现社会主义制度的优势，也意味着决策者将背负更大的责任、应对更大的挑战。国家应立足社会主义国家对于劳动关系调节安排的初心，引导劳动者和用人单位建立公平可持续的退休预期。

（3）在我国特殊的劳动就业结构下，延迟退休既意味着领取养老金福利的延迟领取，但也意味着在正规劳动下参加就业的权利的延伸，还意味着不同就业群体的劳动权益的延伸。因此，在延迟退休政策制定过程中，需要综合讨论政策对养老保障福利和劳动就业权益之间的复合效应；需要充分考虑劳动权益在我国市场化就业结构下先天性的正规就业权分配问题，避免延迟退休增大老年收入差距。

二 理论创新价值

本书首次尝试运用尼克拉斯·卢曼（Niklas Luhmann）的社会系统理论对退休问题进行分析。卢曼的社会系统理论是公认的20世纪后半叶重大的社会理论创新，但其理论的晦涩性、论证视角的革新性，使其理论在国内研究较少，而将其用于实际社会经济问题分析的就更是屈指可数。但退休本身的高度复杂性和高度耦合关联特质，使得卢曼的系统理论在退休问题的研究与剖析中应当有较大的理论阐释力。本书尝试运用社会系统理论独特的分析逻辑建立分析逻辑,将其用于对退休和延迟退休问题的探索。在此基础上,本书对退休的逻辑内涵和实践演化有了更加深刻的认识,从而也更能厘清延迟退休的本质含义,以此为基础更加正确地认知延迟退休所蕴含的政策推进难点和可能的配套思路。本书立足于退休的内在逻辑和演化特征,拓展了延迟退休政策的内涵和外延。没有将延迟退休改革仅仅视为延迟领取养老金的政策构建,而是将其放在我国退休演化的基本逻辑和演进阶段中考察,结合延迟退休所蕴含的不同职业群体的养老保障权和劳动就业权的重构进行立论,站在"跨越边界"的立场,对延迟退休过程中工作和退休、退休和老龄的重新区分进行了政策性探讨和建议,重点放在以灵活退休作为配套机制来理顺延迟退休过程中的理论和实践逻辑。

第二章 理论基础与基本概念界定

第一节 理论基础

一 生命历程理论与退休研究

生命历程研究方法是一种以社会学理论为基础的研究范式,最终发展成一种以社会学研究为主体,综合心理学、人类学、政治经济学等多学科理论方法的跨学科研究视角。该理论对退休制度具有较好的解释力,形成从社会学理论建构退休研究的重要理论基础。

(一)生命历程理论的主要概念和基本原则

生命历程方法的核心在于探索和解读个体生活和社会变迁的互动关系。尽管生命历程方法历经多年发展,衍生出不同的研究派别,但生命历程方法还是存在共通的基础概念[1]。(1)生命历程(life course):某一特定个体或群体在某一段时间之内的状态序列,例如接受教育、缔结婚姻、养儿育女、从事工作、进入退休等;(2)事件(events)或转换(transitions):生命历程状态的改变;(3)轨迹(tranjectories):不同状态先后出现所构成的序列;(4)持续(duration):两次状态转化之间的时段。

本质上说,生命历程与特定年龄紧密挂钩,是通过年龄"锚定"的生命阶段。生命历程展现和规范在各个年龄段个人所从事、应从事的角色。从这个意义上讲,生命历程与年龄规范(age norm)密切相关的概

---

[1] Kok J., "Principles and Prospects of the Life Course Paradigm", *Annales de Démographie Historique*, Vol. 113, No. 1, 2007.

念。生命历程不是被动的描述，而是能动的塑造。生命历程对群体和个人生涯的塑造不仅通过制度、政策、法律等外在强制的制约实现，也通过个人心理、群体心理、群体期望、社会规范这些内在的非正式制约来实现。

根据卡尔·玛耶教授的归纳，若要相对完整地研究生命历程，需要遵循以下原则[①]。

主观能动原则：生命历程具有个性化，个人的主观意志会积极参与到生命历程的制定。

时空原则：个人生命历程深受时代和地域影响，换言之，深受文化、制度、经济、政策等因素影响。

时点原则：生命历程研究，必须充分关注各生命状态之时点特征。

相关者原则：个人生命历程与相关者（亲属、朋友、同事等）的生命历程相互关联、相互影响。

由此可见，生命历程研究可以分为宏、微观两个层面。微观方面，研究个体在不同生命阶段的角色，重点在于个人生命历程是如何被个人经验、社会关系、个人特征等因素塑造。生命历程方法在这些层面为退休研究提供了理论基础和研究方向，从而涌现出大量研究各种个人因素对退休行为决策影响的研究成果。宏观方面，生命历程可以被看作特殊的社会制度，受到其他经济社会制度的影响。福利国家、社会保险制度是塑造工业社会生命历程的至关重要的制度构建。作为社会制度的生命历程一旦形成，就会具有延续性和传递性。因此同代人，或同一社会阶层，或同一职业群体的个人，其生命历程就有可能趋同。而制度化的生命历程逐渐从社会外部约束过渡到个人内在动机，转化为与年龄相关的社会规范。

（二）生命历程下的退休研究

生命力历程视角下的工作—退休观点与经济学理论有本质不同，从而引发的对退休行为的思维角度也有显著的差异。经济学理论将工作—

---

① 整理自 K. Mayer, "The State and the Life Course", *Annual Review of Sociology*, Vol. 15, No. 1, 1989, pp. 187–209.

退休视为受经济因素影响的劳动力供求行为，但社会学理论则一般将劳动—退休视为个体社会角色、个人角色、自我实现等因素的构建成分。生命历程理论是社会学领域解读退休的主要理论工具，将退休视为社会建构。社会学家普遍从历史出发，将退休视为自近代工业社会建立以来，逐渐形成的新的生命历程。生命历程固化为社会制度后，又将逐渐构造与之相关联的社会规范。社会规范引导行为和预期，使社会群体按照合意的方式实现既定的行为、承担既定的角色。退休行为深受诸多制度因素的影响和制约，并且在不同的历史时期有着不同的社会含义。在工业社会早期，绝大多数国家的劳动者都会工作到老年，甚至超过当时的人均寿命。例如，Kohli研究表明，1895年德国60—70岁的劳动者有79%依然在工作。1900年美国65岁以上的劳动者有69%在继续工作。需要指出的是，当时的人均寿命一般在70岁之下，这就意味着20世纪初对于大多数劳动者，并没有真正稳定的退休阶段。退休成为稳定的生命历程阶段是在养老保险制度广泛建立和人口预期寿命延长的双重作用下形成的。第二次世界大战后，标准化的教育阶段、工作阶段、退休阶段成为个人生命历程的三个核心阶段。与此相伴随的是个人健康，尤其是老龄健康的提升，使得退休阶段逐渐从苟延残喘转变为夕阳无限好的老年自由时光。退休逐渐从衰朽之年蜕变为具有多种可能性的人生第三阶段。站在这一角度，社会学为退休赋予了不同于经济学的新视角。

生命历程理论对退休的解读存在两个维度：生命历程制度化视角，解读制度和年龄规范对退休的塑造。根据生命历程制度化理论，现代退休制度是由制度塑造而成的生命历程阶段，起源于工业革命后广泛出现的职业化就业。第二次世界大战后，稳定的标准化生命历程由福利国家制度将其内嵌为个人生命阶段的。这一过程可称为生命历程的制度化，将特定的时间顺序嵌入个人的生活历史当中。标准的生命历程体现为教育—工作—退休三阶段，而这三个阶段都受到福利国家制度的直接干预。例如对义务教育的规定、明确国家对教育普及的责任，使大多数个人能够在既定时期接受教育；工作期间提供的劳动保障、劳动权益保障，使劳动者能够尽可能不中断地持续工作；养老保险和退休政策则为劳动者提供退休的机会。由于生命历程是由制度塑造,因此这一理论也暗含一种同质性的假设:社会中的正规劳动者会有同质化的生命历程形态。参与到正规就业中的劳动者,受相关劳动力市场制度和福利保障制度的影响,最终体现出类似的生命轨迹。但这一理论一般以工业社会以来的正规就业形态为基础,因此对非正规就业下的退休选择缺乏解释的根基,尤其在就业时期的稳定性、持续性和退休的固定性,都难以纳入典型的生命历程阶段。年龄规范视角则将退休视为一种与年龄相关联的社会规范,也即是一种对于某一年龄应当发生何种事件的社会预期或社会共识,类似"男大当婚女大当嫁"。年龄规范的产生原因非常广泛,因而也远不止劳动力市场对劳动者在各年龄阶段行为定位,年龄规范可能来自各种类型的社会共识体系,包括家庭、社区等。但是,随着以就业为核心的现代社会的发展,年龄规范也越来越深刻地受到制度的影响,从而年龄规范和生命历程制度化越来越呈现交织的状态。随着理论发展,这二者的交织基本呈现出制度—规范—生命历程这样的传导顺序。部分社会学家采纳了历史学家汤普森提出的"道德经济学"概念,用以解释制度和文化,以及相伴而来的倾向、态度的传导影响。社会学家倾向将个人的倾向或态度视为相关制度诱导而成的,个人对退休的态度不是孤立和个性化的,而是受社会制度的综合引导而成。而这种引导不仅包含何时可领取养老金这些显性的、直接的引导,还包括相应制度框架下暗含的公平正义等理念的引导,这也就导致一些看似可以归为经济行为(如劳动力市场行为)的经济决策,实质上背后蕴含有道德含义,这也就是道德经济学这一概念的基本指向。

在实际分析过程中,生命历程理论主要从两个方面分析退休行为。第一,站在生命历程制度化的角度,探讨社会制度影响退休行为的具体路径,通过探讨一系列福利国家制度安排,例如社会保障制度、劳动力市场制度、税收制度等对劳动者提供的退休激励,以及源于具体雇佣政策对劳动者退休的拉动和推动效果。第二,在微观层面上研究个人生活史对退休行为的影响,其基础在于个人早期经历可能会对其退休选择存在类似于路径依赖的影响,这一研究方法也是生命历程理论自厄尔德以来较为传统的研究路径，考察诸多个人因素，如教育、婚姻等对退休行为的影响。两种研究路径中，前者以制度分析为具体方法，后者则主要以统计分析来实现。

（三）福利国家模式与提前退休行为的理论探索

本部分基于福利国家模式和提前退休行为的理论探索，其实质是生命历程理论和福利国家理论的融合。埃斯平 - 安德森1990年出版的《福利资本主义的三个世界》，开启了当代福利国家类型学的先河。根据埃斯平 - 安德森的定义，福利国家体制是"国家、市场和家庭的不同性质的制度安排"。在不同的福利国家体制下，国家会对劳动力市场和家庭形成不同的干预，在不同的社会政策和劳动力市场政策作用下，劳动者呈现出不同的去商品化程度。正因为埃斯平 - 安德森提出的福利国家模式理论以劳动力市场和福利保障为其划分标准，这便与生命历程制度化理论有了结合点。生命历程制度化理论认为制度是塑造生命历程的关键要素，退休更是显著地受制度塑造的生命历程阶段。由此，不同的福利国家模式下，受不同的福利政策和劳动力市场政策影响，劳动者的退休也应呈现不同的模式。在社会民主主义模式下，国家实施高福利供给，而高福利供给的来源则是对全民就业的坚持，但是在福利分配方面，福利与工作成就的关联度并不十分紧密，福利分配更注重公平性、普惠性。在保守主义模式下，社会福利与就业有着密切的关联，福利保障供给的来源依然是就业，但工作成就与福利待遇依靠社会保险获得了较密切的关系。自由主义模式下，国家仅针对极端贫困者制定社会政策提供福利保障，其他群体则通过充分就业、在市场机制下获得保障。在埃斯平 - 安德森提出福利国家的三种模式后，伴随争议，一些新的福利国家模式被提出，例如南欧模式和东亚模式。退休作为直接受制度约束生命历程阶段，与福利国家体制息息相关。埃斯平 - 安德森本人认为，福利国家体制与西方国家盛行一时的提前退休现象有着密切的关联，福利国家通过各类劳动力供需政策，影响劳动者的退休决策。而不同模式的福利国家体制，体现出不同类型的国家对劳动力市场的干预手段，给劳动者提供不同类型的退休收入,而这些退休收入方式与劳动者自身面临的工作机会相结合,便造就了不同类型的退休模式。从实践上看,保守主义福利国家遭遇了最显著的提前退休,这与这些国家较高的提前退休待遇以及希望通过提前退休解决失业问题这一劳动力政策导向相关。与之相对的,实行社会民主主义的北欧国家则有着较低的提前退休率,这与这些国家通常没有直接针对提前退休的制度化的福利待遇相关。自由主义国家同样有较低的提前退休率,这是由于这些国家极少有提前退休的福利待遇,同时低收入劳动者的失业率也较低。总体而言,福利国家体制对退休行为的影响主要来自两个方面。其一,以养老保险为核心的退休收入体系是否偏向提前退休;其二,福利国家体制通过影响劳动力市场结构,在深层次上影响提前退休的作用范围。福利国家体制与退休行为的理论研究,实质上是解读福利国家体制与劳动力市场的关联。尽管埃斯平－安德森的福利国家类型学引发了相当广泛的争议和讨论,但根据福利国家模式分类所做出的对退休模式的划分研究,依然支持了福利国家类型学的分类方式。

二 社会系统理论

退休本身具有的多维度特性使得对退休的研究需要有多维度的视角,退休这个概念本身具有的复杂性使得研究过程中需要一种足以应对这种复杂性的理论视角来进行分析。德国社会学家尼古拉斯·卢曼的社会系统理论,以康德、黑格尔、胡塞尔建构的德国哲学脉络为思维基础,结合帕森斯、贝塔朗菲、斯宾塞·布朗等学者对社会系统的建构分析,并将智利生物学家马图拉纳提出的自我生成系统概念融入到系统分析中,提出一套不同于前人的、融合古典哲学、现代社会理论、信息思维、生物学概念的新的系统分析范式。卢曼将系统视为自我生成而非机械建构,是"典范的转移"。卢曼的理论赋予了分析现代性和后现代性的新思维,其理论在欧洲学界受到广泛关注,卢曼本人也作为哈贝马斯的主要的论争对手而为人所知。但是,卢曼系统理论的"辐辏式"论述和"旧瓶装新酒"的概念体系,足以令学者敬而远之。而缺乏可直接套用操作的中层理论也使卢曼理论的实践运用举步艰难。由此，卢曼虽然提出了极具原创性的思想，但并未（或者也无意）构建可以落地的"研究指南"。就中文学界而言，对卢曼理论的运用和处理，大多集中在对卢曼理论的概念和逻辑诠释和运用卢曼理论研究法学问题。但将其运用于社会科学其他领域的研讨则明显薄弱。相对典型的可以列举德国社会保障研究领域的泰斗萨维尔-考夫曼教授在其著作中肯定了卢曼的理论思想，而浙江大学刘涛教授将其思想运用于社会治理，是中文文献里少数能建立在对卢曼思想真切理解下的运用例证。对于社会科学研究者而言，卢曼系统理论是20世纪后半叶为数不多的具有原创价值的理论体系，其理论价值既受到广泛认可，但其理论运用却受到局限，因此值得以"迎难而上"的姿态去探索、解读，并转化其本土化价值，挖掘其理论对退休现象的诠释能力。

（一）卢曼系统理论建构下的社会结构

卢曼社会系统理论对耳熟能详的概念赋予全新的内涵，从而大大增加了理解的难度；同时其概念体系具有高度关联性和相互阐释性，从而意味着读者很难单独掌握某几个概念，因为对某个概念的掌握，往往需要读者已经把握了其他一些关联概念，例如区分、观察、自我生成、自我指涉、标识、意义等核心概念，实际上都是在不同层面、层次对系统的阐释，具有高度的交互性。但这些概念所形成的理论并非文字游戏，而是旨在传递一种全新的、脱离机械建构思维的分析视角。正因如此，对卢曼的理解，既需要明了其新概念的指向，又需要研究者根据卢曼的语汇来思考其概念和逻辑，使其能够被理解和传递。由此，需要在卢曼核心概念和理论逻辑体认的基础上，观察和"翻译"卢曼理论的认知逻辑，知其所指，从而明确其视角的创新所在。

1. 经由沟通而组织起来的社会系统

卢曼对社会的组织形态有独特的观点，其与前人最显著的差别在于，卢曼认为社会的基本单元不是个体的人，其基本元素是"沟通"。将"人"排除于社会的基本构造，既是卢曼理论视野的创新，也是其晦涩难解之处。可以将卢曼的观点理解为，所谓社会，是由若干的关联所组成的，这种关联的形式名为沟通。大多对于卢曼理论的分析论著特别强调沟通的"非人"特征，也即"只有系统能够沟通"，"人"不是沟通的主体。这固然是卢曼希望表达的意涵，但也更加拉远了其理论和读者的距离。事实上，卢曼并非将人排除与社会之外，其理论逻辑应当如下理解。人只有在与他人发生关联的时候，社会才产生。假如一个人独居荒岛，那么这个人是不具备社会属性的。人与人的关联，本质上就是一种沟通。但是，这个沟通不是任何个人主观上来决定的，人与人发生关联所需要的这种沟通，是由社会自己生成的一套明示或默示、坚固或弹性的规则体系。所谓沟通，是"信息的传递和理解"，这里的理解，笔者认为也可视为"解读"。沟通蕴含着信息的内容、信息的传递媒介、信息的理解或解读方式。而无论信息的内容、媒介还是解释，都不是个人主观上决定的，而是社会自己生产出来的，社会正是借由不同类型的独特沟通体系来处理和简化社会行动的各项内容。由此，沟通——也就是信息的传递和理解这个过程——不是个人想当然的结果。当一个人身处社会时，与他人的关联和交往都是在社会赋予其的形式中进行的。由此，卢曼沟通理论的"非人化"，并不是指社会无须人的参与，而是指人必须依据社会形成的沟通形式来进行社会交往，而越是现代化的社会，沟通形式越专业、越复杂，但对身处其间的个体而言，可能反而越简化。例如，文明程度越高的社会，法律问题只能依靠司法程序来判决，而不能依靠行政权力、学院地缘关系、黑社会等来干预；市场经济越发达的社会，经济问题只能透过经济规律来解决，而不能依靠宗教、宗法、军事力量来解决。

　　社会是以系统的方式运行，这是卢曼社会系统理论区别于传统系统观的特色。卢曼所理解的社会系统，与建基于建构论的系统观点恰成反例。建构论的系统观，系统是如同组建大厦一般组建起来的、偏静态的造物，在这种观点下，社会系统有一套基本固定的结构，社会以这样的结构组织起来，理想化的系统应当如钟表的机械机芯一般环环相扣，实现特定功能。卢曼理论中的系统并不应作如是观，与其说社会是一种系统，不如说社会以系统的方式存在。在这个意义上，系统可以理解为一个动态的过程，这个过程就是沟通的自我生成。因此，卢曼的社会系统理论，并非先验地推导出一个社会该有的理想结构，而是将社会本身视为系统式的运动，其系统观一定不可能是形而上学的。也由此可以明确，只要存在社会交往，就一定是以系统的形式存在。而将社会诸系统分而论之，只是就其沟通之间的指涉性之紧密度和依存度而言，任何小的、持续存在的沟通都可以是系统，也都可以与其他系统产生互动。也正因如此，系统之间理论上可以随意关联（按照卢曼的术语，便是结构耦合），例如经济的某个子系统和政治的某个子系统可以存在互动，而这些互动以结构耦合的形式、经由原系统的沟通内容的改变（但沟通的形式依然会保持）。由此，卢曼的社会系统观本质上是动态的、演化的，而非先验的、稳定的。卢曼借助智利生物学家提出的自创生系统（autopoisis）的概念，认为系统是自我指涉、自我生成的，社会的运行，就是沟通的不断再生。其典型的例子，比如法律系统就是运用法律作为媒介，以合法与否来实现判断来构建社会行动（对合法与不合法进行判决）；经济系统就是运用支付与否来构建社会行动（以货币支付来实现资源分配），其中合法性与可支付性就是其传递沟通的形式。由此，系统因使用特定的形式来实现沟通而存在，在任何一个独立运作的系统中，也只能以其独特的沟通形式来实现对社会行动的组织。但是，这里的自我生成，不应理解为同义反复，而应从观察的层面来理解。由此，需要探讨和解释经由观察实现的社会运作。

2. 经由观察来呈现自身的社会运作

在阐释系统的面貌后，就需要解决系统的动力学问题。卢曼对此提出的核心概念是观察，而观察的核心则是区分，沟通系统正是通过以特定媒介形成的区分而产生的观察，来实现社会的运作。因此，区分是卢曼探讨社会系统运作的关键，而观察则是将区分出的一个侧面"标识"出来。简言之，社会的运行源于无数的区分，区分以二元判断（是或否、真或伪、有或无）的面貌展现。正因为有着区分，才有可能将其中某一面呈现出来。这里不妨借用太极阴阳鱼来理解，我们之所以能够看到阳鱼，是因为太极分阴阳后，有了阴鱼的出现。从这个视角突入，则不难理解卢曼的区分和观察理念。事物之所以能呈现自身，就是因为能够与其他事物相区分，经由区分，才能将我们希望呈现的那一面表现出来。由此，经由合法与不合法的区分，法的轮廓才能明晰起来。区分是社会运作的基础，观察就是经由区分实现的呈现。因而观察有两重作用。第一重作用是呈现区分中的一个侧面，第二重作用则是呈现这个区分本身。因此，经由区分而来的观察，对内而言使系统内部的沟通得以实现，沟通本质上就是一种观察，目的在于凸显二元判断中"是"的那一面，因为只有"是"才能呈现系统，从而才能引导社会行动，同时也让这个系统区别与其他系统。例如，只有通过货币购买来实现资源分配这一行为是真切有效的，是被广泛接受、不断产生的，市场机制才能得以建立并产生作用。所以，沟通的自我生成，本质是使得"是"这个二元判断不断出现，而围绕这个"是"不断产生的，都是沟通之自我生成的体现。举个例子，商品的标价一方面蕴含着区分（是否支付相应的货币），这个区分实现了沟通，因为沟通所传递的信息就是这样的一个价格，买家可以借此判断是否支付得起这个商品，从而使"可支付"，也即是（可以支付/无法支付）中的"是"得以生成；另一方面标价这个事件本身意味着这是一个经济事件，这是经济系统的运作，而不是其他系统的运作——因为这是对物品的明码标价，那么在这个沟通中，就不可能通过公权力强制征用物品，或者通过抢劫来抢占物品（如果把抢劫也看作一种系统）①。如果要用标价所指向的方式来获得物品，那么个人别无选择，只能按照经济系统的方式来办，也就是判断是否支付。由此，便可以认识到卢曼系统理论的一个非常重要的结论性意见——系统是封闭运行，因为任何一个系统的沟通，都使这个系统区别于其他系统。卢曼将系统之外的存在称为"环境"，这里的"之外"，指的是未呈现的其他的可能性，是胡塞尔所言的"边缘域"，系统是呈现于环境中的、对若干可能性的简化操作。系统与环境的关系源于区分，这就意味着，卢曼所言的环境并非传统理解下的诸如"背景""客观外部条件"之类的意思，

---

① 进一步理解的话，比如在长期战乱地区，那么对任何东西的标价可能都是无意义的，因此也不会有标价。出现了标价，就意味着这里应当按照经济的方式来办事。

而是相辅相成的"显""隐"关系,系统是"显",环境是"隐"。环境是系统的可能性条件,系统则是响应相应功能而依据环境将一种可能性具现化。

3. 经由意义来实现的社会演化

系统在于环境的区分中呈现,暗含着系统与环境本身的统一性。这个统一性,在卢曼的理论体系中,以"意义"来进行解读。卢曼借助胡塞尔的意向理论,建构起系统的操作媒介——意义。卢曼将意义表述为可能性和现实性的同时呈现①,是世界所具备的复杂性的一个抽象表述。卢曼的意义概念,借助了胡塞尔的意向对象和意向内容的概念,可以理解为一种意义中介②。意义作为意向内容,是理想化的、无所不包的实体,经验和行动借由意义得以被辨识,但经验和行动并非意义的全部,而只是意义被具现化了的某种可能性。意义本身可以跨越所有的现实性和可能性。例如传统哲学或宗教总所用的道、理、上帝等概念就可以被理解为一种意义的呈现,定义着合于道、合乎理、合乎某种宗教规范的经验和行为,但这些经验和行为在不同的具现化下可以是矛盾的,例如在不同时代儒家对理所涵括的行为之理解是不同的,甚至矛盾的,例如"性即理也""心即理也"在不同学派中的矛盾表述,都是对理这个意义所蕴含的所有可能性进行选取而来。西方基督教各教派对上帝、信仰、《圣经》的理解也属此类。现代社会对意识形态的诠释也可做此理解,例如社会主义所蕴含的可能性,在不同时代的具现化是有差异的。从这个意义讲,意义也可参考理解为矛盾的对立统一。意义具现化为当下的确切表述,便是在多种可能性下选择了一种可能性。这种可能性"凸显"(或者按照卢曼的说法,便是"标识")于其他可能性所构成的背景中③。由此,凸显出的可能性(也即是被观察到的)便成为系统,而隐藏起来的可能

---

① Luhmann, Niklas, "The Paradoxy of Observing Systems", *Cultural Critique*, Vol. 31, 1995, pp. 37-55.

② 董沛文:《论胡塞尔意义理论的意向性》,《理论探索》2010年第1期。

③ 这一表述可以参考格式塔心理学的论述,卢曼的意义理论受到胡塞尔的深刻影响,而胡塞尔的现象学则深受其导师布伦塔诺的心理学思想的影响。

性则保留在环境里。由此可以很直观地感受到卢曼的系统/环境区分论与传统理论在思维视角上的差异。系统是处理某种社会关联的具体形式,这种形式是从若干形式中脱颖而出的,而其他的处理形式实则被引而不发地保留了下来。正因为意义的存在,对系统的运作解释可以理解为可能性的不断出现,而这些出现的可能性并不意味着同一种可能性——由此,自我生成的沟通,不是说同一沟通的反复,而是同一框架下的(可以是不同的)信息的传递与解读,而其目的则是为了呈现这个框架所蕴含的二元判断。在意义的运作下,系统的自我生成,绝非僵化的同义反复,由此也意味着系统不会刻意地"维护"其存在,系统的也经由意义达成了封闭之中的开放——意义可以跨越内外,观察自然也可以跨越内外,外部的观察者是存在且可为的,二阶观察的理论建构由此产生。二阶观察所做的,便是对某个区分运作(从而也即是某个系统运作)的观察,是跳出系统看系统,因此是指向未知的、未来的,是面向演化的操作。所有的沟通(也即是一阶观察)是历史的参照结果,是指向过去的,而所有的二阶观察则是从未标识的领域来运作,由此是指向未来的。维系系统模样的则是由此形成的区分的形式(form),形式蕴含着过往的经验(已发生的现实),是成功的现实的反复(无疑让人想起制度的路径依赖);意义则涵盖着未发生的可能,在现实的可能的"震荡"中,系统在自我生成的运作下实现了演化。

  卢曼的理论体系充分吸纳、借鉴了同时代思想家的理论成果,观察、自我生成系统、形式之内外、标识与未标识之间的振荡、再进入的操作、自我指涉和异己指涉实质上都是一个意思的不同表述[①]。总括而言,意义理论、观察理论、沟通理论都是在不同层面对社会以系统的方式自我生成的运作的表述,意义理论最为抽象,结合现象学理论对认识的本质进行探讨;观察理论是核心,解释了以区分进行运作的基本思路;沟通理论最为具象化,与真实世界最为切近。理解卢曼的理论,没有"下学

---

① Luhmann, Niklas, "Society, Meaning, Religion: Based on Self-reference", *Sociological Analysis*, Vol. 46, No. 1, 1985, pp. 5 – 20.

而上达"的路径,不能说先理解沟通,再理解观察和意义。其理论有相互映照和诠释的特征,如果真正理解了沟通理论,那么必然也同时理解了观察理论、意义理论;反之亦然。因此,对于卢曼的理论思维的理解。卢曼拒绝对社会行为作形而上的推理,也拒绝提出对社会包罗万象的归因解释,而是提出对社会进行理解的一个新角度,并对这个角度从多个层面进行反复论证。由此,其理论更多提出的是一种更加契合后现代社会的认知逻辑。

(二)卢曼社会系统理论的实践价值

1. 系统悖论中蕴含的多重可能性

卢曼的系统运作方式是自我生成和自我指涉的,系统的自我生成从观察的角度来理解,并非系统中的沟通一遍遍地反复,而是系统所涵盖的二元判断(也即是区分)中,"是"的那一个面向被不断地选择、不断地呈现。由此,系统带有自我证明的特性,因为二元判断总能呈现"是",所以形成系统;因为系统能够提供二元判断,所以能够提供沟通。此处明显存在自我循环的悖论——社会是自我定义的,社会就是其基本构成元素(也就是沟通)的不断重复,或者说因为不断重复,所以形成了现有的社会系统。由此,任何一个我们熟知的社会制度,实则都无法给出完整而恒久的定义——因为在系统论下,这只能由自身的不断呈现来昭示其存在。例如因为"合法"被不断呈现,所以有了法;因为有了法,所以可以通过法来判定合法与非法。法律必须由不断产生"合法"才有意义(也即是在合法/非法中持续呈现"合法"的一面),如果人与人的关联最终都是无法用法来判定,或者判定皆为"否",那在这种情况下,法作为系统就是无意义的、崩溃的。例如在毒贩横行的一些中南美洲地区或金三角地区,法律作为一种社会系统,即使表面上具备形式,实际却可能是名存实亡的。法作为系统只能由合法的不断重复来实现,因为有合法,所有有法,然后法再度被引入、作为合法/非法的判断基础,这种形同循环论证的表述实际上正是卢曼系统理论的贡献之一——对于许多社会现象,在系统论的角度,不应预设其定义(应然的结构),而应该从动态关联的角度去理解这些现象。重要的不是固化的结

· 43 ·

构——因为结构需要在不稳定中适应世界的复杂性——而在于沟通之间的关联。因此,从自我生成、自我指涉的角度理解社会的运作,要求脱离固化思维,不被任何形式所惑,一切从实际出发。例如,在讨论社会问题,需要站在实际的社会运作的基础上,去观察其中社会关联形式,尤其以研究的方式(或者说以科学系统的方式)来观察时,就更需要注重从实际中获取概念。概念一直是我们研究经济社会现象的重要来源,但概念本身有其源头,实质是对沟通形式的精确、精练的概括,但选取的形式在不同的系统运作中是不同的。形式只代表当时当地的某种可能性的呈现,并不是放之四海而皆准的。由此,对由形式而来的概念的运用就应当十分的谨慎。例如中国的社会科学话语体系,尤其在经济、管理学科门类,其概念体系大多源自对西方相关领域经由其自我生成而形成的系统化的操作的归纳,是对西方语境下的形式的提炼,由此其概念及其意涵本身是建立在西方国家,甚至个别西方国家自身系统运作的结果,但是这些概念本身并非源自中国社会自身系统运作的结果,由此造成语义上的偏失,从而使科学系统对中国社会的讨论,与社会自身发展中存在某种程度的偏离。从自我生成系统的角度来观察社会,需要根据社会实际的关联来认知,并拒绝固化的理解,接受系统形式变化的一切可能性。

2. 演化的多元性和偶发性

系统是人类构成社会的方式,反映着人类社会的某种功能性需求。因此,系统从其满足需求的基本方式来讲,有大小之分、主次之别。主要的系统,如经济、政治、宗教等,具有更加恒久的存在(当然这种存在也是自然形成的过程,而非有上帝之手,只不过这些系统体现的是人类社会的最基本的操作),体现着人类社会行动的某些最为基本的层面。主系统需要一系列的内部操作才能得以实现。例如法律系统的基本判断"合法与非法",不仅仅指空悬一个法律条文那里,供人评判是与非,而是包含了执法、审判、执行等一系列使法得以为实现的机制或程序,这些也正是法律的子系统,唯有这些子系统共同充分运作(比如立法必明、违法必究、执法必严),这样合法才是真正有意义的。再例如经济支付需要市场、货币、商品生产等一系列支撑才能成其为可能，即使最原始的物物交换也需要剩余产品，也需要交易的场所，也需要对交易价值的最低限度的共识，也需要监督和惩罚。由此，主系统的沟通是建立在子系统以及子系统和其他子系统的互动上。由此，系统的组织蕴含着两个重要结论。第一，子系统之间的互动不局限于同一主系统下，也即是经济的子系统也需要与政治、教育、宗教等的子系统发生互动，或者说耦合，从而构建新的沟通，例如市场的运行离不开法律的保障，现代行政权力的运行离不开经济基础。第二，系统希求稳定但又必然不稳定，同时越到子系统的层面，便越不稳定；而子系统的不稳定是维系主系统稳定的基础。正是由于子系统的不稳定，由于其多种可能性的呈现和消失，才维持了主系统在复杂环境下的持存。例如价格形成机制可以变化，劳资关系可以有多种形态，货币制度可以有多种样貌，最终构成的则是经济系统一直以不同方式在持续的存在——不管支付是以什么样的方式被组织着，支付的主体、客体、媒介在怎样变化，经济生活总会呈现。而支付总是在发生，背后一定是其子系统不断在环境中实现新的可能性——而得以实现。子系统的不断演化是系统间的耦合的结果，我们需要一再提醒自己的是，系统的耦合就是沟通的耦合。而这一层面发生的事件，是最为人熟知的不同领域互动的结果，例如经济和政治、法律和政治、政治和宗教、教育和经济等。就以政治和经济这一最典型的现当代社会的耦合而论，不同国家在不同历史时期存在着不同的交织方式，经济和政治耦合是持续存在的主题——二者一直以对对方的观察来建构自身，或者引述波兰尼充满动洞见的评论——"自由放任是计划的结果，而计划却不是"，政治和经济以交互的方式重构了一种适应工业生产的资源分配逻辑。许多社会科学研究便是希望探索系统之间的耦合方式。但需要注意的是，卢曼系统理论的核心是系统与环境的区分，以及由此而来的系统封闭运作。从而，系统虽然无时无刻不在与环境耦合，但系统本身需要以自己的方式来运作。进而言之，系统是通过与环境的耦合来呈现不同的可能性，将不同的可能性表达出来，但这个表达一定在系统自身的框架内。例如，政治固然可以通过看得见的手干预经济，但这只手必须以经济所能识别的方式来实现，国家可以通过财税政策来实现对产业的引导，但却不能仅仅通过行政命令开启或者关停产业。而这恰好与大多数社会科学研究在处理多个系统时的根本差异。在卢曼的理解下，系统并非具有稳定的结构的犹如精密机械的造物；或者针对某种外界环境压力做出回应的应答机制，而是一种在与环境互动中塑造环境的机制[①]。从意义的角度理解，社会在演化中非线性的发展，所有当下处于边界之外的未标识的意义部分，都可以随着观察的不同而再度呈现为标识的意义，因此系统的发展是在观察所建构的标识与未标识的领域中"震荡"，未标识不等于被抛弃、不等于消亡，所有未标识的可能性都可能成为现实，系统的运作也是不断呈现新的意义的过程。由此，系统的演化在意义范畴上是诸种可能性在系统中以系统的方式来呈现。由此，无论政治与经济在互动中的样貌如何，在经济事件层面，依然是依靠经济系统提出的二元判断（也即是形式，但这个形式可以改变）来实现运作，计划经济和市场经济，改变的只是支付赖以形成的形式（例如自由买卖或是统购统销），但经济运作依然是靠着支付的实现来运作的。换言之，只要某些功能依然为社会需要，那么就会按照实现这个功能的系统运作方式来进行组织，在功能分化阶段，没有哪个系统能够完全凌驾于其他系统之上。简言之，系统在与其他系统的耦合中实现演化，这种演化通常是偶发的，带有很大的不确定性，从而系统的样貌也可能是不稳定的，但唯有这种不稳定，才能在更大层面维持基本功能的稳定。系统的结构可以在演化中改变甚至消失，新的结构可以用来呈现新的意义，传递信息、实现再生产。

3. 寻找复杂系统中的固有值

卢曼社会系统理论所着力应对的核心问题是，在层级社会被功能分化社会取代的过程中，当曾经用以维系社会交往的宗教、王权、贵族体制等具有超越性的系统不再能够提供大一统的社会指导方案后社会何以能在日趋复杂的、功能分化的背景下得以存在，人与人交往的

---

① ［德］N. 卢曼：《宗教教义与社会演化》，刘锋、李秋零译，中国人民大学出版社2003年版，第17页。

偶联性何以能够被克服①。由此可见，卢曼的理论所关注的正是现代社会是如何得以在多系统自主发展但又相互协调的过程中得以建构的。其理论核心在于诸系统建立在区分下的功能分化的独立运作。各个独立的社会系统通过区分来呈现属于自身的领域。每个系统通过由某种媒介所运作的二元判断来将自身呈现出来，由此造就其环境并实现与环境的区分，使系统获得独立的存在与运作方式②。对于参与系统的其他系统而言，通过该系统赖以存在的二元判断中的正值来产生沟通，沟通的自我生成（在沟通中创造沟通所需要的元素，并进入新的沟通）使系统得以自我生成，维持其独立的功能系统面貌③。功能分化的系统们形成了各自的观察操作，观察则体现为在某个系统所提供的符码下的行为，而某一系统符码所指示下的行为也可被其他系统所观察——站在该系统之外以其他的符码进行区分，从而形成二阶观察，例如个人的养老保险缴费是一个典型的经济支出行为，但对于政府而言，则意味着对缴费者未来需要履行的给付责任，对于立法而言，则是一个法律事项——劳动者依法参保；但是反过来，在劳动者这一面，之所以缴费又是因为政府以法律的形式对参保进行了强制。正是在系统以自我观察和二阶观察形成的网络中，系统的沟通会沉淀出某些固有值，从而使复杂的功能系统分化下的社会交往成为可能——而社会交往的基础都是多系统在结构耦合下形成的在一定时期内长期存在的固有值。简言之，系统理论进行分析的基本方式，是观察某个持续存在的社会行为（或者确切地说，行为的固有值），是如何在多个功能系统的相互观察、结构耦合下得以沉淀下来的，以及这个沉淀出来的固有值又是如何在系统的演化下实现新的意义。在功能分化社会下，很难有一个系统能够完全凌驾于其他系统之上、提供超越性的解决方案，因此每

---

① 参见［德］Georg Kneer, Armin Nassehi：《卢曼社会系统理论导引》，鲁贵显译，台湾巨流图书公司1998年版，第4章"全社会理论"的相关论述。
② Luhmann, Niklas, "The Paradox of Observing Systems", *Cultural Critique*, Vol. 31, 1995, pp. 37–55.
③ Luhmann, Niklas, "Society, Meaning, Religion: Based on Self-reference", *Sociological Analysis*, Vol. 46, No. 1, 1985, pp. 5–20.

一个建构社会现实的固有值都是在多系统小心翼翼的耦合中依据各系统自身的区分方式得以沉淀出来的，而任何一个固有值都可能被其他的值所替代——因为形成固有值的诸系统本身也会在意义的实现与可能中产生新的结构。任何一个现代社会所习以为常的或者制度化的行为模式，都可以看作一个系统耦合下沉淀的固有值。自20世纪中叶以来逐渐为所有劳动者所熟悉且习惯的退休，是一个典型的多系统耦合下形成的固有值——不可否认，退休无法单纯地界定为劳动力市场、社会保障制度、国家经济政策等社会制度中的任何一项，而总是呈现出多种制度交融的特征。对退休这个固有值是如何生成、在生成后又是如何演化的，便可以尝试使用系统分析的思维来进行解读。

三 劳动供给理论

劳动力市场行为本应当涉及供、需两个层面，但是，退休阶段的劳动供给决策涉及的是劳动者已有退休的选择权（无论是正常退休还是提前退休）时所做的工作—退休决策，因此对于临近退休阶段，尤其是达到提前退休条件的情况下，更多涉及的是劳动者是否继续供给其劳动力的问题，因而退休问题在劳动力市场理论中主要应用劳动供给理论。劳动供给理论是一个较宽泛的理论集合，与退休问题紧密相关的理论主要包括家庭劳动供给决策理论、劳动经济学的最优决策理论、社会保障对劳动供给的影响理论三个大类。

（一）家庭劳动供给决策

1. 家庭劳动供给的基本分析范式

传统西方经济学往往将劳动者的劳动力供给决策简化为个人决策，是个人在闲暇和收入之间取舍的最优决策问题。受个人效用最大化的主导，劳动决策在很大程度上视为个人决策。但是，在退休问题上，劳动决策并非单纯的个人决策。正常情况下，退休者多数已组建家庭且有子女，其劳动供给决策不可能仅考虑自身的效用最大化，而一定是结合家庭需求做出的综合决策。因此家庭劳动供给理论是解读退休行为更加适切的理论。20世纪20年代，苏联经济学家恰亚诺夫提出一个家庭农场模型并指出,农户的资源配置决策一般是以家庭为单位来进行的,而不是基于个人理性①。20世纪60年代,加里·贝克尔依据类似原理提出了一个影响力更大的家庭时间配置模型。在这个模型,他克服了恰亚诺夫模型的缺陷,引入外部劳动力市场,将真正意义上的雇佣劳动供给纳入考察。其核心在于个体劳动供给行为并非取决于个体效用的最大化,而是取决于家庭效用的最大化问题。由此,家庭决策成为问题的核心。具体而言,贝克尔提出时间配置理论,研究生产、消费、劳动供给的家庭最优决策问题,站在家庭效用最大化的角度探索家庭最优的劳动供给②。贝克尔的劳动供给研究率先将经济学理论方法用于家庭决策问题的探索,将经济学触角延伸到传统上非经济学领域,具有开创性的贡献,对后续研究有很大的影响力。这一范式得到了大多数人的认可,也与现实更加贴近。但是,贝克尔的研究依然站在新古典经济学的基本假设之上,只不过将个人这个决策者代换成家庭,而家庭做出最有决策的机制、机理,与个人最优决策并无本质不同。换言之,这一研究是假定有一个具备足够权威的大家长,在能够绝对代表家庭意志的情况下,做出自认为对家庭有利的最优决策。至于家庭内部又是怎样达成一致的,家庭成员是如何表达各自诉求的,这一模型并不予以考虑,而是将其视为"黑匣子",仅仅假设家长的意志就能代表家庭共同意志。由此,家庭决策实质也是一种单一决策。但是,要让这一模型符合逻辑,就必须满足家庭成员有同质性的偏好,以及家庭成员都具有利他性,由此才能让单一家庭决策在逻辑上符合家庭成员的共同利益。显而易见,这两个假设在现实当中很难满足,远非不言自明。例如夫妻双方都具有某种利己的倾向,当女性主导家庭时间安排时,可能会倾向让男性多工作、自己少工作。家庭中存在利己行为无疑更符合经验认知和实践表征。由此,集体决策模型应运而生。集体决策模型考虑家庭成员的立即问题和偏好差异问题,由此引入协商和博弈机制,家庭决策的主导权取决于家庭成员的讨价还价

---

① [苏联]恰亚诺夫:《农民经济组织》,萧正洪译,中央编译出版社1996年版。
② 许彬、罗卫东:《协调成本,内生劳动分工与区域经济增长——加里·贝克尔内生经济增长模型评述》,《浙江大学学报》(人文社会科学版)2003年第2期。

能力，更加符合实际情况的集体决策模型成为此后研究的主导范式。集体决策模型着眼于解决家庭决策的合理性基础，但对于家庭决策的对象，依然与传统经济学一致，面向的是劳动与闲暇，也即是否从事雇佣劳动。由此则不免忽略了劳动的另一重维度——家庭生产的维度。这点对于女性和家庭老年成员尤其重要。工业国家长期形成的男性养家模式尽管已产生诸多变化，但女性承担更多家庭职责依然是多数派选择。老年家庭成员可能因退休而不从事雇佣劳动，但在东方社会中可能承担起抚育孙辈的职责。因此，家庭生产是另一维度的劳动。艾普斯等学者试图弥补早期模型对家庭生产考虑不足的缺点，将家庭生产引入模型分析。但是，家庭劳动的度量难度较大，使理论上更全面的模型可能不易作用于实践。

2. 影响家庭劳动供给决策的家庭因素

影响家庭劳动供给决策的因素是多样化的，其中很大一部分来自原家庭本身所具有的人口学、社会学特征。

第一，人口年龄结构。人口年龄老化意味着家庭中的老年人口可能增加，从而增加家庭的照护负担。人口老龄化暗含的工作年龄人口的相对数量减少，意味着能够提供照护的人数减少。这一现象可能被既定生育政策加强，例如独生子女政策形成的中国家庭典型的4—2—1型结构。家庭人口年龄结构变化可能诱使家庭劳动供给决策的改变。一方面，从事雇佣劳动的成年人可能因家庭照护负担而放缓事业发展的步伐，从而减少劳动时间投入，减少劳动收入；另一方面，家庭职责的承担者（普遍为女性）则会增大其照护负担。当然，照护不足可能通过购买照护服务等市场化手段解决，但人口年龄结构增大只会让照护服务成本增大，从而影响家庭劳动供给决策——例如可能促使主要劳动力延迟退休挣钱养家。这可以看作人口老龄化对劳动供给的"收入效应"和"替代效应"——成年劳动力既可能出于照护需求减少劳动供给，也可能出于负担购买照护的需求增加劳动供给。Gronau的研究印证了这些观点。当然，人口结构变化也可能通过宏观经济系统作用到家庭劳动决策，例如劳动人口减少可能带来工资的上升，从而影响劳动供给，但是劳动者因希望更多工作来支付家庭照护成本时，工资弹性可能再度提高。第二，家庭结构。家庭结构对劳动供给有显著影响。由父母和子女组成的核心家庭,成年父母是仅有的两个可能的劳动力,也是仅有的家庭照护者,从而家庭劳动供给受到工作—照护责任之间权衡取舍的制约。与之相对,如果将不事生产的年长者纳入构成扩展型家庭,则照护责任可能通过非生产成员分担,从而生产性成员可以更多地投入劳动供给。但是,扩展型家庭对青壮年劳动供给的影响也可能是反向的,例如"啃老"之余扩展型家庭,可能增加老年劳动供给,但减少家庭的青壮年劳动供给。第三,家庭地缘特征。本地家庭拥有更多的社会资本,无论在就业机会还是家庭抗风险能力方面,均优于同等收入条件下的移民家庭,从而其劳动供给决策可以更具有弹性。而移民家庭往往需要完全通过劳动来抵御风险,因此可能倾向更多的投入劳动。第四,家庭财富。毫无疑问家庭财富对家庭劳动供给有非常直观的影响。家庭财富增加会影响预算约束,从而直接改变劳动者对收入和闲暇的取舍,一般而言会增加闲暇的投入。与之相反,如果家庭陷入贫困,那么问题可能更加复杂,对收入和闲暇的取舍可能不再使用边际效用原则,即使闲暇是必要的(对于身心健康),也可能因为贫穷的压力而放弃。第五,家庭偏好。家庭偏好直接影响工作和闲暇的边际价值,从而影响家庭决策。例如家庭成员普遍懒散的话,那么对闲暇的评价可能会很高。从退休决策角度看,法国、意大利等受拉丁文化影响的国家,老年劳动供给的倾向显著低于北欧国家。

3. 影响家庭劳动供给的外部因素

第一,工资无疑是影响家庭劳动供给最重要的外部因素。工资不由家庭劳动供给直接形成,而是被动接受的市场价格。工资高低会引发典型的收入效应和替代效应。亦即工资增加可能会使劳动者更乐意提高工作时间以挣得更高的收入,但也可能使劳动者有享受更多闲暇的机会。从某种意义讲,在劳动者可选择的前提下,工资—退休金也可能引发类似的效应。例如退休金的替代率如果能够基本替代税后工资,那么劳动者更有可能选择退休;但如果退休金替代率较低,那么领取退休金意味着可能的经济损失,从而会激励劳动者不那么早选择退休。当然,仅仅分析工资—退休金等外部经济因素是无足以论证家庭劳动供给的,但不可否认这会是家庭主要考虑的外部变量。Jacoby 提出影子工资的概念，用以衡量参加劳动的社会成本，类似于对比较优势的理解——如果农民进城务工，那么就可能减少农业产出，由此农业产出可能带来的收入就是影子工资。Jacoby 认为理性的家庭劳动决策应根据影子工资来衡量。但也有学者认为影子工资难以衡量，不具备普遍的可操作性[①]。此外，技术革新可能更多地解放家庭生产力，例如美国波士顿动力研发的一些人工智能设备如果能够量产，有望在不久的将来替代一部分护理服务。第二，劳动力市场的发育程度。家庭成员进出劳动力市场的容易性受劳动力市场本身的发育程度影响，例如中断就业的女性是否还能顺利找到新职位，退休后的老人是否还有重返（reentry）劳动力市场的机会。

4. 家庭劳动供给的相互影响

家庭内部劳动供给存在相互影响，尤其是夫妻之间、父母子女之间的劳动供给决策，可能产生交互效应。夫妻之间的劳动供给既存在正向关联，也存在反向作用。例如在退休决策中，配偶退休可能增加另一方的退休倾向；夫妻双方某一方的工资上升可能促使另一方想办法提升工资。但相反的作用形式也存在，例如 Blundell 等人的研究表明，如果丈夫的终身期望收入越高，那么妻子的劳动供给倾向就会越小。这似乎表明，如果夫妻间收入差距超过某个倍数，使得低收入一方在整个家庭收入中占比很少，那么低收入方可能不再倾向劳动[②]。但是相关研究不容易克服内生性问题——是否优秀的男女会互相吸引，因此夫妻收入会正向增长？或者正因为男女结婚年龄和退休年龄的设计，使得男女正好能够同时退休？但后期研究表明，在对内生性问题进行排出后，夫妻劳动供给的关联还是存在的。与之类似的，父母子女无论是否处于扩展家庭，都可能相互影响劳动供给。穷人家的孩子早当家正是对这一现象的最朴素描述。随着结婚育儿年龄的推迟、子女教育年限的加长，父母的退休

---

① Jacoby, Hanan G., "Shadow Wages and Peasant Family Labour Supply: An Econometric Application to the Peruvian Sierra", *The Review of Economic Studies*, Vol. 60, No. 4, 1993, pp. 903–921.

② Blundell, Richard, et al., "Female Labor Supply, Human Capital, and Welfare Reform", *Econometrica*, Vol. 84, No. 5, 2016, pp. 1705–1753.

决策不可避免与子女的教育工作状态产生联系,父母在与子女的劳动供给关联方面无疑具有利他主义倾向。

(二) 社会保障、退休政策影响劳动供给的相关理论

社会保障、退休政策等劳动力市场干预机制是影响劳动供给的重要因素,由此引发出许多针对养老保险、退休政策与退休决策的相关理论和应用研究成果。由 Lazear (1986)[①] 等劳动经济学家所发展的跨期最优劳动决策是常用的劳动供给理论。在这一理论框架下,老年劳动者将退休视为消费和闲暇之间的取舍,而消费需要由工作收入作为支撑,闲暇则由退休得以实现,从而老年劳动者会根据自身的收入预期,依据一系列最优决策来判断是否减少或终止自身的劳动时间。而在宏观劳动力供给领域,美国经济学家戴尔蒙德对经济政策、制度如何影响劳动力供给决策做出卓有成效的研究。其重点在于就业政策、社会保障政策如何影响劳动供给以及失业问题。20 世纪末开始,戴尔蒙德等人的研究也扩展到社会保障政策对退休问题的研究上,结合制度分析、行为分析,探讨社会保障政策对退休现象的影响、提前退休对青年劳动供给及失业问题解决的效果等方面。由戴尔蒙德主要提出的时代交叠模型,成为此后经济学领域研究养老保险、退休问题和长期经济增长的基础理论。时代交叠模型与传统经济模型的不同在于考虑人口的交替,并不是仅限于考虑固定数量的生命期无限长的居民户;相反,新的生命不断地诞生,旧的生命不断消亡。在这种假定下,可以简单地假定时间是间断的而不是连续的,即可以界定到非负的整数集内。这个假定巧妙地把纷繁的宏观经济问题概括到了代与代的交替之中。同时模型也保留了一些新古典的假设,比如存在无数的厂商,其生产函数具有不变的规模收益;市场是完全竞争的,每种生产要素都得到其边际产出,企业在零利润点达到均衡等。但是非常特殊之处是,在 0 时期,老年人拥有资本而年轻人拥有劳动,两种生产要素结合带来社会产出,资本和劳动得到各自的报酬。老年人消费其资本收益和所得的资产,直到其死亡或退出经济体系。年轻

[①] Lazear, E. P., "Retirement from the Labor Force. -Handbook of Labor Economics Volume 1. Edited by O. Ashenfelter and R. Layard", 1986, pp. 305 – 355.

人把劳动报酬分为消费和储蓄,并把储蓄留到下个时期。由此,每个时期的资本存量取决于在 t 期生活的年轻人数量及其储蓄量,这个资本与年轻人提供的劳动相结合带来新产出,经济运行就这样周而复始地进行下去。Fieldstein 和 Samwick（1992）[1]指出社会保障收益会带来边际税率,而净边际税率应当等于工薪税减去每一美元收入增加所引发的社会保障收益增加的现值。依据这一理论,他们认为低收入者、没有全职参加劳动的妇女因增加收入会被课以完全的边际税率,而已婚者和老人的边际税率较低。

相关理论非常重视探讨经济激励对退休决策的影响。而经济激励则应包含工作收入和退休收入两部分,后者主要由各类养老保险制度决定。马丁·费尔德斯坦对社会保障和退休的关系做了开创性的理论探讨。费尔德斯坦提出社会保险隐形税的概念。他认为,通过计算不同时点退休,个人所能得到的养老金的总和的折现,可以计算出养老金财富（pension wealth）[2]。不同时点退休的养老金财富是可能增减的,因为养老金财富受预期寿命、工资水平、缴费年限等多种因素影响。延迟退休可能增加缴费年限,从而增加养老金财富；但同时在相同的寿命假设下,也会减少领取的总年数,从而减少养老金财富。如果延迟退休带来的养老金财富低于提前退休带来的养老金财富,那么就如同向延迟退休者征收了隐性的社会保险税。费尔德斯坦还提出,养老保险是典型的个人收入纵向再分配系统,目的在于实现一生的收入平滑,但这样也会造成晚年闲暇消费的增加。探讨退休和经济激励的标准模型,是美国经济学家 Stock 和 Wise 提出的选择价值模型（option value model）。根据这一模型,劳动者会考虑当前退休带来的未来预期效用和继续工作带来的未来预期效用的差异,也即通过计算继续工作所带来的工作收入增量与养老金财富变化的综合效应来决定是否退休。其中,养老金财富指选择某一时点退休后,

---

[1] Feldstein, Martin, and Andrew Samwick, "Social Security Rules and Marginal Tax Rates", *National Tax Journal*, Vol. 45, No. 1, 1992, pp. 1 – 22.

[2] Feldstein, Martin, and Jeffrey B. Liebman, "Social Security", *Handbook of Public Economics*, Vol. 4, 2002, pp. 2245 – 2324.

直到劳动者去世为止的养老金收益的折现值之和，也即是将劳动者退休后所有的养老金收入都折现到当前时点，象征着劳动者在当前时点退休所能取得的终身养老金收入。延迟退休既有可能增加养老金财富，也有可能减少养老金财富。如果劳动者判断持续工作带来的效用大于立即退休带来的效用，则不会退休；反之则会退休。OV 模型虽然有较为直接的判定思路，但也充分受到多种个体因素的影响，例如耐心、个人风险特征、对工作的偏好等。OV 模型的判定核心在于劳动者养老金财富的增减，而养老金财富增减则是养老金计发规则的直接结果。因此，各国不同的养老保险计发规则就成为可能影响退休行为的重要制度因素。大量经济学家就这一理论给出了实证结果，提出养老保险制度未能做到精算公平是致使许多国家产生大量提前退休的原因。例如有研究认为美国第二次世界大战后老年人劳动参与率下降源于私营养老金的增加；认为社会保障经济激励效应更多体现在 64 岁以上的老年劳动者身上，这部分劳动者持续工作所得到的收益很容易被预期寿命下养老金领取时间减少带来的损失所抵消，而对 62—64 岁的劳动者影响则不显著。如果提前退休相比正常退休更有利，则如同向正常退休的劳动者征收了隐形税。基于这一理由，许多国家在近 20 年逐步调整其养老保险制度，消除隐形税的影响。除养老保险设计不合理导致的经济负激励外，多种类型的提前退休渠道也是造成提前退休的重要原因。劳动供给理论认为提前退休是由不合乎经济规律的制度干预形成的现象，因此其主要政策主张便放在消除制度中鼓励提前退休的激励因素，避免劳动力供给被制度所扭曲，因此逐步废除各类提前退休渠道也是重要的改革方向。

总而言之，劳动力市场理论基于经济学分析，主要着眼于以养老金财富为主要衡量指标的经济激励对退休行为的影响。在诸多退休行为分析的理论范式中，劳动力市场理论处于核心位置，这一方面因为其逻辑的简明性，另一方面也因为其现实的可行性。但劳动力市场理论对于探明退休行为依然有其局限性。第一，退休行为本身具有极大的个体性，即使经济学理论能够捕捉某一群体的退休行为及影响路径，但对于这个群体的任何个人而言，退休依然是非常个性化的体验和选择。第二，由于经济学分析需要将分析对象进行同质化的假设，这一理论很难涵盖劳动力市场丰富的异质性，而只能选择将其忽略。第三，这一理论难以处理非经济因素对退休行为的影响，而文化、价值观等非经济因素对退休的影响是必然存在的，从经济学家自己的实证结果上看，也是能支持这一论点的。

第二节　概念界定

一　退休

研究退休制度首先需要定义退休为何物。关于退休的定义，常常多有矛盾。它可能是一个"功能""事件"，一个"过程"，一种"社会角色"，或者一个"生命阶段"。

我们将退休定义为从事生产的劳动者，在达到一定年龄后，退出主要职业工作（career work），并稳定获得非劳动收入的阶段。我们需要对这个概念进行一些解释。第一，主要职业工作，指劳动者在其工作生涯中，长期从事的工作，这类工作构成一定时期之内劳动者最主要的收入来源。主要职业工作必须从属于"正规就业部门"（formal sectors），也即是至少被公共养老金制度覆盖的就业部门。第二，年老，不是一个精确指标，距离标准退休年龄不远（一般10年以内）的年龄段均可算作年老劳动者，亦即在劳动者这个群体中属于较年长的一类。第三，稳定的非劳动收入包含两个概念：其一，这项收入不能是劳动所得；其二，这项收入需要由某种制度予以确保，能形成清晰预期的收入。

从系统理论看，退休是国家与市场（经济）耦合下形成的资本、劳动、政府在一定客观经济社会背景下的共识，其实践内含着变化的要求。从历史图景看，退休是20世纪中叶开始伴随福利国家体制的建立而产生的特殊现象，并因而造就了老龄现象，最终与老龄相区分。退休并非长期存在的稳定姿态，由此退休的变化是其内在的宿命。在此基础上，为退休下一个确定的定义本身是不可能的，也是不必要的。因此，当研究中国的退休时，所运用的退休的含义，在不同的历史时期也应有所区分。

二 退休制度

我们将退休制度定义为引导和规范退休行为的经济社会制度总称。退休制度是将退休进行生命历程化的生命历程制度。具体而言，退休制度主要包含两个要件：其一，对因年老停止工作的规范或引导；其二，对退休收入的确保。需要特别强调的是，对于退休这种多系统耦合下的、带有一定偶发性特征的社会现象，其制度层面的因素也不一定是稳定的。对退休的引导和对退休收入的确保二者是建立在一定客观背景下的、基于二阶观察而形成的相关公共政策。这两者本身便具有充分的变化特征。对劳动者是否退休的规范性制度依据劳动本身的特性及其与雇佣方的关联呈现不同时代的特征。例如在大工业生产时期，劳动者更容易以有组织的形态表达自身的权益，但这种以工会为基础的有组织的劳动权益表达，在流动性、临时性更加显著的第三产业，尤其在信息技术加持下的新型就业下，无疑被大大稀释了，从而对退休与否之规范性的制度，也将适应经济生产中劳动者在市场中的特征和地位的变化做出同向或反向的应对。对于劳动者从何领取制度化的非劳动收入之制度保障则更有鲜明的变化。这项制度从最初保障劳动者因年老丧失收入的风险，异化为保障劳动者在退休后享有长期无忧的老龄阶段，再到多元化老龄收入的建构，呈现出非常显著的转折。在这些制度变化中，参与构建新制度的制度、政策集合是多样化的。因此，正如无法对退休形成稳定可靠的定义，对于退休制度而言，这里的定义只是强调其变化性与多元性，并非试图给出一套足以涵盖退休之制度约束的、稳固的框架性或结构性产物。

具体而言，退休制度需要对劳动者达到某一年龄、退出劳动力市场做出规范或引导。从实质上看，涉及的是对劳动及劳动者权利的认知和实现方式，以及这种认知和实现在哪种维度实现，比如是有组织的市场主体自主调节的，还是移交给国家仲裁的。在工业国家实践中，退休一般不进行法律、政策层面的强制规定，但在集体谈判所形成的合议下，对退休年龄的规定带有普遍性和规律性，从而也具有实质性的退休共识。中国的法定退休年龄设定由国家通过《社会保险法》《劳动法》《劳动合同法》共同塑造，是典型的通过国家法律的方式直接对退休进行调节。但这种自上而下的退休调节，在至少改革开放后并未禁止退休年龄之后的其他形式的雇佣行为。但也正因如此，吊诡之处在于，国家在对退休进行明确的法律规定的同时，也实质性地放弃了对标准退休之外的老年雇佣行为的调控。由此，就以签订劳动合同这种正规就业的角度看，中国在退休中的规范是政策所约束的法定退休制度；但是从广义上的雇佣劳动而言，是否受雇完全是市场主体的自由行为（劳动者只要愿意提供劳动，用人方只要愿意聘用，就可以达成合约），而且养老金的领取完全不妨碍人事合同的建立和履行，由此，在非正规劳动的角度，退休的规范是几乎没有政策约束的市场行为。

  退休制度需要退休收入提供制度性的保障。一般而言，退休保障主要由公共养老金制度进行提供，但这并非单一来源，可能来源于多种其他制度。在退休和老龄生涯的区分中，退休金和老龄收入保障也逐渐成为两个维度的概念，前者的待遇与劳动收入关联，且领取条件以退休为前提，后者则可能与劳动没有直接关联。以当前在各国广获认可的世界银行提出的多层次老龄收入保障概念而论，其中从各国实践看，非缴费社会养老金（在工业国家一般体现为普惠型养老金，以英国、瑞典、荷兰为典型）与退休往往是没有关联的，养老金的领取以长期公民身份为主要资格，时点固定不变，不可弹性领取，且不受劳动者工作状态影响；加强了缴费和待遇关联的第一层次收入关联养老金与退休的关联弱化，劳动者领取养老金的时点和实际退休时点在实践中存在一定程度的差异；领取职业养老金和退休存在强关联，一旦领取了雇主举办的职业养老金意味着当前劳动合同的终止，但重新签订兼职性的合同依然是可能的；个人养老金和家庭照护保障与退休原则上是没有关联的。由此可见，退休金和老龄收入保障存在彼此补充和替代的效应。基于制度化生命历程的视角探讨退休，与社会系统对退休功能的实现存在理论上的交互性，但二者的角度有所差异。生命历程制度化下的退休制度探讨退休何以成为退休，而社会系统对退休功能的实现更多站在系统论的角度来看退休在系统耦合中的产生和演进的种种形态。

三 退休渠道

退休渠道是退休在特定时期的表现方式。这种方式在特定历史时期存在，作为正规就业者、用人单位、政府三者之间对劳动权益、用人成本、经济政策的共识结论而出现。退休渠道本质上是内含与退休这种耦合形式中的固有的表现方式，退休的出现是背负着雇主和雇员在权衡劳动成本和劳动更换权益的在博弈中上升为国家对二者权力的赋予中，形成的耦合现象。简言之，退休的出现，使雇主有合法的裁员的方式，但需要为此履行义务并支付成本（社会保障的税费）；使雇员有老年丧失劳动时获得生计保障（依据劳动的时长和收入的水平来获取权益）；使国家具有更强的经济干预能力（但同时也担负着被授权的经济保障责任）。由此，在这种耦合中，退休反过来会被三方重新思考与利用，例如基于用人成本的理由、基于闲暇收入的理由、基于经济政策干预的理由。西方国家始于20世纪70年代经济衰退期的退休渠道便是一个典型的体现。实践当中，劳动者可能通过领取公共养老金而实现退休，也可能通过领取职业养老金实现退休，也可能通过领取残障津贴、失业保险等实现退休。这些不同类型的退休实践形式就是退休渠道。退休渠道是退休在实践当中的具体形态，主要起源于20世纪70年代的提前退休浪潮。退休渠道最初是作为方便劳动者和用人单位开展提前退休而被提出的。早期退休渠道的核心在于通过适当的经济激励鼓励个人提前退休。由于养老保险需要尽可能维持长期精算平衡，因此如果要从养老保险中获得提前退休的经济补贴，那就需要实行弹性退休机制，在精算平衡的养老保险待遇计发方式下让劳动者自主选择是否提前领取养老金。但更加普遍的做法则是从其他渠道对提前退休融资，使用其他财政资金来补贴提前退休的额外开支。决定何种做法更加可行的，与该国的社会保障架构与劳动关系架构密切相关。例如法国的提前退休渠道主要体现为失业退休，是由于法国的一些行业协会率先通过了让劳动者可以在50—55岁提前退休的项目，造成大量提前退休，木已成舟后政府希望通过引入国家政策来调控实质上属于裁员失业的提前退休，便建立了失业退休渠道

（收入保障解雇计划，GRL），由此失业退休成为法国主要的提前退休渠道。退休渠道的资金也可能来自私营部门，例如雇主提供的经济补贴也可能成为劳动者选择提前退休的原因。退休渠道的存在带有福利刚性，提前退休对大多数劳动者是福利改善的。因此，随着对提前退休需求的减弱，取而代之需要的是如何让劳动者更晚退休，退休渠道经历了较为艰难的收缩过程。我国在经济体制改革时期也出现过服务与经济体制转型的提前退休渠道，其中内部退养等渠道至今依然在不同程度地发挥作用。作为正规劳动基础下的适应多主体需求的实践方式，退休渠道是退休内含的表现方式。

四　退休年龄和养老金领取年龄

这是一组十分接近，但又极端容易混淆的概念。前者的定义尤其模糊，实际上我们可以找出若干种国际通行的关于退休年龄的概念。后者的定义相对固定。

我们对退休年龄（retirement age）的界定，建立在退休定义的基础上：退休年龄，指劳动者开始退出主要职业工作，并能够领取制度化退休收入的年龄。实践当中，这一年龄受多种制度约束，不一定等同于养老金领取年龄（pensionable age）。由此，退休年龄首先衡量的是劳动者是否继续从事正规劳动这一状态。养老金领取年龄指劳动者有资格领取公共养老金的（最早）年龄。如果养老金能够弹性领取，例如美国和德国，那么就从最早领取年龄算起，否则便指标准养老金领取年龄。一般而言，标准养老金领取年龄由制度中的收入关联型公共养老金标定，但是，如果存在普惠型或具有普惠特征的基本养老金，例如瑞典的普惠型养老金、英国的国民第一年金，那么这个年龄可以标定为标准养老金领取年龄。

五　职业群体

职业群体，直观理解应当是由某个特定职业类型所标示的社会群体。职业群体的具体界定方式很多，因为对职业的分类标准可能是多样化的，不同大类、小类，可以对应不同的群体。例如从大类分，机关事业单位（也即是公共部门就业者）和企业就业者可以是两种职业群体。但从小类分，大学教师、中学教师、小学教师、幼儿园教师、培训机构教师也可以构成五个小分类的职业群体。职业群体固然是以某种同质性来关联的，但关联的方式则应以研究的目的来确定。因此，职业群体的划分不可能只存在某一种方式。在退休研究中，职业群体具有其特殊性。之所以要在退休问题上划分职业群体，是因为不同群体依靠其他系统实现退休的可能性是不一样的。简言之，由于养老金系统和劳动法规系统在一定程度上对不同群体存在异质性，因此退休功能的定义和实现就存在区别。由此，需要具体考察在不同的养老金制度框架（多层次养老保险对不同职业的覆盖）和劳动法规框架（包含退休政策对不同群体的具体规定，不同群体在退休行为过程中的机会结构和权利表达）等层面予以具体的厘定。由此观之，不同国家在退休这个研究话题下，所包含的职业群体类型可能都是不同的。尤其在集体谈判较为发达的国家，钢铁、煤炭、电力等大型产业所集结而成的工会和雇佣联盟，可能对退休产生强力约束，从而这些国家的职业群体应当以此来进行厘清。中国的职业群体，则需要谨慎区分机关事业单位、不同所有制企业的区分，尤其当依据中国实际存在的退休路径来划分职业群体。由此一来，对具体职业进行细分，或者依据收入等因素划分职业群体的传统方式可能不适用于退休研究，因为这些职业群体内部的职业人可能分属于不同的退休机会框架。

第三章 退休制度的系统论分析逻辑
——一个理论阐释

退休是工业社会以来逐渐普及开来的经济社会建构，退休的产生和发展具有非常深刻的经济社会功能意义。从系统论的角度分析，退休则是由独立运行、功能分化的社会系统通过自我指涉和自我生成达成的特定功能，以养老金、劳动法规、个人意识三个独立系统的耦合而形成退休的实践形态，而延迟退休则是退休功能变化需求基于二阶观察作用于既定系统所提出的改革要求。系统理论对退休的理论解读实际隐含着退休在不同群体中的区别现象，不同群体尤其是职业群体，在生命历程的作用下，在多系统的耦合下，对退休的理解和诉求必然有所差异，由此延迟退休对不同群体的冲击形式也必然有所不同。基于上述思路，本章立足生命历程理论、卢曼的社会系统论，结合退休行为分析，对分析不同群体的退休实现进行理论阐释。

第一节 卢曼系统理论的核心观点对退休分析的适用考察

卢曼的系统理论，是在帕森斯社会系统理论基础上，在后现代思潮的引导下，在以马克斯·韦伯为代表的德国思想家群体对通用理论（general theory）的偏执下，历经数十年思辨形成的理论体系。卢曼的理论，代表着后现代思维模式下对解读社会的大型理论建构的一次尝试。延迟退休是退休变革的一个子类，退休变革是后现代经济社会发展的一个子类。人的思维方式、行为模式，受到客观环境发展的潜移默化的改易，社会科学所研究的人，本身就在变化。社会科学理论意图研究的人，在新的背景下会有新的行为逻辑。尽管从本质意义讲，人总是人，总有万变不离其宗，但从实践上讲，19世纪的行为模式和20世纪，人的行为是有可感知的差别的。由此，用于解读人的行为（从社会科学的意义讲，就是社会诸面向的组织形式）的理论工具，也应当是与时俱进的。卢曼社会系统理论，社会以系统的方式组织起来，通过基于特定媒介和形式形成的沟通与观察，实现在开放环境中的封闭运作，由此形成功能分化日益加深的现代社会，而退休正是在国家和市场交互运作下的有一种功能分化姿态——达到特定年龄的劳动者将有退出生产的可能性。

一 卢曼系统理论的核心关注

卢曼的理论体系所关注的，依然是社会科学理论，以及社会科学出现之前所有思想所意图应对的核心关注，也即是对悖论（paradox）的解决。人类社会自组织以来，便充满着悖论。悖论的存在是人之常情。我们总是希望事情的发展是"既要……又要"。例如既要少付出，又要多得到。传统社会对悖论的解决，是通过宗教或者类似宗教的社会核心思想（例如中国的儒家思想），在此基础上建立起阶级社会，从而将悖论展开（unfold）。这类的尝试以两种形态开展，一种是逻辑的，通通可以归为形而上学对是与否的判断（being and not being）；另一种则是修辞性的。前者通过"是"的判断，给出事件的定论，如同子曰，如同如是我由此达成对悖论的超越，提供给社会的是"本就如此，本该如此"的确认。后者则从修辞意义上将悖论引入为新的词汇，赋予其含义，从而将悖论纳入日常认知当中（习以为常）。

通过阶层的设置，使各个群体能够各安其位，以各阶层所应该的生活方式和生活逻辑来解决悖论。但是，随着进入现代社会，宗教的神话背景破灭，导致其超越尘世的价值被质疑。等级森严的社会阶层划分，也由此逐步瓦解，新的分配方式取代了以社会层级为基础的分配方式。但悖论总是存在的，社会在脱离了宗教的前提下如何得以组织，如何形成共同的价值,在工业革命后社会大变革的几百年历程中,人类探索出来的解决方式便是依靠独立的功能分化系统来解决悖论。由此产生了政治系统、经济系统、法律系统等社会子系统。这些系统以其独立的逻辑运行,其结果便是个人以不同的系统为范围行动,成为多角色的人,或者按照卢曼的术语,这是观察不同系统所带来的对悖论的消解。例如情与理的悖论,便是依靠法律和人情两个不同的功能系统来解决。站在不同角度,有不同的看法。再例如分配的悖论(供应和需求的悖论)则通过经济系统来解决,通过货币所传递的区分(是否支付得起)来简化对分配权利的论证,这便是以市场机制为核心的经济系统所实现的功能分化——谁有权谁穿金戴银,不是依据社会阶层的划分,而是依据支付的能力。政治系统则解决权力赋予的问题,何人在何种情况下有权力调用资源,这是一个赋权的问题。功能分化系统通过封闭运行,实现对同一事件在不同视角下的处理,因其通过不同系统来处理,来克服悖论。

二 系统理论的视野下的退休逻辑

卢曼对现代社会的系统分析建立在其功能分化的视野下。而功能分化在进行社会问题分析的核心则在于,现代社会如何实现在政治、经济的复杂运行中的双重偶然性的解决。现代工业生产的运行需要依赖经济这一稀缺的运作方式来解决,也即是通过货币来实现的对资源的分配,在这里,市场并非与自由市场经济同义,而只是旨在描述需要依靠支付行为来进行资源分配的社会行动。从这一意义出发,即使在计划经济体制下,国家也需要靠货币单位来进行经济核算,会计依然是国民经济计划中不可或缺的方式,其与市场经理的差别只在于谁能直接运用市场。货币所构成的支付系统是在复杂的工业生产中克服效率问题的必要方案,其区别只是在于这个系统允许和排斥的参与者,或者更进一步说,各参与者在这个系统中使用货币的类别与权限。而在这一时期,一个不可回避的话题则是政府作为权力机关将扮演怎样的角色,以何种形式介入工业生产中,这便涉及适应工业社会的治理结构——国家的管辖权及其范围在一个庞大的区间中衍生出各种形式。经济的参与者需要明确参与方的权限,这里的权限包括获得、支付和持有货币的权限,这些权限需要强有力的保障。接下来的则是暴力机器在哪种程度上得以运作,如果允许私人武装的存在,那么即使企业也可以实现对经济的全流程的把握。但诸如东印度公司这类存在只是特殊时期海外贸易所存在的特例,大多数情况下,保证经济权限的边界和内容的依然需要依靠国家。正是经济的功能分化产生的市场对社会的组织,使现代国家的功能意识在重塑中觉醒。由此产生的则是工业社会以来所有社会关系的核心命题——国家与社会的关系。因此,国家成为权力,尤其是工业权力的分配场所。这样一个分配场所需要确定哪些主体来参与到分配决策中,而形成的分配决策需要有一定程度的稳固性、延续性、强制性。由此,前者形成了现代国家的民主政体,后者形成了现代法制系统,二者与经济系统一道,克服工业生产形态下的社会交往难题——互不统属的个体是如何以货币来实现对资源的分配。从这个角度讲,政治与经济的关系是相互塑造的,社会保障、劳动就业也是在这个相互塑造中耦合出的形态,退休也不例外。因此,退休并非一项独立的政策,而是在特定的生产力水平下,在特定生产关系的构建下,经济和政治相互耦合形成的对于老年劳动者退出生产的共性安排。因此,构建退休所牵涉的实质便是老年劳动者退出生产的规范结构,以及老年人生计来源的种类及其商品化程度。而要确定这两点,则有赖于对劳动者退出生产的相关安排,以及老龄阶段公民获取收入的权利和获取保障的权利二者在不同的"国家—市场"关系下的具体实现。从最原初的意义讲,退休所指向的是劳动者因为年龄老去的某些生理、心理方面的特征而需要、愿意或被迫停止工作,接下来的论题便是停止工作与生计之间的关联,这是一个十分开放的话题。劳动者为何要劳动?源于其需要通过劳动获得收入,从而换取生计资料。那么企业为何雇用劳动者?源于其需要通过无差别的人类劳动来产生价值并取得剩余价值。由此,三种情况可能使劳动者停止劳动:劳动者已经具备了无须进一步赚取收入的能力,劳动者因各种主观因素无法继续提供劳动,企业处于经营考虑不愿再进行雇用。但是,当劳动收入是劳动者生计的直接来源时,让因年老体衰难以继续工作或难以为雇主创造充足价值的劳动者退出生产，便会产生额外的经济成本和社会成本——劳动者可能会为此斗争，而退出生产的劳动者需要家庭供养。因此，现代意义上的退休之产生，便是解决老年劳动者退出生产的结构性安排——如何安排其退出？如何赋予其收入？

生计之取得可以是非货币性的，例如直接获得产品和服务，犹如传统的对老人的赡养或救济。但随着经济社会的建立，这个话题变成了货币性的话题——经济需要尽可能地实现以货币为媒介的支付来调节资源，因此生计最好都源于货币支付，而非直接供给，由此有了退休生计的货币化。接下来的问题便是退休生计的货币化由谁来承担。个人的储蓄积累、家人的替代性的货币化、雇主出于善意的退休是最初期的解决方案，而后则是经济生产透过国家将支付取得的权利以相对固定的方式来确定下来，由此产生了早期的国家养老金和养老保险来对应无收入、低收入群体以及有持久收入群体的老年生计。产生真正的划时代变化则是步入20世纪后随着生产的进一步扩张、对国家在经济生活中的角色的明确——如果国家不伴随着大工业生产更进一步地参与到经济中去，那么是无法实现既定的治理和权力赋予功能的。国家和工业经济的关系自工业时代开始便同步地发展起来。工业经济对货币的稀缺资源分配权的要求通过工业资产阶级借由古老的议会整体得以导入国家。国家在所谓的政治革命中实现了与经济的同构，成为经济生产方式的保卫者与受益人。因此，所谓国家对经济的干预是一种不确切的说法，国家在工业经济中本来就不可避免地成为与经济同构的权力部门，是既定生产关系下的权利的论证、协调、分配、实现的机构。政治与经济的表面上的区分越大（由此政治经济学也日益分化为更为专精的宏微观经济学和政治学），其背后的关联度反而越深。在工业化进程中，国家从未置身于工业经济之外——正如波兰尼所言，自由放任反而是精心计划的结果。其中的区别只是以哪种方式来介入，以及介入的目的为何。国家与市场在20世纪中叶的深度关联和配合，便始于国家在反映市场主体的权利结构下引申出的各项通过法律政策确定下的制度所蕴含的承诺的集合，而这个承诺中最关键的则是对劳动权利的承诺和对社会保障的承诺，前者基于劳动者有通过市场取得收入的权利，后者基于劳动者在必要状况下有不通过市场来取得收入的权利。在实践当中，前者又体现为对适龄劳动群体的就业率的维护，后者则体现为对非劳动者的保障性收入供给的维护。在此过程中诱发的新的悖论在于，学生群体和老年群体在体现这个双重目标中所承担的临界点的角色。例如，当国家有责任维持一定水平的就业率时，那么劳动年龄群体的总体规模大小就是一个关键的分母。如果延迟青年就业的年龄（扩大高等教育规模）和提前退休（缩减劳动年龄群体的上限），就能够缩小这个分母。但缩小对劳动群体的界定又会带来反方面的、对保障责任的负担问题。如果说延迟青年就业的收入负担部分的由家庭进行分散，那么维持或引入更早的退休年龄就只能在高度不确定的情况下由政府来履行首要的责任。现代国家的政治系统运用权力的有无来进行操作，但权力的有无背后蕴含的是相应权力所对应的责任之实现情况。但责任之实现又无法完全依赖政策本身，因为无论劳动还是保障的责任最终要依赖经济的参与者，除非国家将经济的参与者在极大程度上缩减规模，例如计划经济中个人和企业组织对经济的真正参与都极为有限。这中间就需要政府有优秀的治理能力和治理结构，以平衡吊诡的责任实现方式。所以，作为政策的退休之于国家政策就是一个高度矛盾的政策因素，这关联着对劳动群体本身的界定，也关联着对保障责任的界定。也正因如此，退休政策的调整具有极大的复杂性和不确定性，意味着劳动者身份的重构，也意味着保障责任的重构。在国家和市场不同的相互角色下，在市场如何影响国家、国家如何建构市场的不同组合模式下，退休的演变与发展路径不可能千篇一律，延迟退休所内涵的语义并非如字面一样的简洁直观，只有在对比、参照当中，才能挖掘出中国的延迟退休与其他工业国家的差异所在。因此，对退休或者延迟退休的分析会有几个基本的逻辑步骤。第一，建立对国家和市场关系的基础认知，需要回答是市场引导了现代国家的建立，还是反过来，由国家主导市场的建立。第二，在相应的国家市场组织模式下的国家对市场的组织形式，市场权利的表达和传递方式，国家对市场权利的反应、认可和确定方式，从中可以认知国家对市场的参与者各自的权利的确定和保护方式。第三，国家对劳动者和公民的劳动权利和保障权利的责任表达、责任实现和评价方式。第四，在劳动权利和保障权利组合当中耦合出的退休语义。第五，延迟退休所针对的问题及其可能诱发的权利的定位、责任的负担和评价的指标的重新组合。在这个逻辑线索下，对退休的分析应当建立在对该国的国家和市场的关系形式——国家对劳动权利和保障权利的表述和制度实现方式——具体的劳动保护形态和养老保障形式。而延迟退休则是自下而上的一种"动议"。这种"动议"或者基于对养老保障财务负担的考虑，或者基于对劳动供求的考虑；而后需要考虑的是这个动议的实现或不可避免地要求所有参加者（或者按照系统理论，应视为"观察者"）的反应。这里的反应将上溯到劳动权利和保障权利的诠释；最终这两项权利的诠释又会落实到国家和市场的终极关系上，需要在这个层次来回答延迟退休的可能性与可行性。

因此，对于退休运用系统论分析，绝不是说将退休本身视为某种系统来分析。退休是一种系统耦合下的现象。这个现象在直接层次上由劳动法规[①]和养老金[②]所建立，体现劳动者在其劳动生涯后期在劳动权利和保障权利之间的内在矛盾下的取舍。而劳动法规和养老金的制定又体现着劳动权利和养老保障权利的界定与实现方式。最终展现出国家和市场的组织关系。而在分析过程中，将退休视为劳动法规和养老金这两个制度的系统性运作下实现的耦合会更加容易切入，以此为锚点既可以向下观察退休的实现形态，也可以向上观察国家和市场的组织方式。

第二节 退休建构中所关涉的诸系统

一 养老保险系统与退休

（一）作为功能系统的养老保险

养老金系统作为功能系统，其主要目的就是要实现劳动者的老年收入风险的应对，使劳动者在其劳动能力降低或丧失时能够获得收入保障。

[①] 这里需要在广义上理解劳动法规，可以使用 labor regulation 来作为其对应语，包括由劳动法律法规、集体谈判条款、合同条款等不同层面的约束劳动者和用人单位的规范组成的法规集合。

[②] 这里同样需要广义上理解养老金，可以站在多层次养老保障的角度，将其理解为涵盖公共养老保险、私营养老金、个人储蓄的多层次养老保障所提供的的养老金。

养老金通过系统的独立运行（封闭性）及其与环境的交互（开放性），实现这一功能。系统的自我指涉和自我生成，意味着系统具备独特的媒介来实现其区分。对于养老保险制度而言，其自我指涉、自我生成必然是"符合条件者能领到养老金"这个事件能够不断再生成；同时符合条件者能够领取养老金，本身也蕴含了养老金能被领到的可能，也即是"系统自己生产组成系统的元素"，具体而言，领取养老金的资格条件，例如缴费条件、年龄条件，能够确保养老金可以持续地生产出来，从而可以持续地领取。例如，对于现收现付机制下的 DB 型养老金，缴费条件依据精算平衡进行设计，制度以代际转移支付来确保养老金可以被不同世代的劳动者领到，从而"满足条件"可以领到养老金本身就可以自我生成养老金的可持续领取，体现了系统的封闭运行特征。对于退休系统而言，个人满足资格条件可以领取养老金是基本沟通，也是构成养老金系统的元素。通过资格的有和无这个二元判断，系统实现了与环境的区分。

（二）养老保险系统在二阶观察下的演化

养老保险系统的再生产，是以观察其他系统对养老金的功能实现，也即是养老保险的二阶观察来建立其演化的基础。养老保险作为系统，其环境是养老保险有待实现的功能目标来源，也是使养老保险能够实现自我生成的"材料"来源。基于系统与环境是统一体这个基本论断，养老保险系统的环境应当包括劳动力市场、政治系统两个大类，二者实际也是其他类型的系统。当然，如果按照卢曼本身的论证，劳动力市场既是系统，也是经济系统内含的子系统的系统内环境，是一种特定的"处境"。系统的环境往往也是系统，所以系统与环境的关系是互动而能动的。养老保险的演化，就是建立在其对环境的观察和二阶观察的基础上。养老保险要回答的，则是在何种基础、立场与程度上对劳动者无工作时的收入之实现问题，以及对应的实现方法。显而易见的是，如果养老保险置身于就业收入之外，而提供最基本的救济性质的保障，那么其所实现的就是基本的反贫困功能，维持底线的生计；如果养老保险置身于就业收入之内，提供能够替代一定程度的就业收入的生计，那么就是基于消费平滑的目的。这两种形态所蕴含的养老金的制度目标、理念、实现方式有极大的差异，其背后则是国家以何种形式介入经济的具体表征：是置身于经济之外提供底线责任，还是参与到经济之内直接调节经济当中劳动和资本的关系。而更进一步的，则需要再观察，如果国家采取的是介入经济的方式，那么国家和市场的关系就会决定对这种介入的接受度和介入的途径，例如是国家以较高威权进行直接的干预命令，还是以诸如社会市场的形式谋求市场与国家的协作。养老保险无疑在不同程度上反映着上述诸多关系的实现形式，并在老年保障这个领域映射着这些形式。政治系统的核心在于不同群体的权力描述、分配和表达。养老金是工业社会以来无产阶级斗争的成果，是劳动者有权享有的基本权利，因此养老金也映射着政治系统的功能表述，转化为政治系统的"语言"，就是对劳动者有权/无权享有无须劳动也有保障的老年生计，以及在何种程度上可以享有这个安排。这个程度，既关乎待遇金额，也关乎实现的年龄。由此，养老金年龄的设计，本质上含有有政治正义性的诉求。想必财政系统会容易出现在的养老保险系统的环境名单中，这似乎是理所当然的逻辑推理。但是，财政系统并不应直接作为养老保险的环境出现，因为从养老保险的历史演进来看，没有任何证据表明养老保险的产生是为了解决特定的财政问题；毋宁相反，养老保险可以作为财政的系统的环境，因为养老保险的可持续与否会对财政形成功能上的诉求，财政一直被视为养老保险系统的兜底。在理想状况下，一个设计良好的养老保险系统应当是自给自足、收支平衡的，但养老保险在实践当中的高度复杂性，养老保险可能因为支付压力而对财政系统产生功能要求，而非相反。退休的功能诉求源于劳动力市场和政治系统在不同角度下的需求，而这些需求要通过养老保险来协调实现。同样，养老保险也就需要观察这些系统对养老保险实现情况的"评价"（基于是否满足这个二元判断）来调整具体的设计，也即是说，养老保险的改革就是基于这样的二阶观察过程来实现。

（三）养老保险系统演化与退休的实现

基于养老保险系统的组织形态，以及养老保险对退休功能的实现路径，养老保险从创生到改革，保持着演化的历程。这个演化过程在不同时期反映着国家和市场关系的深度交织、老年生计保障权的基础理念和实现形态。养老金在不同的国家市场关系中表现出不同的定位，以及养老金制度介入市场雇佣中的方式与程度。这几个基本特征很鲜明地呈现出养老金系统是如何通过二阶观察来实现与环境的交互及自身的建构。养老金观察政治系统对养老退休的权利要求，来建构养老金的目标、功能以及与之相匹配的待遇程度和权责关系。由此，第二次世界大战之后随着国家和经济关系——国家有必要在比古典自由主义更深的程度上参与经济，协调生产关系，从而以市场为基础取得更高的经济成效与更优的分配结构相适应的成果——在主流工业国家中达成共识，以国家政策强制确保的劳资双方对于提供养老保障的共识性制度，养老保险在此成为各国共通的选择。但是，程度差别反映着背后的国家和市场逻辑——由此产生的则是更偏向普惠性基本保障的一成不变的模式、偏向体现工作贡献和社会分层的收入关联模式两种取向，而这两种取向又伴随着国家对基本保障之功能层级的认识又划分为高、低两种形态。例如英国和瑞典同为强调普惠性的给付，但英国为低层次保障，而瑞典为高水平保障；美国和德国同为收入关联型模式，但美国为低层次保障而德国为高层次保障。由此，在普惠和收入关联的两种制度构建下，实质上也是对该国国家市场关系的一种诠释——国家和市场具有此消彼长的边界。正是养老保险的产生赋予了退休可能，这中间难以追究的逻辑是，最初实现的国家和市场就老年保障问题达成一致时，是否有考虑到劳动者退休的问题。但从逻辑上讲，退休在这个阶段还是一个非常模糊的话题，养老金更关涉的是劳动者非劳动情况下获得收入的能力，而年老是一个可能让劳动者失去收入的风险事件，由此将其与疾病、残障、工伤、失业等情况并列为失去工作的风险。因此退休在养老保险建立以前并未获得"正面"（如果说享受闲暇属于正面含义）的意义。正是养老保险催生出了名为退休的普遍性现象，而最终也使退休成就了自身独特的语义。养老保险对于退休的塑造具有锚点的效应，即使在更加重视通过市场来获得充分保障的情况下，职业养老金等补充养老金在设计领取时点时也只会低于而非高于养老保险的时点——对于这类国家而言，这是不可避免的内在结构所造成的，因为市场享有更大话语权的国家中，往往不是任何一个单方面的市场主体享有终极的话语权，而必然是有组织的劳资双方的意见博弈，在这种情况下，就不可能出现职业养老金领取时点晚于养老保险的情况，这违背了任何工会必然要求的减少工作时间、增加保障的基本立足点。养老保险的领取规模、时点、筹资条件反映着国家和市场在养老保障的权益、劳资双方对于劳动供给更替的诉求、成本分担的基本共识，由此引领着退休的基本形态。在这个基调确定后，其他的机制只能围绕其构建。

二 劳动法规系统与退休

（一）劳动法规系统的自我生成

劳动法规系统呈现两个层面的话题，一是在生产过程中劳动和资本，或者用人单位和劳动者之间的关系结构；二是国家对这个关系结构的介入程度。这里面无疑具备两种模式，一是市场主体博弈形成的关系结构自下而上地上升到国家法律；二是国家自上而下地规范劳动关系结构。当然，在历史演变中，二者也存在着交织，由此形成了反映国家和市场对生产过程中劳动关系的描述，而当中存在的一个核心问题便是，用人单位和劳动者在劳动者去留问题上的权限，以及国家在这个问题上的干预权限。退休作为一项劳动力退出劳动的行为，深刻地受到这个系统的影响，既体现劳动者自身的意愿和诉求，也体现用人单位的用人结构，还体现国家对劳动力调控——核心在于确保就业率的政策要求。劳动法规系统是结合了劳动法律和劳动规则的法规集合，指对劳动关系做出约束的各级法律规则体系的集合。从某种意义上讲，劳动法规就是劳动力市场在制度层面的构建。劳动法规可以包括成文的劳动法，与劳动就业相关的法案及劳动力市场政策，通过集体谈判等协商机制做出的、对劳动关系存在约束效力的各类型决议等。劳动法规从各个层面约束、引导和规范劳动力市场上的劳动行为。退休作为劳动力的一种基本状态，其功能诉求与实现必然需要通过劳动法规系统来实现。劳动法规系统的自我生产特性与卢曼对法律系统的分析一致，本质上劳动法规系统是法律系统的一个子类，因此从系统的运行模式的机理分析方面二者可以类比。劳动法规系统通过守法/违法的二元判断，构建其对于劳动关系的规范机制。退休之所以需要劳动法规系统来协调其关系，是由于退休本质上就是劳动关系的重要表现，劳动者是否有到点儿退出劳动的权利或必要性，需要劳动法规系统给予确保。在此基础上，劳动法规系统的主要环境要素，依然是劳动力市场和政治系统，但二者作为劳动法规系统的环境和作为前述养老金系统的环境，是不尽相同的。系统的环境，是与系统相关联的，环境对系统提出诉求，同时提供给系统满足环境诉求的成分。对于劳动法规系统而言，劳动力市场传递出在不同的供需关系下，如何通过调整劳动法规来实现预期下的均衡。而政治系统则对劳动关系中用人单位和劳动者的权利表达机制做出要求，并对正义性做出判断。劳动法规系统的运作既遵循自身的法律法规建构及其程序，其内核则是回应来自劳动力市场和政治系统的要求。简言之，劳动法规系统为劳动力市场解决劳动供需问题，为政治系统解决劳动供需问题的规则；反过来，劳动力市场和政治系统则从必要性、公平性、权利的有效性等方面为劳动法规系统提供基础。

（二）劳动法规系统在二阶观察下的演化

鉴于劳动法规系统是法律系统的子系统，这里可以参照卢曼对法律系统二阶观察的论述来描述劳动法规系统的二阶观察。当然，需要注意的是，劳动法规既涵盖成文的法律，也包括政策性法规、集体谈判决议等规则。但无论是法律还是规则，均需要通过合法/非法、合规/不合规的二元判断来实现自身的再生产。需要注意的是，如果通过这样宽泛的范围来概述劳动法规系统，那么就不免存在一个问题，那就是不少与劳动政策具有临时性，只是为解决某些临时性的政策问题而存在。因此，这里的劳动法规系统，是指建立了劳动力市场约束规则的、具有延续性的法律政策组合，而临时性的政策或办法，则只是劳动法规通过对环境的二阶观察将环境纳入系统考虑所形成的变体。因此，构成劳动法规的核心是劳动法、对劳动关系、集体谈判机制进行规范的法律，如工会法，反劳动歧视的法律，如反年龄歧视法律或法案等。这些法律、法案、法规共同组成了对劳动关系中各方的约束框架。对于任何法律法规系统，其核心都是解决对合法与非法的判断，并通过持续地操作这个判断，使法律系统能够持续存在。例如通过持续的判案，使得何者合法、何者非法越发的明确，从而建构和加深法律的意义，使法律判决能够持续存在。劳动法规系统所强调的核心内容，就是劳动关系各项事务的合法与非法，例如用人单位应当依法履行的义务，劳动者应当依法履行的义务，劳动关系协商需要遵循的原则和必要程序。劳动法规系统时刻对涉及的事项进行合法与非法的判断，从而维持劳动关系合法有序的进行。但与法律系统的（或其他任何系统）的特征一样，自我生成系统无法解决自我论证的悖论问题，劳动法规系统可以在封闭当中"自给自足"，但无法论证为何这样的劳动关系原则是正当的，为何这样的劳动协商机制是合理的。法律系统的悖论需要依靠法律对其他系统的观察来具体实现，也即是观察其他的系统的观察，也即是二阶观察。二阶观察能够从横向和纵向实现意义的构建，意义是可能性的一种具现化。例如劳资关系可以有多种形态，也即是多种可能性，但最终表现出来的、实现出来的是某一种可能性。这种可能性的局限构成意义，而意义则形成信息的内核，信息通过传递和理解形成沟通，沟通的不断再现形成系统的再生产。因此，二阶观察所带来的意义构建回答了法律系统之上，但对法律系统至关重要的问题，也即是立法本身的合理性。那么劳动法规系统的合理性植根于哪里呢？植根于政治系统对劳动关系及其权利义务的论证，根植于劳动力市场对劳动供需的呈现。政治系统对劳动关系的权利论证与表述，在中西方对劳动关系的建构都是至关重要的，只是在西方政体下其表征更加明显，例如法国、德国，工会和雇主联盟往往通过对政党施压来实现其对于雇佣形式的诉求，而瑞典的劳资双方更是直接组建政党来实现其诉求。由此，政治系统通过观察劳动关系中各方的关系，形成劳动关系中权利义务的判断，而劳动法规则通过对政治系统的上述观察的观察，实现相应立法。劳动力市场通过供求关系多层次的具体呈现，将信息反馈给劳动法规系统，从而推动短期性的劳动力市场政策调整。因此，政治系统和劳动力市场从"常"和"变"两方面诠释劳动法规在不同时期的合理性，并通过这个合理性来构筑劳动法规系统的信息沟通。

（三）劳动法规系统的演化与退休功能的实现

退休本质上是劳动者因年老而退出劳动力市场的行为，其目的是引导劳动者在某种条件下实施停止某种类型的工作或完全停止工作这一行为。退休的功能需要相应的系统来实现，如果说养老金系统是为退休奠定了经济前提，那么劳动法规则会直接对退休行为本身进行引导和干预。劳动法规系统通过劳动法律、集体谈判等多种方式，来赋予劳动者合理停止当前工作或完全脱离劳动力市场的权利，也赋予用人单位在某个年龄后可以让劳动者退休的权利（尽管部分国家已经废除了这项权利，同时多数国家的雇主往往是以间接的方式来做到这一点），从而实现劳动者—退休者的身份转型。

在劳动力市场中，对于企业等就业单位而言，劳动者停止工作是单位雇佣行为的组成部分。单位的雇佣行为是劳动法规的重点约束对象，劳动法规对退休功能的实现，即可能通过综合性的相关法律、法案，也可能直接通过退休政策来表述，例如退休年龄政策、提前退休政策等。退休在最基础的层面，就是一种特殊的雇佣关系，是建立在工业革命所确立的职业就业的基础上。在工业社会初期，退休并非必要的构建。在福利保障思维尚未主动或被动地被资本家接受前，劳动者能干则干，不能则走。只有白领工人、技术人员等具有一定不可替代性的劳动者才会享有达到一定年龄可以退休并领取退休金的安排，这是一项典型的旨在留住特定员工的激励政策。此后部分公共部门雇员实施了类似的退休方案。资本主义职业劳动意味着劳动者和生产资料的分离，无工作则无法赚钱来维持生计。退休在第二次世界大战后福利国家广泛建立之前，基本体现为一种雇佣政策——旨在鼓励、留用具备一定价值的员工。退休成为普遍化、可预期的稳定制度，是伴随着第二次世界大战后福利国家体制建立、养老保险制度普遍化而逐步确立的。但即使公共养老保险的普及使退休成为具有政府"背书"的稳定制度，但退休依然时刻体现着调节用人单位劳动力内部结构的功能，只不过这一功能可能通过对劳动就业和社会保障的灵活运用来实现。20世纪七八十年代经济萧条时期，德国、法国、英国等国大量企业通过利用政府提出的提前退休政策诱使中老年劳动者提前退休，使劳动者利用残障原因、失业原因等得以申领到退休津贴，从而实现退休；同时通过结题谈判形成的对退休的决议来方便企业出台一些符合要求的提前退休政策，例如英国企业在20世纪80年代普遍推出的一揽子退休计划；法国大量企业通过建立经过行业协会协商同意的失业退休等提前退休机制来实现老工业企业的人员分流。中国企业在经济体制改革初期，也曾借用内部退养、因病退休等特殊的退休政策诱使大量劳动者自愿或非自愿退休。这一诉求通过各种途径传递给退休政策的制定部门，影响着退休政策的出台，使退休政策体现着来自用人单位的需求。西欧保守主义国家，如法国、德国的提前退休，便深刻地受到特定行业协会、雇主联盟、工会的政治压力的影响。

  对于政府的劳动力市场政策而言，劳动者停止工作是调节劳动力市场供需的可行手段，政府对劳动力市场的宏观调控政策是退休系统的重要环境，由此，退休体现为劳动供求在市场层面和政策层面的双重要求。而这双重要求在20世纪中后期国内外退休制度的调整中达成一致，而如果存在冲突，又将回到国家和市场的关系这个终极命题，来审视到底哪一方面的出自何种目的的需求更占优势。自20世纪70年代开始，发达国家受石油危机导致的经济衰退以及产业结构调整的影响，失业率居高不下，各国纷纷调整其养老保险政策和劳动力市场政策，希望一方面降低青年失业率，另一方面能够妥善安置从逐渐衰退的传统产业分流出来的老年劳动者。这一时期，发达国家的退休政策从较为单一的标准退休演变为融合标准退休、弹性退休、失业退休、残障退休、职业退休的多渠道退休政策，其目的在于方便劳动者提前退休。中国的退休逻辑在计划经济时期体现为国家对劳动力供需的直接调配，此时不存在市场的作用，而是国家是否能实现合理劳动就业目标——简而言之，是否能够实现既定年份劳动用人计划下的劳动者实现岗位。因此，岗位问题成为宏观计划下的劳动政策的核心，退休成为清退岗位的直接手段，在1963年、1978年分别实施过子女顶替就业机制，其实质是以老职工提前退休为大量涌入城镇的青年劳动力提供岗位；经济体制改革初期，为妥善实现国企改革富余劳动力分流安置，政策通过默许对因病退休、特殊工种退休的宽松使用来鼓励老职工提前退休，并设计内部退养政策促成事实上的提前退休，也在于对既定岗位的重新调配。与之相对的，在老龄化压力下，劳动力市场的政策导向则转型为收缩提前退休，对提前退休进行规范化，此前宽松的审批也不复存在，取而代之的是更加严格的规则和审核。而劳动法律领域，则出现了强调老年就业反歧视的法案推进。但即使在市场经济体制下，国家的劳动政策依然对劳动力市场有着总体性的、顶层式的统一规划，而国家基于就业率、岗位的指标化的考核，时期政策重心完全侧重于劳动年龄人口的就业问题，老年就业是让位于青壮年劳动力的岗位供给的。

三 系统耦合下退休语义的形成

退休是个人生命历程的重要阶段，对个人而言，退休是关键的人生决策，个人会希求退休，也可能抗拒退休。而个人对退休的认识，则有赖于多系统耦合下退休作为语义的形成和固定，其中牵涉对退休时点、退休待遇、劳动认知等多方面的规范性认识。探讨个人意识中的退休，也即是退休的行为决策，也是退休功能实现重要因素。在生命历程去标准化日益普遍的后工业时代，退休容留给个人的自主空间已经开始变大，个人意识对退休的要求，与制度因素可能呈现此消彼长。与退休相关的个人意识，作为一个独立的心理系统，深受环境制约。退休的意识系统综合表现为退休偏好。为避免论述上的晦涩，此后统一以退休偏好作为退休意识系统的代称。退休偏好受收入、养老保险的经济激励和市场供求和雇佣政策的劳动力市场约束的直接影响和制约，这一论断已然无可怀疑。但是，不同群体对退休偏好，依然因其广泛的多元化表现而难以归于一统。而退休受制度设计和就业形态的影响，经济和劳动力市场对退休偏好的影响，在不同群体之间的作用程度、效果均有较大的差异，无法一概而论。因此，从经济激励、市场约束角度考察退休偏好，是一个必要的基本面的观察，缺此不可。但要更加合乎实际地、细致地考察退休偏好,则需要融合社会规范、社会文化,提出更加完整的退休偏好影响因素分析框架。

(一) 经济激励与退休偏好

退休阶段意味着劳动者需要脱离稳定的劳动收入获取阶段,而步入稳定的非劳动收入获取阶段。因此,经济收入的合意性是影响劳动者对退休的态度和行为的一个基本要素。对于劳动者而言,判断退休的经济激励是否合意,主要源于其对工作收入和退休收入的获取上。根据主流的劳动经济学理论,老年劳动者将退休视为消费和闲暇之间的取舍,而消费需要由工作收入作为支撑,闲暇则由退休得以实现,从而老年劳动者会根据自身的收入预期,依据一系列最优决策来判断是否减少或终止自身的劳动时间。这一理论着重探讨经济激励对退休决策的影响。而经济激励则应包含工作收入和退休收入两部分,后者主要由各类社会保障制度构成。30年来,国际学界探讨退休和经济激励的标准模型,是美国经济学家提出的选择价值模型。根据这一模型,劳动者会考虑当前退休带来的未来预期效用和继续工作带来的未来预期效用的差异,也即是通过计算继续工作所带来的工作收入增量与养老金财富变化的综合效应来决定是否退休[1]。如果持续工作带来的效用高于养老金财富因延迟退休产生的减少量,那么继续工作就是占优的选择。其中,养老金财富指选择某一时点退休后,直到劳动者去世为止的养老金收益的折现值之和,也即是将劳动者退休后所有的养老金收入都折现到当前时点,象征着劳动者在当前时点退休所能取得的终身养老金收入。延迟退休既有可能增加养老金财富,也有可能减少养老金财富。养老金财富的决定要素包括养老金的计发方法、劳动者的预期寿命、宏观经济发展(主要体现在对贴现率的影响上)。一般地,劳动者延迟退休一年,在既定的预期寿命假设下,会少领取一年的养老金,从而构成养老金财富的损失;但是,延迟领取养老金会因延长工作年限而带来更高的养老金给付额,比如因缴费年限延长、工作收入随任职年限增加而带来的更高的养老金计发,从

---

[1] Stock, James H., and David A. Wise, "The Pension Inducement to Retire: An Option Value Analysis", *Issues in the Economics of Aging*, University of Chicago Press, 1990, pp. 205–230.

而增加养老金财富。在这些综合效应下,养老金财富可能为正,也可能为负。如果劳动者判断持续工作带来的效用大于立即退休带来的效用,则不会退休;反之则会退休。OV 模型虽然有较为直接的判定思路,但也充分受到多种个体因素的影响,例如耐心、个人风险特征、对工作的偏好等。OV 模型的判定核心在于劳动者养老金财富的增减,而养老金财富增减则是养老金计发规则的直接结果。因此,各国不同的养老保险计发规则就成为可能影响退休偏好的重要制度因素。大量经济学家就这一理论给出了实证结果,提出养老保险制度未能做到精算公平是致使许多国家产生大量提前退休的原因。

需要指出的是,OV 模型所研究的主要对象,是 20 世纪 70 年代到 2000 年左右的退休经济激励。在这一阶段,西方国家劳动力市场依然处于稳定的职业就业工作为主流的时期。而直到现在,由于其较成熟统一职业就业形态和社会保障制度,这一模型在考察欧美主流发达国家的退休经济激励时,依然有其值得参考的地方。但是,随着经济社会的不断发展,OV 模型的解释力已经不易渗透到更深层次的退休偏好解读中了。OV 模型的收入应源于其所从事的主要工作,这里的复杂之处在于,随着生产方式发展逐渐从福特主义的大工业生产转化为后工业时代更具多元性的就业形态,个人收入与工作收入可能存在较大的差异,例如个人收入可能包括除工作收入之外的副业兼职收入和投资收入。而随着女性职业就业的广泛发展,双职工家庭的普遍化,个人收入、家庭收入、个人工作收入之间的区别和联系变得更加多样化,例如家庭中若男性收入占家庭收入绝大部分比重,那么家庭中的职业妇女也可能不会看重其工作收入。而随着网络经济等新经济的勃兴,就业形态越发多元化、灵活化,对于收入也就更加难以准确度量。与大工业生产下的终身就业、男性养家模式去衡量退休经济激励相比,在当前和未来衡量真实的退休经济激励,有较大的操作难度。

(二)退休政策对退休规范的塑造

退休作为一项劳动力市场退出机制,是劳动力市场的主要调节手段之一。退休不仅是劳动者享受的福利,同时也是劳动力市场良性运作的一种需求。因此，劳动者在达到特定年龄从当前工作中退休，往往是一种规定的行为。退休年龄规则实质标示着一种退休的义务。因此，在退休规则广泛存在的背景下，劳动者的退休偏好受到退休规则的直接制约。退休规则的表现形式和层次是多样的。既有直接来自法律、制度层面的规则，也有来自单位制度的规范；既有明文规定，也有间接引导。例如，我国《劳动合同法》规定，劳动者到达退休年龄、开始领取养老保险的，劳动合同终止；大多数发达国家也有针对政府雇员、公共部门雇员设置的强制退休政策。这就是一种典型的来自国家法律层面的强制退休规则。对于私营部门，大多数发达国家没有设立强制退休规则，但就业单位会参考养老保险领取年龄设置本单位的退休年龄，达到年龄的劳动者需要办理退休。这一退休年龄规则一般是在集体谈判的框架下，在地区、行业、单个企业等不同层面予以确定，成为劳动合同的一部分。因此，尽管不存在国家层面的强制退休法律规则，但依然存在合同规定里的退休规则。不过，由于私营部门的退休规则不存在法律约束，因此相对而言可以允许较大的灵活性。与上述较为明确的退休规则相对，还存在一类较为隐性的退休规则。在一些国家，即使不存在国家或单位层面的强制退休，用人单位也会通过某些间接方式来实现约束员工退休的目的。例如葡萄牙许多雇主对到达某一年龄（如65岁）的劳动者，不再签订无定期劳动合同，而只签订一年期甚至半年期的劳动合同，最终以停止签约的方式达成实质性的退休。由此可见，退休规则是广泛存在的。在某些退休规则较为严格的国家或地区，劳动者的退休偏好可选框架是非常有限的。退休规则的产生和发展，与社会保障制度的发展和完善有着密切的联系。正因为多层次养老保障体系日益完善，使得劳动者到点退休有了较为坚实的经济基础，从而也就为用人单位实施退休提供了现实基础。而实际退休年龄的变化，也与养老保险领取年龄在不同时期的变化有着紧密的关联。对于中国这种实施了强制退休规则的国家，养老金领取年龄等同于制度规定的退休年龄；而没有实施强制退休的国家，养老金领取年龄也是退休年龄的"锚点"，直接牵动实际退休年龄。由此可见，退休偏好区别于其他经济社会行为的显著特征，就在于退休偏好直接受到制度的干预和规范，劳动者只能在一个相对狭小的年龄区间内进行选择。因此，退休年龄规则是影响退休偏好的基础因素之一。

(三) 劳动者的工作倾向

退休作为一项劳动者的劳动供给决策，必然牵涉劳动者自身的工作倾向。相对于经济激励和退休规则对退休的影响，工作倾向更加地个性化，难以做出一概而论的描述，从而也是容易让研究者选择性忽视的因素。工作倾向具有高度的异质性，一方面是对建立在同质性基础上的经济激励与退休规则的补充；另一方面也有助于探索不同社会群体的退休偏好。毕竟，经济学对于劳动者的工作倾向做出的假设过于简化，其出发点一般放在"若劳动者有足够的经济支撑，那么他们将选择不工作"，这一出发点在解读发达国家提前退休现象时起到重要作用，但面对非自愿退休时却缺乏解释力。对于纯粹的经济学家而言，工作的唯一目的是挣得足以支撑其闲暇的金钱，因此为金钱工作是劳动决策的基本假设，从而就形成了"无薪水，不工作"的基本假定。与之相对的，社会学家重视现代社会中工作本身的内在价值。我们不应忘记马克斯·韦伯对资本主义精神的基础性判断，工作价值的背后有着深远的宗教价值。与经济学"无薪水，不工作"的假定相反，调查表明非经济因素也是工作行为的重要基础，只有18%的瑞典人认为工作只是挣钱的手段，3/4的瑞典人和德国人认为即使自己不缺钱，也愿意从事某种类型的工作。而众多的志愿活动更加印证了工作本身的内在价值。另有观点认为工作是自我实现的潜在途径。通过工作，个人能够获得由外在环境赋予的认可。换言之，通过工作，个人能够实现其社会价值，实现社会对其的认可。这种认可有时候可能直接通过薪资高低来确认，但更多的时候是通过级别、位阶来实现。工作的价值还体现在对于完成工作所获得的积极效用。这一效用是滞后的，只有在完成了相应的工作任务后才可能享受到，因此也就部分回答了为何许多人会表现出不愿工作——这无非是一种短视，因为他们没有预见到如果工作完成或给其带来的成就感这一巨大效用。由此可见，人们选择工作与否，不完全只是一个经济行为。与之类似的，人们选择退休与否，也不是仅仅建立在衡量工作与退休的经济收益基础上的最优决策。总而言之，影响工作倾向的因素包括工资收入、工作对自我实现的满足、完成工作的难易度、工作压力等。而在进行退休决策时，这些因素也将通过影响工作倾向来影响退休偏好。

（四）与年龄相关联的社会规范

个人的工作倾向由其个人经历、工作经历内在地形成，而与年龄相关的社会规范则通过外在约束的形式影响个人的行动。对于个人和社会而言，退休并不单纯是一项劳动力供给决策，与个人辞去工作、失业现象有显著的差异。退休对于绝大多数人意味着完全停止劳动供给，依靠各种预先积累的保障方式来确保其生活。因此，退休具有非常丰富的社会意义，是新的人生阶段的开始。但是，退休的社会意义是难以精确度量的，要将退休的社会意义也如经济激励一般的"测算"是几乎不可能的。因此，当个人从经济收益之外的角度衡量是否"应该"退休时，更多依靠的不是一种精确的计算，而是一种参考，而这种参考往往来自制度化的生命历程。制度化的生命历程受到诸多经济社会制度的约束，对个人在各年龄节点的生活形态提供了蓝图，并为大多数人所奉行。当个人无法清晰衡量退休带来的优劣，同龄、同行、同事群体多数人所做出的选择，就是个人决策的重要参考。制度化的生命历程，会在不同程度、范围上形成对各生命时点的社会规范。换言之，生命历程制度化最终会演化成一种与年龄相关联的社会规范。在制度化生命历程的塑造下，与退休年龄相关的社会规范表现为在某一年龄段从工作转移到退休的适切性。与其他社会规范一样，与退休相关的年龄规范也可以分为规范性和惩罚性两种类型。规范性的社会规范向社会昭示个人什么时候应该退休；而惩罚性的社会规范则昭示个人不应在某一年龄前退休。二者共同构成了对退休年龄区间的社会认同。惩罚性的社会规范从另一个角度明确了个人的劳动义务，若早于某一年龄退休，个人可能在养老金等方面遭致损失，例如若个人退休时尚未缴满可以领取养老金的养老金缴费年限，或尚未达到制度规定的可以领取养老金的最早年龄，那么过早退休的人将无法领取养老金，或足额领取养老金。规范性的社会规范则给出了大多数人应该退出工作的时点，而到达这一时点，制度、市场、个人都会开始把个体推入退休。例如，此时养老金可以开始领取、用人单位不再续约、个人受同龄群体等影响出现较强的退休意愿。但是，这种社会规范的表现形式，不必然是放之四海而皆准的，而是依据不同的职业群体在发生作用，与个人对其自身社会群体的归属相一致。例如，大学教师群体对何时退休具有的社会规范，与公司职员可能不尽一致。而即使大学教师群体内部，主要从事学术研究的教师，和主要从事教学的教师，以及主要从事行政事务工作的教师，对退休年龄的参考标准也必然有所不同。因此，当我们采用社会规范这一概念来解读退休时，也应充分意识到社会规范本身是直接受到个人对自己的所属群体定位的影响。

需要指出的是，社会规范，正如Elster所言，并非目的导向的或说结果导向的。社会规范是社会成员共享的一种主观认知的义务、禁令或行动（Elster，1989）。社会规范本身即是目的，而非达到目的的手段。因此，退休相关的社会规范，并非为达到某一经济社会目的而设，个人遵循这一规范，并非为了实现或达到某一种现实的利益或目的，而只是一种个人内心的服从。遵循社会规范并无实在的奖励，但不遵循则会造成个人心理上的压力。"社会规范是对个人心理的加压，一旦个人违反了社会规范，就会引发强烈的情绪波动。"因此，与退休相关的社会规范，对退休偏好的影响较之经济激励和制度制约，有着非常显著的差异。社会规范的非目的性，往往使其在退休决策中有着更加强有力、更加难以诱导的约束。

与退休相关的社会规范则是来自外界的对退休的应然性做出的期许，这里的外界一般指特定的社会群体，这一社会群体的界分，遵循着某种类似"差序格局"的排布，自内向外发散。位于核心的，是其同龄同单位的同事群体，其次是同行业、同职业群体，位于外圈的是社会对退休的普遍认知。群体和个人将在不同程度上去适应这一期许。对这一期许的适应可能已经被内化，也可能是外在强加的。对于这两种类型的社会规范，是需要进行小心区分的。对于某些社会规范，尽管可能已成为大多数社会成员的共识，然而对于那些不承认该规范的少数群体，这些规范也是外在强加的，从而就很难说是一种偏好，毋宁说是一项限制。对于退休偏好而言，主要关注的还是个人已经认同的、内化了的社会规范。总而言之，退休偏好由工作倾向和社会规范构成。前者是一种对内在价值、个人实现的追求，而后者并没有特定的目标导向，社会规范本身即是目标。退休的社会规范主要指社会群体对群体成员该在何时退休所抱持的一种共识。这种共识主要由经年累月形成的退休制度所塑造。社会规范本身不具有目的性，因此退休的社会规范也不受退休的成本—收益所约束。退休作为一项深受制度约束而成的生命历程阶段，其规范的形成与退休制度的发展密不可分。退休制度具有长期延续的特征。纵观全球范围退休制度的变迁，其周期一般在30—50年，足以跨越2—3代人，从而能够形成较为稳固的对退休的预期，同时在社会群体中逐渐建立对何时应该退休的基本观念。这一观念是长期形成的、近乎于"习俗"的产物，不带有目的性，没有利益导向，即使在该时点退休从理性上已经不适宜、不占优，也不妨碍这一时点在心理上对步入退休的暗示以及在情绪上的影响。退休的社会规范与各群体习以为常的退休机会结构一致，围绕着标准退休年龄波动。需要注意的是，尽管退休的社会规范并不具有目的性，但不妨碍对于某些群体，存在利益和社会规范的叠加效应。因此，对于某些群体，如果因养老保险等制度设计，使其退休收入丰厚，那么这一群体很可能对退休保持更加正面的态度，其退休的规范也就显得更加强大。退休社会规范的形成，与退休年龄、待遇、机会结构、持续时间等因素密切关联，因而在具体研究中，需要谨慎地认知退休社会规范与机会结构等因素的界分。

(五) 职业群体对退休资源禀赋的影响

任何个人的退休决策，都是经济激励、制度约束、工作倾向、社会规范共同作用下的结果，只不过各类因素的作用幅度因人而异。但是，这些因素都只有放在特定的社会阶层、职业群体的框架下，才能具有实际的意义。不同的社会阶层，在经济社会决策中面对的机会结构是不同的。这一点在退休问题层面同样适用。退休决策远非一项"自由"的经济决策。个人在面对退休决策时，受到诸多因素的制约，这些制约有些是硬约束，有些是软约束。硬约束包括退休年龄的设计，例如男女退休年龄不同，意味着两性在退休年龄的选择上具有不同的硬性约束。而另有一些属于软约束。例如不同职业所具有的工作倾向及其所面对的社会规范，都会影响其对退休的看法。当然，在不同类型的养老保障制度下，不同群体的养老保险权益可能不同，那么这更会影响其退休的福利，从而影响其退休的行为。正如吉登斯所言，个人受其所有的社会关系和资源禀赋限制，他们可能具有的行动集合是有限的。个人在就业中所处的地位及其职业特征，决定了他在退休决策时可能面临的资源禀赋。这些资源禀赋一般由福利保障机制和劳动力市场规则构成。福利保障方面，以我国劳动者为例，机关事业单位和大型央企、国企就业的劳动者，通常受城镇职工基本养老保险和补充养老保险覆盖，拥有较稳定可靠的退休收入来源；普通企业职工一般受城镇职工基本养老保险覆盖，但没有补充养老保险；非正规就业者则要么参加城乡居民基本养老保险，要么没有社会保险覆盖。这些不同的福利保障覆盖，使得以就业形态分类的不同社会群体，对退休收入有着差异较大的看法。与之相对的，在劳动力市场规则层面，一般的正规就业者受到我国强制退休年龄的限制，提前退休和延迟退休均较为困难，但其中又有两类例外：高级知识分子可延迟 5 年退休（实践中著名学者延迟到 70 岁退休的也不为少见），大型国企、央企职工有内退渠道，并且在近年来去产能的政策思路下非常流行，以至于 50 岁退休是可能的。由此可见，即使在强制退休年龄制度的控制下，不同社会群体的退休规则依然可以有较大出入。在退休渠道更加丰富的西方国家，不同职业群体的工作特征差异，能体现出更加差异化的退休资源禀赋。例如，对于所从事职业对身体健康侵害较大的劳动者，更有可能利用领取残障津贴的方式实现提前退休。

第四章 退休在系统结构耦合中产生和演进的路径
——基于西方工业国家的历史研究

退休伴随工业社会下的功能分化系统之建构和耦合，在短短百年的发展历程中成为一项习以为常的、具有共识性的社会制度，而在全面应对人口老龄化挑战的今天，退休改革更被视为牵一发而动全身的关键举措。但是，对退休这个特殊社会制度的学理探讨并不充分，对退休与养老保险、劳动力市场、宏观政策之关联的研究和论证依然莫衷一是，或者将其视为不言自明的前提背景而不做更多讨论。在退休改革日渐成为国际社会共识性的举措的背景下，对退休的本质及其实践的研讨、研判是一项基础性工作。以西方工业国家[①]的退休演化作为探寻退休本质的开端有两层意义。首先，从历史的意义看，与中国等发展中国家相比，西方工业国家完整经历了退休从萌生、创立到演化的历史阶段，能够更加清晰地展现退休在工业社会中的演变的主要规律和脉络。其次，从比较的意义看，当前国内的退休政策研究大抵延续了西方国家退休改革形成的政策语义，通过剖析西方工业国家退休演化的基础和原点，可以明了其退休的语义建构与我国的差异所在，从而有助于突破对相关论题的西方思维的影响，在"知彼"的基础上实现"知我"。德国社会学家尼古拉斯·卢曼的社会系统理论对复杂社会现象之生成与演化具有丰富的解释潜力，是公认的20世纪后半叶最重要的社会理论成果之一。退休作

---

① 这里所言的西方工业国家，主要指第二次世界大战前便步入工业社会的西方国家，与苏俄体系的社会主义工业国家相区分。

为多领域共同建构的社会存在,从系统理论的角度考察和解读,有望更加清晰地展现退休这个习以为常的社会现象在工业发展中产生必然性和偶然性及其演化的合理性与悖论性。

第一节 退休的基础——经济系统功能分化下劳动与资本的区分

一 卢曼理论视野下的退休认知

试图用短少的篇幅对卢曼复杂而晦涩的理论架构和论证逻辑进行详述无疑是不可能完成的任务,但尽可能"直白"地对卢曼社会系统理论分析的独特脉络和视角进行概要的表述,则能更有效率地传递本书的分析思维。卢曼社会系统理论所着力应对的核心问题是,在层级社会被功能分化社会取代的过程中,当曾经用以维系社会交往的宗教、王权、贵族体制等具有超越性的系统不再能够提供大一统的社会指导方案后社会何以能在日趋复杂的、功能分化的背景下得以存在,人与人交往的偶联性何以能够被克服[1]。由此可见,卢曼的理论所关注的正是现代社会是如何在多系统自主发展但又相互协调的过程中得以建构的。其理论核心在于诸系统建立在区分下的功能分化的独立运作。各个独立的社会系统通过区分来呈现属于自身的领域。每个系统通过由某种媒介所运作的二元判断来将自身呈现出来,由此造就其环境并实现与环境的区分,使系统获得独立的存在与运作方式[2]。对于参与系统的其他系统而言,通过该系统赖以存在的二元判断中的正值来产生沟通,沟通的自我生成使系统得以维持其独立的功能系统面貌[3]。功能分化的系统们形成了各自的观察操作,通过自身与其他系统的区分,系统各自也将其他系统的沟通

---

[1] 参见[德] Georg Kneer、Armin Nassehi:《卢曼社会系统理论导引》,鲁贵显译,台湾巨流图书公司1998年版,第4章"全社会理论"的相关论述。

[2] Luhmann, Niklas, "The Paradox of Observing Systems", *Cultural Critique*, Vol. 31, 1995, pp. 37–55.

[3] Luhmann, Niklas, "Society, Meaning, Religion: Based on Self-reference", *Sociological Analysis*, Vol. 46, No. 1, 1985, pp. 5–20.

以二阶观察的形式纳入自身的运作中，从而使系统和其他系统形成你中有我但又独立运行的体系。正是在系统以自我观察和二阶观察形成的网络中，系统的沟通会沉淀出某些固有值，从而使复杂的功能系统分化下的社会交往成为可能——而社会交往的基础都是多系统在结构耦合下形成的在一定时期内长期存在的固有值。简言之，系统理论进行分析的基本方式，是观察某个持续存在的社会行为（或者确切地说，行为的固有值），是如何在多个功能系统的相互观察、结构耦合下得以沉淀下来的，以及这个沉淀出来的固有值又是如何在系统的演化下实现新的意义。在功能分化社会下，很难有一个系统能够完全凌驾于其他系统之上、提供超越性的解决方案，因此每一个建构社会现实的固有值都是在多系统小心翼翼的耦合中依据各系统自身的区分方式得以沉淀出来的，而任何一个固有值都可能被其他的值所替代——因为形成固有值的诸系统本身也会在意义的实现与可能中产生新的结构。任何一个现代社会所习以为常的，或者制度化的行为模式，都可以看作一个系统耦合下沉淀的固有值。自20世纪中叶以来逐渐为所有劳动者所熟悉且习惯的退休，是一个典型的多系统耦合下形成的固有值——不可否认，退休无法单纯地界定为劳动力市场、社会保障制度、国家经济政策等社会制度中的任何一项，而总是呈现出多种制度交融的特征。对退休这个固有值是如何生成，在生成后又是如何演化的，便可以尝试使用系统分析的思维来进行解读。

二 从贫富的区分到劳动与资本的区分——经济系统分化下的非劳动经济收入的实现要求

无论作为劳动力市场安排的退休行为，还是作为社会保障这个国家经济干预手段之一来看待退休收入，现代意义的、为广大劳动者所熟知且接受的退休，无疑是主要由经济系统生发出来的论题。由此，从根源上看，退休的生成应当追溯到经济系统的功能分化。伴随着工业社会的发展，经济系统的分化已然是工业国家的普遍性的事实，由工业化引发的生产进步所带来的资源配置的高度复杂化，越来越需要一种独立的系统才能妥善的运用。由此，经济生产及其对应的组织、媒介、工具开始伴随着工业生产而呈现独立面貌。经济开始从环境中区分出自身,一种纯粹以"货币支付"来调节和运用资源的系统得以出现。在这个过程中,以货币作为符号性媒介来组织支付,以货币所承载的价格作为信息的内容并据此衡量和实施支付与不支付①,这一系统的运作方式在18世纪便已基本成型,由此,涉及经济的往来,不再依附于阶层地位、道德、宗教救赎所给予的方案,而仅靠付款便得以完成稳定可预期的社会交往。功能分化的经济系统意味着建立了独立的意义体系,经济有了自身独立的领域,而进入领域所有其他系统,都需要遵循经济系统的操作方式来行动,由此进入经济系统的任何事物都是可以用货币来产生支付或潜在支付的,也即是可以定价的。从重农主义到古典政治经济学,我们不难看到土地、人力等传统上并非依靠买卖来调节的"资源",开始以生产要素、劳动力的形态在经济系统中实现标价和支付。经济的分立也意味着传统上超越性质的大系统的进一步崩解。传统上国家、宗教、经济、教育、军事、外交等职能总是高度凝结,但随着经济职能的分立,政治对经济的传统掌控也就让位于政治和经济的互相参与。以主权国家的政府为其主要担纲的政治系统固然需要在维持其持续存在的过程中考虑其自我调节,从而作用于其他系统尤其是经济系统,因为政治系统也是经济系统的参与者和观察者——作为一种传递无支付能力、从最简化的意义将也就是通过制造预算来征税的机构——也需要在与经济系统的交互作用中调节其自身。问题的关键在于,不同的政治体制下,对权力的表达和传递机制是如何通过对经济的观察来确立其自身基于经济的自我调节的,以及这个调节又是如何被经济所观察、纳入经济运作中的。由此,在过去融合为一的政治经济,在此时成为互动的分立系统,对于社会的参与者也就是人群而言,便是经济的支付和获得实现支付权利的权力——作为经济的参与者和作为政治权力分配的关系者——是怎样耦合在一起并沉淀出固有值的,这也是自18世纪以来古典政治经济学力图探讨的核心议题。

---

① 参见[德]N.卢曼《社会的经济》,余瑞先、郑伊倩译,人民出版社2008年版,第二章相关论述。

经济的功能分化，也即是以货币为媒介、以价格判断、以支付为形式的资源分配方式，是与工业社会以来的生产力大发展密不可分的。正是货币交易方式的高度效率性使其成为组织工业生产——因机器生产而形成的超高效率生产——的必然选择。如果在工业生产下，依然只能依靠政治、宗教、军事等传统权利分配方式，以身份、级别、地缘、血缘等传统分配标志来组织资源分配，则必然大幅降低分配的效率，难以适应工业生产越发迅速的生产节奏。但是，经济作为分立系统组织资源配置经历了漫长的阶段，经历了与其他系统膨胀、耦合、交织的历史进程。而随着经济逐步分立，经济对社会的组织重构也随之稳步进行。首先产生的是完全以支付的能力来衡量的贫富概念，而这在传统分配方式中是不存在的[1]。传统社会的货币也无法完成这样的功能，因为在未分立的经济下，只有非常局限的事物可以用金钱交易——甚至税收在绝大多数历史时期都无法货币化。附加上支付能力含义的贫富区分是工业社会早期被反复诠释的话题，其核心在于该如何看待工业社会初期伴随剩余产品逐步增多而产生的贫富差异。但是，以贫富来实现社会区分是粗糙且不完备的。早期工业社会对财富该如何处置的代表性意见反而是分掉财富——"腰缠万贯毫无实际用处，除非把它分掉，别的都只是幻想"[2]。究其原因有二，一方面，传统分配方式依然占据着顽固地位；另一方面，财富多寡只是粗糙的表象，贫富背后的分配机制被掩盖了，仅仅依靠贫富无法实现分立系统对社会的重塑要求。直到重农主义者开始从生产的要素中剖析经济的运行时，才赋予了经济这一新系统对描述社会的新途径。重农主义开始把握到经济生产中社会关系的某些本质特征，土地和劳动——土地所有者和耕作者、农业家和农村劳动者都是从事与生产直接相关工作的阶级[3]。当然，这客观上也象征着经济分化过程中宗教作

---

[1] 例如富者田连阡陌，贫者无立锥之地尽管也有贫富之说，但这与货币媒介并无关联，土地并非交易的媒介，因为从来都不可能将事物的价值表述为土地的亩数。

[2] [英]弗朗西斯·培根：《论财富》，载培根《培根随笔集》，曹明伦译，人民文学出版社2018年版，第41页。

[3] [法]杜阁：《关于财富的形成和分配的考察》，南开大学经济系经济学说史教研组译，商务印书馆1961年版，第26页。

第四章 退休在系统结构耦合中产生和演进的路径

用的弱化——劳动作为人与自然关系的体现,并非原罪的结果,也非救赎的承载物①。财富源于生产资料和生产资料的运用,从而经济对社会进行的重构不再立足于表面的财富占有,而转化为表现生产资料及其运用方式的占有形式的区分。其中意义重大的地方在于,在经济的分立过程中,人们开始思考以货币作为价值尺度来度量的财富创造的核心要素,这些核心要素将土地和劳动这些传统上无法被纯粹计价的资源纳入核算中。此后,"生产"逐渐取代"贸易",成为经济理论的核心关注②。这也意味着,财富的创造源于生产,而非高买低卖。在此基础上,人们对生产资料与劳动者及其角色功能的各种观察和论证,这些理论构成了早期政治经济学的理论发展的主线。但无论对劳动持有怎样的观点,劳动本身的重要性已然无可置疑,争议在于怎样认知和解释工业劳动这种新的社会现象。这个转换的终点,便是资本和劳动的区分成为刻画站在经济角度对现代社会关系的诠释主体。在此基础上衍生出非常多样的理论来说明资本和劳动的合理关系。在贫富区分向劳动与资本区分过渡的过程,也是经济系统的分立走向成熟的标志。典型的早期自由主义者提出了"蜜蜂寓言"——私人的恶德可以构成公共的利益③,富人(资本家)的恶习可以推动经济进步和共同富裕,但穷人(劳动者)的恶习则是有害的,因为懒惰这种典型的恶习会导致劳动的减少,由此来瓦解对于贫富差异的道德责难。这一思想在当时争议巨大,但在后世影响深远,同时象征着对经济所运用的区分脱离了既往受到宗教、政治等领域的影响。将稀缺、贫富这些经济系统分立过程中典型的描述方式,转化为资本与劳动、资产阶级与劳动阶级的矛盾运作,劳动价值论取代了贫富之间的道德义务。马克思的阶级理论提供了一个超前的、集大成的描述政治经济系统如何在互动中塑造社会的认知框架,而劳动和资本关系在具备一定阶级基础的社会下,在印刷媒体的普及下,既成为人们思考其经济交

---

① [德] N. 卢曼:《宗教教义与社会演化》,刘锋、李秋零译,中国人民大学出版社2003年版,第21页。
② [德] N. 卢曼:《社会的经济》,余瑞先、郑伊倩译,人民出版社2008年版,第108页。
③ [荷] B. 曼德维尔:《蜜蜂的寓言》,肖聿译,商务印书馆2016年版。

往的重要出发点，也成为政治系统对经济的观察点——如何平衡各个时期劳动和资本的关系成为工业国家执政党和反对派争辩的核心问题，至今依然如此。

资本和劳动的区分成为经济系统内部用以描述社会的区分。正是资本和劳动区分所派生的劳动收入和非劳动收入的区分，为退休的出现奠定了第一块基石。劳动收入与非劳动收入的区分，是经济系统的内在要求——确保劳动者这个无支付能力的传递环节能够获得支付的权利，也即是货币的持续获取能力。无论劳动者是否与生产资料分离，他们需要在各种状态下取得一定的收入，如此才能确保自身能够参与到分立的经济系统中。若非如此，稳定的劳动力也难以保持，否则劳动者必须依托某种非经济的系统地实现其生计，例如回归乡村务农，或者依托家庭供养，或者依托其他社会组织给予的慈善，或者依托国家的救济。其中的吊诡之处在于，为了能让个人和家庭将其劳动商品化，就必须同时保留其非商品化的可能。经济的分立程度越高，便越需要确保劳动者持续性地实现收入的能力（从而这个收入才可以转化为支付）。因此，现代意义的退休真正肇始于这样一种需求：必须将劳动者非生产阶段的生计以货币的形式进行量化和支付。这便使退休拥有了与经济分立前截然不同的特征和要求。不可否认，早期工业化或成熟手工业时期并非完全没有退休的形式，例如18世纪英国海关推出的退休金制度，清朝末期的工场亦有针对优秀职工的退休金，传统社会官宦的退休更是由来已久的制度化举措，但这些既没有以货币收入来体现老年生计且未能普及化的"退休"，与现代意义的退休有着本质区别。

第二节　退休在西方工业国家的产生和演化

经济功能分化下的社会表达——资本与劳动的区分——在早期工业化背景下走向的问题，也即是功能的形式，便是以经济语言来重构劳动者的生命历程。这个功能要求涵盖着非常广阔的实现领域，有着无尽的可能性，以及跨越经济边界的潜在能力。这里蕴含的一个重要的话题便是，多种系统（包括经济系统本身）是如何看待劳动者生涯之全面经济化这样一个论题的，如何对这个论题做出回应，以及在回应的过程中是否沉淀出共识性的方案，从而克服系统间的偶联性，形成可持续的解决方案。

一　早期老年非劳动收入的实现形式

首先需要看到的是经济系统本身对劳动者生涯阶段经济化的回应。对于直接参与经济的主体，企业和劳动者本身对这个问题做出自发性的反应。于是首先出现的便是企业出于成本收益考量对部分劳动者老年停止工作后的收入进行支付，有条件的劳动者自发解决不能劳动时的经济收入问题，以及国家介入劳动者老年收入保障这三种策略。这些构成了退休最原初的形态，也是一直伴随着退休的发展，一直参与和建构着退休演化的基础层面——雇主对劳动成本问题的权衡，劳动者对老年风险的预防，国家对资本和劳动问题的观察。

（一）早期的雇主退休金

经济功能分化的直接含义便是对其系统之参与者的广泛使用货币来进行支付的要求。对于雇主而言，便是劳动成本的货币化。是否为劳动者提供工资水平之外的其他福利支付，这是任何时代的雇主都会思考的问题，而经济功能分化下，这个问题也转化为对货币支付的考量。退休作为一种福利虽然会增加支付，但能够激励劳动者留在本单位，从而整体上降低用人成本，这是此一时期雇主提供退休的首要的甚至是唯一的原因。当然，另外一个视角，则是考虑年老导致劳动生产率减少、从而使劳动者退休比继续雇用更加划算，也可能导致退休的出现，但这并非当时的现状。事实上早期工业劳动者往往是在被榨取到最后、身体状况已完全不允许劳作时，才会面临退出生产的问题。直到1880年，在美国绝大多数64岁以上的劳动者依然在岗位上劳动[①]。

[①] Costa D. L.，"The Evolution of Retirement: An American Economic History, 1880 – 1990"，*Journal of Labor Research*，Vol. 23，No. 1，1999，pp. 163 – 164.

在尚未建立完善的劳资谈判机制的背景下，雇主可以没有心理负担和社会负担将其辞退。在能够获得稳定的货币保障的退休产生之前，18世纪末以来的零散化的退休实践并不足以完全涵盖退休这一主题，退休往往只出现于政府支付的工作人员。首先政府雇员的退休制度得以最早建立，英国、法国、普鲁士通过提供退休金来实现对政府雇员的激励，以提高现代政府的工作效率①。随后，退休安排开始扩散到所有工业国家的政府部门和其他公共部门，如学校、邮局等。自传统社会以来国家作为资源的直接分配者，拥有特殊的权限，其机构的就业人员自古便拥有更加成熟稳定的薪酬体系和一定程度的退休安排（尽管往往不是货币化的），由此，以货币税收的形式参与到经济体系中的现代民族国家，率先为其雇员建立起货币化的退休收入便不足为奇了。从19世纪中后期开始，退休安排才逐渐扩散到私营部门，主要针对受到青睐的劳动者。私营企业、工厂开始为其高级雇员或具有特殊技能的职员建立退休制度。私营部门开始建立退休金的原因有很多，其中劳资斗争无疑是其中之一，退休金作为筹码以防范劳动者参加罢工②。很难在这些零散的退休实践中找到鲜明的共通性，其中的行业特性、行业需求对退休实践的影响较为显著。例如欧陆国家的早期退休更多覆盖白领工人，但美国的早期退休中蓝领工人却占了相当比重，主要因为美国正处于其规模壮大的铁路建设时期，对高技能的蓝领工人有较大的需求；伤残军人的退役退休金在19世纪末20世纪初有较大的发展，彼时欧洲大陆征战频繁、美国南北战争伤亡较大，紧接着第一次世界大战更是造成大量的伤残军人，由此军人的退休制度在这个时期发展迅速③；再如英国的银行业在19世纪末充分利用妇女作为产业后备军，广泛录用未婚女性从事日常工作，并令其在结婚后

---

① Costa Dora L., "The Promise of Private Pensions: The First Hundred Years", By SassSteven A. Cambridge, MA: Harvard University Press, 1997, p. viii, 332, *Journal of Economic History*, 58 (2).

② Thane, P., "The History of Retirement", *Oxford Handbook of Pension and Retirement Income*, G. L. Clark and A. H. Munnell (eds), Oxford University Press, 2006, p. 36.

③ Thane, Pat, 2000, *Old Age in English History: Past Experiences, Present Issues*, Oxford Press, 2000, pp. 302-304.

第四章 退休在系统结构耦合中产生和演进的路径

以遣散的方式来退休,从而将晋升空间留给男性[1];而如果我们将退休从最广义的部分理解为老年生计的解决方案,那么老年"换岗"也完全可以看作一种早期的退休形态,例如将老职工换到对体能要求更低,但又不可或缺的某些基础性岗位,比如清洁、安保等,也是企业安置老年劳动者的由来已久的方式[2];对于从事繁重劳动的矿工群体,英国、俄罗斯出现过雇主雇员共建的、类似于社会保险雏形的互助保障,为因伤残、疾病、老年而无法工作的劳动者提供保障[3]。就私营市场主体而言,企业或者说资本方是收益的主要制造者,在经济的双循环结构中承担着沟通内外循环的责任。企业的支付是为了在支付能力的重组中获得新的支付能力,由此,企业所实践的退休与公共部门和个人对于劳动者老年生计的解决方案,与公共部门和家庭的解决方案,在取向上是有根本不同的。对于企业而言,这一时期退休的基本功能就是一种人力资本重构,通过支付更多的工资(以退休金的方式)来激励想要留住的员工。无论是具有相对较高人力资本含量的高级雇员,还是从事繁重劳动(从而具有另一层面的不可替代性)的基层劳动者,还是出于节省用人成本的意图,此时私营部门的退休都是一笔经济账,既非出于慈悲,也非出于压力。事实上,尽管这一时期也正是工人运动高度发展的时期,但没有证据表明企业层面的退休安排是工人斗争的主动结果,工人阶级斗争的要求主要集中于提高工资、降低工时、要求集会自由和表达政治权利,退休甚至还未能形成明确的诉求——毕竟在此之前活到老干到老是劳动者的基本认知,能够维持自身的劳动能力和机会才是重点所在。基于成本和效率考量而出现的早期退休实践,更多地反映着企业通过调节其支付以充足支付能力的诉求,并未体现劳动者本身的诉求。劳动者对退休是

---

[1] Savage M., Stovel K., Bearman P., "Class Formation and Localism in an Emerging Bureaucracy: British Bank Workers, 1880–1960", *International Journal of Urban & Regional Research*, Vol. 25, No. 2, 2010, pp. 284–300.

[2] Ransom R. L., Sutch R., "The Labor of Older Americans: Retirement of Men On and Off the Job, 1870–1937", *Journal of Economic History*, Vol. 46, No. 1 1986, pp. 1–30.

[3] Ritter, Gerhard Albert, *Social Welfare in Germany and Britain: Origins and Development*, Berg Publishers, 1986.

被动的承担者,而非主动的要求者。退休尚未从劳动这个阶段中区分开来。

(二) 劳动者的互助和储蓄

19世纪后期,货币化的互助保障开始出现。不可否认互助保障和中世纪行业互助保障之间的关联[1],但二者的差异同样需要明示。其核心差异便在于货币化。新的互助保障主要建立于拥有稳定收入,从而能够稳定地支付保费以供未来所用的群体。这是对支付能力在时空范围内的重组,也蕴含着对风险的再认知。货币化的支付加之以对风险涵括,使得新型的互助保障脱离了中世纪行业保障中的人情意味,而带有更多的权利义务关联。通过收入支付保费或建立基金,意味着通过经济的支付来购买保障的可能性。但是否真能获得保障,取决于危险事件的发生与否(货币经济将风险来转移了危险),也取决于保障本身的可靠性。由此,付费而来的互助保障也就具有了与生俱来的风险性。付费而得的互助保障必然不可避免地含有双重的风险特性——蕴含与经济系统本身的、来源于货币体系的风险,以及作为付费换保障(从而也是保障成本外化)的源于建构这一机制的决策行为的风险。这个双重风险特性也被社会保险制度所继承,只不过决策的主体从个人转换为国家。互助保障并非仅针对年老失业风险,或者毋宁说对年老失业的保障只是附带。互助的保障更多的是应对蓝领劳动者,尤其是从属繁重危险作业的劳动者的风险需求,例如疾病、伤残、失业、年老等因素。典型的早期实践包括18世纪中期英国的友谊社,并逐渐扩散到英联邦或与英国高度关联的国家如澳大利亚、加拿大、美国[2]。获得货币化退休收入的第三条路径是自主储蓄,对于拥有稳定货币的劳动者,可以通过储蓄的方式来为未来储备保障。例如不列颠邮政储蓄银行(British Post Office Saving Bank)推出针对个人客户的小额储蓄业务,为拥有一定收入但资产不多的工薪劳动者提供了储蓄业务。当然,这与18世纪中期英格兰银行获得货币发行

---

[1] 林义主编:《社会保险》,中国金融出版社2010年版,第12页。

[2] Thomson, David, "A World Without Welfare: New Zealand's Colonial Experiment", in Paul Johnson and Pat Thane eds., *Old Age from Antiquity to Post-Modernity*, New York: Routledge, 1998.

权后其他商业银行开始向存款银行转变的大背景不无关联①。无论自发互助还是自主储蓄，所体现的对老年收入丧失风险的应对，都是基于货币收入而设计的货币保障方式，尽管这些保障本身并为了建立所谓的退休——不会有任何劳动者期望在领取这些收入的基础上获得闲暇时光，但也是产生退休的经济保障基础的重要的早期形态。

（三）两种早期国家养老金的建构

经济系统分立下，资本与劳动的基本矛盾成为从经济角度描述社会关系的基本区分。政治作为经济的观察系统，采用两种方式来介入。一种是资本和劳动直接纳入权力分配体系；另一种是将资本与劳动视为一体，通过经济与非经济（或者作为参与经济的主体，那就是市场与非市场）的区分来进行权力的界分。这两种方式构成了政治与经济交互的两种路径。两种路径对于从劳动获得支付能力的对立面的理解是不同的，从而劳动收入与非劳动收入打一开始便有了两个面向，其一是不以劳动为基础的非劳动收入；其二是以劳动为基础的非劳动收入。前者是经济与其环境的区分所致，后者则是经济内部的区分所致。对于经济系统的固有区分而言，前者是跨越了经济的界限之外的"未标示的领域"，后者是经济之内的进一步的区分所做出的。进而言之，前者将从属于其他领域的操作，因为这已然是非经济的，这个在传统上由国家、宗族、宗教所承担的领域在工业社会逐渐转化为国家责任；后者则是经济领域之内的操作，而进行这个操作，需要参与到经济之内去。从这个意义讲，现代社会保障与传统保障的核心区别就在于，这必须是其他系统——当然主要是政治系统——直接参与到经济系统当中来运作，这个操作有着诸如宏观调控等多种名目。自19世纪末起，各国政府开始在这两条路线上逐渐搭建起赋予公民基本的支付能力获取权利的框架，国家养老金的建立也是其中的重要环节。与此同时，与功能分化下的多脉络社会所带来的多维度操作齐头并进的，还包括经济社会发展自身在生命意义上的新成就，也即是老龄人口的增多。工业国家的老龄化自18世纪末开始显

---

① 钱东宁：《历史悠久的英国银行业》，《欧洲研究》1990年第3期。

现，在 19 世纪末已步入第二阶段——人口预期寿命增长与幼儿死亡率降低并行的阶段，由此造就的则是老龄人口的逐步增多。传统上以 60 岁为老年的界点，到 1900 年内左右，工业国家已经积累了客观的老年人口比例，例如英国 1901 年为 6%，法国 1900 年为 12%，美国为 6.4%，加拿大安大略为 8.4%[①]。除去客观的年龄外，对老龄的认知还有心理与社会的含义，社会对老人的认知是早于 60 岁的。如果说劳动者会对其老年的收入确保有所关注，那么对逐渐增多的老年人而言，收入确保问题就是生活的现实了。在预期与现实的双重诉求下，工业国家的经济与政治在 20 世纪前后历经数十年交织出可以被各方接受并沉淀下来的安排，这个安排便是国家养老金的构建。

在经济和政治的交互运作中，基于两种区分形成了两种典型的养老金形态。一种是以德国为代表的德奥文化圈国家建立的社会保险型的公共养老保险机制；另一种是其他工业国家在英国济贫制度思想的基础上建立的提供给贫困者的救助型养老金制度。前者以资本和劳动的区分为基础，以国家政令的形式明确了资本和劳动在劳动者老年非生产性收入保障中的责任分担，国家也以经济参与的方式来运作这一体系（养老金收支和国家兜底的潜在责任）。1889 年，俾斯麦建立保险型的养老金制度，成为后世养老保险制度的雏形，为蓝领工人提供缴费型的养老保险，1901 年养老保险扩展到白领工人[②]。德国面对职业者建立的养老金，是国家以保险形式组织用人单位共同参与的退休收入保障体系。此后奥地利也建立了相似的制度。并且伴随奥匈帝国的历史遗产由捷克斯洛伐克和匈牙利继承。1935 年，经历了大萧条的美国也效仿德国建立了保险型的养老保障制度。以英国新济贫法的福利思想为主要依托专门为贫困者建立救助型的养老金则是第二条路线，其宗旨是站在经济之外、为经济的排斥者建立基本的养老保障。这一

[①] Thane, P., "The History of Retirement", in G. L. Clark and A. H. Munnell eds., *Oxford Handbook of Pension and Retirement Income*, Oxford University Press, 2006, p.39.

[②] Borsch-Supan, Axel H., Wilke, Christina B., "The German Public Pension System: How it Was, How it Will Be", *NBER Working Paper* 10525, 2004.

第四章 退休在系统结构耦合中产生和演进的路径

做法以英国、丹麦、新西兰、澳大利亚、瑞典、荷兰、法国为代表[1]。早期养老金制度的建立之重大意义在于，国家首次以直接地介入原本属于经济领域论题当中——直接介入劳动者无法取得生产性收入时，其收入的确保问题。

比较而言，英国和德国的养老金政策取向在透过不同的区分方式呈现出不同的状态。英国是在劳动与资本的区分之外找到一个新的区分点，试图将无资本且无劳动能力的经济排斥群体涵盖在内，为其建立最基本的支付能力，这个区分点必然在经济系统之外，这个群体不是可以从"经济"这个区分来观察的群体，是经济运行之外的群体，从而保障之提供不是一个经济账的问题。德国则直接采用资本和劳动的区分，以父权式的国家干预的方式来调节资本和劳动的对立，解决的是经济范畴内的问题，保障是建立在对应明确的收支平衡及其背后的权利义务基础上。由此，英国式的方案将老年保障问题理解为向非经济的群体提供经济的解决方案，而德国则是为经济的群体提供调节方案。这两种路线标示着一种根本的经济政治耦合取向之差异，英国的路线试图提供在经济之外解决问题的方案，而德国则一开始就需要国家参与到经济之内来解决问题。由此的后续发展结果已经为我们所熟知，英国在第二次世界大战后的福利国家建设以保基本、普惠的公民权来实现兜底的保障，而德国则以社会市场的形式组织起以职业劳动者为核心的社会福利国家形态。比较吊诡的地方在于，从未来的发展看，英国的方式看似待遇水平更低，但却有更加非商品化的解决方案提供；德国的方式看似福利待遇更高（德国养老保险的收入替代水平一直高于英国），但却更加要求劳动者的商品化水平。

需要特别指出的是，依然不能将早期国家养老金的建立视为退休的萌生。本质上讲，国家养老金是政府对经济的观察所确定下的对有收入风险的公民的责任负担方式，与这一时期雇主和劳动者所发起的养老保障方式（雇主退休金、互助保障、自主储蓄）并无目的上的区别。国家

---

[1] Clark, Gordon L., "European Pensions and Global Finance: Continuity or Convergence?", *New Political Economy*, Vol. 7, No. 1, 2002, pp. 67–91.

养老金的建立不能代表退休的建立，这里没有蕴含劳动者会借此度过一段无工作的闲暇时光的含义。一方面，养老金的领取年龄普遍在 70 岁左右，远高于当时的预期寿命；另一方面，养老金待遇很低，仅着眼于满足最基本的生活支出①；最重要的是，国家养老金没有也绝不会限制劳动者在领取养老金后退休。即使俾斯麦建立的名为退休金（Rentenversicherung）的养老保险，其内在逻辑也在于若劳动者不得不退出生产，那么还有少许赖以生存的养老保障可获得，而绝非劳动者需要退休以便获得养老金。不过，国家养老金的建立，作为社会保障初期制度的组成部分之一，为经济社会下极有可能出现的支付能力丧失情况之一，提供了国家确保某些群体获得支付能力的可能性。总体而言，三种早期的对劳动者老年非劳动收入建构的主流方式里，只有雇主退休金制度可以被视为退休的雏形，但其覆盖人群非常有限，且制度的稳定性、可持续性无从考证，因此也只能被视为相对零散的实践表现。

二 退休在系统耦合中的产生与转型

（一）退休伴随福利国家产生并创造"老龄阶段"

几种老年收入的实现方式，为劳动者老年丧失收入能力的风险提供了一些保障的实践，但这与当今习以为常的退休尚有较大的距离。当今的退休，但从现象上讲，所包含的是劳动者达到某个年龄后，能够在较长的余生中领取到稳定可靠的收入（用以支付其生计）的普遍化阶段。历史的吊诡之处在于，虽然从逻辑上讲，劳动者是因为有退休或被退休的需求，所以需要退休后保证支付能力的持续获得；然而实际发生的逻辑却是相反的——正是因为劳动者拥有在某个年龄开始领取养老金的权利，因而可以让其在这个年龄接受退休的安排。从这个意义讲，第二次世界大战后福利国家体制象征着自马克思到韦伯所秉持的"抽象劳动"所组织的社会形态，也即是劳动社会发展到高峰期。受多种因素影响，这个时期国家和市场共同组织的社会结构进入

---

① Turner J., "Social Security Pensionable Ages in OECD Countries: 1949 – 2035", *Comparative Economic & Social Systems*, Vol. 60, No. 1, 2009, pp. 81 – 99.

第四章 退休在系统结构耦合中产生和演进的路径

到一个奇妙的平衡。充分就业基础上对劳动者的全面保障、在凯恩斯主义对外经济政策加持下的投资增长和经济发展、劳动和资本以高度组织的形式在政治权利的充分博弈与分配中形成共识，这些要素在第二次世界大战后取得以福利国家体制为名的神奇的共识。退休正是这种共识下的一个显著的副产品，其中包含着对劳动（全面参与劳动及获得保障）、资本（以缴纳保费的形式重新安排劳动成本）、国家（以国家机器介入劳动和资本的协商过程并承担相应的责任转移）三者达成的新的耦合方式。从实践上看，老年劳动者劳动参与率的下降的典型时点也与福利国家的建立若合符节。例如1891年、1901年、1931年英国65岁以上老人的就业率分别是65%、56%、47.5%，而1951年则降到了31%，1961年降到了23%[1]。

第二次世界大战后一些典型的纲领性的社会保障制度纲要性文件对公民的劳动保障权利赋予了更深刻的表述。例如奠定了"二战"后福利国家建设思路的《贝弗里奇报告（社会保险和相关服务）》，在其第239款指出"任何名副其实的社会保障计划，都必须保证每个公民在其一生的工作中，只要尽其所能地履行了劳动义务，作为权利，都能在年老退出工作后申领足以维持基本生活的收入"，从而"即使劳动者没有其他任何经济来源也能满足其基本生活""即使养老金领取人有其他经济来源，也不减发其养老金"[2]。与此前英国的养老金政策相比，这是一个显著的转型——公民在尽到劳动义务后，可以拥有得到养老保障的权利，这意味着有条件公民需要成为劳动者（建立充分就业的基础），再从劳动中赋予得到保障的权利。由此，在充分就业的基础上为劳动者建立强制参与的、养老保险型的公共养老金成为此时所有工业国家的共识。这个共识背后则有着诸多关联主体（劳动者、雇主、国家）在近乎自相矛盾的博弈中形成的联结，最终形成对劳动者老年

---

[1] Thane, P. M., "The Debate on the Declining Birth-rate in Britain: the 'Menace' of an Ageing Population, 1920s – 1950s", *Continuity & Change*, Vo. 5, No. 2, 1990, pp. 283 – 305.

[2] ［英］贝弗里奇：《贝弗里奇报告（社会保险和相关服务）》，劳动和社会保障部社会保险研究所译，中国劳动社会保障出版社2004年版，第102页。

收入保障的诠释。在这个基于多角度观察而形成的偶联结构背后，劳动者获得保障的预期，但也必须担负着缴费纳税的义务；资本方找到了养老保障责任的转嫁者，但也需要付出缴费和税收的代价；国家通过现收现付这种变相的税收机制得到了支付劳动者养老金的能力，既加强了对经济的干预能力，但也背负着经济的责任和负担。在这个奇妙的耦合形成后，所有人都自动发现了一个事实——劳动者到某个年龄后，便具备了不工作的同时可以领取到固定收入，这个事实被理解为劳动者普遍化的退休。劳动者的利益表达自工人运动开始，便以谋求减少劳动时间为必要的诉求，而对于资本方而言，在既定的公共养老金约束下，劳动者达到养老金的领取年龄必然会有稳定的收入，那么令其退休、替换新劳力就是最合乎理性的做法。由此，在国家建立起三方负担、国家兜底、强制实施的养老保险制度的同时，退休就成为必然的共识性的选择。无论国家是否进一步在劳动力市场法规下明确劳动者应否退休，这都不妨碍退休成为约定俗成的结论。进一步地，被创造出来的退休反过来又在经济运作着发挥着自身的作用——作为劳动力市场的一种特殊调节机制。由此，退休在这个意义上，形成了全新的形态，其内涵便是劳动者、资本、国家在劳动者老年支出能力之确保这个论题下形成的平衡方案。

　　退休的存在以一种功能的形式简化着所关涉的诸系统的运作。如果说之所以会存在系统，便是为了应对社会交往的偶联性，尤其在多脉络的、功能分化社会中，就更需要如此。退休无疑是达成偶联性解决的一个非常显著的成果。如果没有在劳资共识下的、国家负责组织的养老保险，那么劳动者的老年安排无疑具有极大的偶然性——自身是否有足够储备？雇主是否能够给予一些保障？是否能够强迫雇主给予一些保障？这些问题是没有统一答案的。反之，雇主应在何种程度上履行义务（以及首先要回答的，应当有何义务），从而既能低风险（免除劳工运动之忧）也能低成本（既有经济成本也有社会成本），这些问题也不能稳定地回答。国家层面同样也会忧心于日益增大的老龄群体在没有确定的老龄保障后对社会造成的负担和压力。这些问题的解决之道，就是通过现收现付这种的专项税收，实现了从当前的生产中以代际再分配的形式对非生产老人的收入的支付。能够支撑这个方案的基础在于第二次世界大战后工业国家经济的高速发展，其背后除了经济水平的高速增长，也意味着经济的扩张——更多的人和物以经济的方式被裹挟进经济，既加大了对更大程度的公共服务供给的需求，但也为其提供了更富足的条件。而受到第二次世界大战中断的人口老龄化趋势，加之以第二次世界大战后"婴儿潮"的涌现，更让工业国家迎来了百年难遇的人口红利期，让这个方案的运行具备更大的底气。由多维度观察造就的退休，也让退休成为众多愿景、诉求的一个结合点，从某种意义讲，退休成为一种意义媒介，是超越多个系统边界的可能性集合，退休与劳动的区分，在此造就了一个名为老龄阶段的新的生命历程阶段。

（二）从提前退休到延迟退休——退休与老龄阶段之区分的加深

退休的产生逻辑包含着偏离其"初心"的可能性，只要在这样的结构耦合形态之下，退休必然会演变成脱离其初衷——应对劳动者因年老丧失工作的风险保障——的偏移。这个偏移造成的后果会是结构耦合的重构，其中的吊诡在于，正是退休的内在特征将其自身推向了不可持续的边缘，即使人口老龄化没有如此迅速，也不过稍稍拖慢了退休改革转型的脚步。退休所蕴含这种内在矛盾，正是西方工业国家在20世纪七八十年代出现的大规模的提前退休、以及20世纪末至今的延迟退休改革这两个表相之下的根源，与之相比，退休无论是提前还是延迟反而只是表象，退休形态的改变和意义的重构才是值得关注的重点。

20世纪七八十年代，随着石油危机诱发的一系列连锁反应，主流工业国家落入经济衰退、失业增加的"滞涨"境况中。这个时期的退休，以一种自然而然的姿态参与到这个看似与自身没有明显关联（退休者和年轻劳动力可能是在劳动力市场上距离最远的两个群体了）的事件中。劳动者对提前退休的意愿、雇主更替低成本劳动力的意愿、国家解决失业问题的意愿，在相互交织中、相互支撑中达成了惊人的一致。一方面，主流西方工业国家通过政府财政支出为提前退休收入提供了方案。解决的方案主要有两种,一种是在标准养老金领取年龄的基础上设置弹性领取年龄,使符合长期缴费条件的劳动者能够早于标准养老金领取年龄3—5年领取养老金,其典型者为德国、美国、法国[①]。另一种则是政府允许劳动者在临近标准养老金领取年龄前通过持续性地、长期领取其他社会保障津贴来实现提前退休。其中包括在达到养老金领取条件前长期领取失业津贴[②](德国、法国等),长期领取残障津贴(德国、瑞典等)而实现提前退休[③]。这些退休收入是综合性的社会保障支出,不仅仅源于对养老保险基金的扩大化使用。事实上,没有任何国家意图永久性地降低养老金领取年龄,而是将其视为暂时性地解决失业问题的方案,所以养老保险的基本规则不会变动,标准的养老金领取年龄也得以维持,因此往往通过别的名目来支付提前退休的养老金。残障津贴、失业保险金的特殊运用,体现了提前退休在维持养老保险语义维持的基础上对提前退休收入的替代。这个举措也正是退休和老龄分化加深的表现——养老保险金至少在明面上还是站在维持老年收入保障的角色,而退休则有与之不同的意义。另一方面,有条件的雇主也结合国家的提前退休支付,给出个性化的、基于员工福利的提前退休计划,以吸引员工选择提前退休。英国、美国企业通过雇主养老金的提前领取机制达到为提前退休加码的目的,而法国、德国则通过行业层面的谈判来引入行业层面的提前退休方案,吸引劳动者提早退出岗位。这一阶段提前退休的逻辑是很清晰的:市场中的经济主体在经济衰退、利润减少的过程中希望降低对劳

---

① Borsch-Supan, Axel and R. Schnabel, "Social Security and Retirement in Germany", in J. Gruber and W. Wise, eds., *Social Security Programs and Retirement around the World*, The University of Chicago Press, 1999.

② Guillemard, Anne-Marie and Dominique Argoud, "France: A Country with A Deep Early Exit Culture", in Maltby, Tony and Bert de Vroom et al., eds., *Ageing and the Trransition to Retirement*, Ashgate Publishing Limited, 2004.

③ Borsch-Supan, Axel, "Disibility, Pension Reform and Early Retirement in Germany", in David Wise, ed, *Social Security Programs and Retirement around the World: Historical Trends in Mortality and Health, Employment, and Disability Insurance Participation and Reforms*, The University of Chicago Press, 2012.

动成本支付，但劳动成本又囿于劳动权益的代言人在集体谈判和劳动政策层面的限制；劳动和资本的诉求上升到集体谈判和国家层面的博弈，最终形成的一致方案就是让老年劳动者提前退休并合理分担其退休负担。这一过程在许多国家都有典型的展现。例如，英国在1984—1989年间推出工作释放计划鼓励企业让老年人提前退休，同时雇用年轻失业者[1]。1984年德国推出提前退休法案，规定年满58岁的雇员可以在集体协商的基础上申请提前退休，如果雇主与此同时雇用了失业者，那么政府会对提前退休的给予收入补偿[2]。法国在20世纪70年代中期是由行业协会、雇主联盟、工会协商后，在以法国北部传统工业（例如钢铁、纺织工业）为主的行业层面率先开展提前退休，此后才转化为政府层面的提前退休政策[3]。这个阶段的提前退休浪潮为我们理解退休的本质提供了很好的观察场所。提前退休在经济衰退时期作为劳动力市场政策、作为解决青年失业问题的方案而出现，这个看似南辕北辙的方案却是多主体交互观察下的一个顺理成章的选择。事实上，问题的关键并不在于国家应不应该主张通过提前退休解决劳动力问题，或者这种政策举措有没有效果，正是因为退休这种特殊的耦合现象的存在，使得在这种背景下就一定会出现提前退休这种共识性选择，能否真正以此遏制失业问题反而只是个副产品，这并不是一个单纯的政策制定与执行的问题，因为政策的形成不可能来自外系统的相互参与和观察，通过提前退休来减少失业的说法，与其说是政策希望这么去做，不如说是多系统互动结果希望政策去这么做，给政策制定者提供了故事的来源。

正是退休将劳动者区分为工作状态和退休状态，从而人为造就了一个非由因不可抗力而获得的非劳动阶段，一个对雇主而言能被各方接受的裁

---

[1] Laczko, Frank and Chris Phillipson, "Great Britain: The Contradictions of Early Exit", in Martin Kohli etc., eds., *Time for Retirement—Comparative Studies of Early Exit from the Labor Force*, Cambridge University Press, 1991, pp. 222-251.

[2] Jacobi L, Kluve J., "Before and After the Hartz Reforms: The Performance of Active Labour Market Policy in Germany", *Journal for Labour Market Research*, Vol. 40, No. 1, 2007, pp. 45-64.

[3] 林熙、林义：《法国退休制度演变与改革的经验教训及启示——基于退休渠道的视角》，《国外社会科学》2017年第2期。

员阶段，退休从老年人因年老丧失劳动能力，从而丧失劳动收入的保障机制转化为一个特殊的生命阶段，这个阶段当中的老人不一定丧失了工作的能力，但却可以获得非工作的收入——在逐渐的人口老化和退休提前化的双重加持下，这份收入越来越难以体现与工作贡献的关联。由此，老龄收入的内在合理性的疑问就越来越大。如果说疾病、失业、工伤、生育甚至照护的需求，都有非常明显的丧失收入的风险事件作为基础，那么仅仅因为达到65岁——在提前退休浪潮下可能不足60岁——一个尚属健康的普通劳动者便可以不再工作并取得支付能力的让渡。这几乎可以算是人类历史上最奢侈的群体性制度安排了。另外，由退休创造的老龄阶段，也使老年人无须工作或不适合工作也成为劳动力市场的刻板印象，从而造就以年龄主义（agesim）为代表的老龄就业歧视现象，使老年人越发成为经济社会中的一个特殊的群体。资本的收益性、劳动与资本的权力分配机制、以社会保障之名的对劳动成本与责任负担的分配和转移方式、全生命周期的收入货币化共同构成了退休这个人类历史上从未有过的特殊现象，但这个特殊现象在背景的转换中逐渐丧失其存在的逻辑合理性与现实可能性。由此，提前退休这个退休产生以来的"高光时刻"，也孕育出了对退休再思考的开端——这个再思考并非单个政府、组织或群体得以推进的，而是在反思中自然演化的结果。

　　对退休的再思考主要体现在对三个方面议题的回应中。第一个来自对退休阶段合理性的反思，隐藏在背后的则是退休收入与工作收入之间的合理联系——这一切以新自由主义的名义得到阐发，并最终演化为以多层次养老保险为表述新型的老年收入支持体系。第二个则来自人口老龄化压力下对公共负担的退休开支的无限增长的预期，倒逼政府对此进行改革。第三个则源于产业结构转型、生产方式转型带来的就业模式从大工业时代走向后工业时代的潜移默化的转变，使工业时代标准化的终身工作制逐渐转化为更加灵活的工作形态。这三方面的议题相互交织，推动着退休在市场雇佣、个人认知和国家责任三方面耦合中的转变。作为回应，自20世纪80年代以来，退休与老龄阶段之间的区分开始变得无法忽视——原本由退休区分出的老龄阶段，在此与退休形成了新的区分。退休之功能的偏移,体现为随着背景条件的变化,养老金的收入和工作之间的关联越来越难以给出合理的解释。养老保险自第二次世界大战以来在工业国家的标准领取年龄基本保持在 65 岁,且缴费条件未有显著变化,但人均寿命却有可见的延长,由此,原本为应对年老丧失收入的养老金待遇逐渐演变为应对长期老年收入(实质是对老年支出的融资)的待遇机制;而在 20 世纪 70 年代以来的提前退休浪潮中,建立养老金弹性领取年龄机制的国家均无对提前领取养老金的待遇减发机制,由此工作年限(从而间接体现工作义务)与退休收入之间的关联更加弱化。如何重新思考老龄收入的合理性命题就成为一个非常必要的任务:如果收入均应来自劳动,那么越来越长的老龄时期(尤其在提前退休背景下被人为拉长的退休阶段)的老龄收入该如何去认知?但当老龄阶段已经成为共识后,老龄收入又该如何去获取?这些关键问题蕴含着对老龄无工作收入认知的语义学的转移——从养老金、退休金走向综合性的老龄收入保障。最早做出尝试的,是新自由主义几乎"矫枉过正"的养老金个人储蓄化的尝试,提出将养老保险从现收现付的待遇确定型养老金(Pay As You Go, Defind Benefit, PAYG DB)转变为基金积累的缴费确定型养老金(Funded Defined Contribution, FDC)。后者实质是一种个人储蓄投资,养老金直接取决于缴费的积累和投资的积累,有明确的缴费—待遇关联性。这个思路在工业国家中主要体现于雇主举办的职业养老金层面,并且试水于以智利为代表的拉美国家,作为拉美国家自由化改革的一环,将其基本养老金打造为储蓄性质的 FDC 型养老金。工业国家的基本养老金长期实行现收现付机制,在巨大的转型成本压力下,很难直接转换成 FDC 型养老金,但加强缴费与待遇的关联性的尝试则从未停止。两个主要的改革思路是对公共养老金实行参量式改革和结构式改革。参量式改革指不改变养老保险的筹资和给付结构,而对制度的主要参数如缴费年限、缴费率、待遇计发公式、领取年龄进行调整,以保证更强的缴费—待遇关联。自 2000 年以来几乎所有西方工业国家都践行且受到国际社会广泛关注的渐进延迟退休年龄政策,也是参量改革的一个环节。目前,绝大多数工业国家对其公共养老保险的改革均属于参量式改革。自21世纪开始，除法国外，绝大多数工业国家均已将渐进延迟养老金领取年龄的方案落地，预计在20—30年内将养老金领取年龄渐进延迟3—5年。需要指出的是，渐进式的延迟方案无疑是对劳动力市场的反应，毕竟在养老金构成退休收入主要来源的大背景下，延迟退休必须得到劳动力市场主体的支持，而这是非常艰难的一步。有鉴于此，美国、英国等国家已经出台了以反年龄歧视为基础的法案，旨在禁止雇主层面因年龄而辞退员工的做法，但总体成效并不显著。除此之外，立足于加强养老金的"精算中性"的尝试，以加强养老金在不同时点领取时其待遇在精算层面应有的损益关联，也是参量式改革的重要层面，典型的体现是德国、美国在弹性领取养老金时对养老金待遇给予的"奖惩"机制。工业国家对公共养老金践行结构式改革的典型例子则是瑞典、意大利、挪威等少数国家在2000年左右开始采用的名义账户制（Notional Defined Contribution，NDC），本质将DC型的待遇核算方式和现收现付的财务机制相结合，实现养老金待遇与养老金收支负担的自动关联调整[1]，使用DC的方式讲一个现收现付的"故事"。所有改革的核心目的一言以蔽之——为日益增长的养老金支出建立更加合理的来源，必须明确漫长的老龄阶段中领取到的养老保险收入和其工作劳绩的明确关联，劳动者得自这一层面的老年经济保障必须直接来源于其一生的劳动，而非其他。

但是，仅仅对公共养老金改革还不足以涵盖老龄收入所有议题，一方面，养老金改革强调的工作与保障的关联，依然是经济支付传递路径的议题，但从退休到养老意味着语义的转移和界限的跨越。退休收入需要与劳动直接挂钩，因为无劳动则无退休；但老龄收入不会只源于与劳动挂钩的所得，因为人皆有一老。另一方面，养老金改革无论实践方式如何，其结果都会导致待遇或多或少地缩减[2]——除非大幅延迟领取的时点，而这恰恰也是劳动力市场很难支持的。那么，漫长的老龄阶段如

---

[1] Holzmann, Robert, Edward Palmer, and David A, Robalino, eds., *Nonfinancial Defined Contribution Pension Schemes in a Changing Pension World*, Vol. 1 on Progress, Lessons and Implementation, Washington, D. C.: World Bank and Swedish Social Insurance Agency, 2002.

[2] Holzmann, R., Bank, T. W., & Bank, W., "The World Bank Approach to Pension Reform", *International Social Security Review*, Vol. 53, No. 1, 2010, pp. 11 – 34.

何获得充分的收入则需要给出更加充分且可行的解释。由此,多层次、多支柱、多元化的老龄收入保障机制被提出,其中最典型的是世界银行提出的三层次养老金体系,以及进一步提出的五层次的老年收入保障体系。2005年世界银行提出五层次老年收入保障模式,包含非缴费社会养老金(第零层)、强制型的收入关联养老金(第一层)、强制型基金积累式养老金(第二层)、职业养老金及个人养老金(第三层)、家庭照护保障(第四层)[1]。多层次老年收入保障体系这个理念的提出和在全球范围的广泛接受,意味着对老龄阶段的支出能力构建从退休收入转移为老年收入的多元化来源。这个举措一方面破除了退休收入和老龄收入的一一对应,另一方面实际也认可了老龄阶段的特殊存在,其中的意涵在于既承认了劳动者可能存在一段无须工作也能获得收入的长期阶段,但这个阶段不一定以"退休"为名,因为这个体系中的各项收入与"退出工作"的关联性是不同的。简言之,从各国实践看,非缴费社会养老金(在工业国家一般体现为普惠型养老金,以英国、瑞典、荷兰为典型)与退休往往是没有关联的,养老金的领取以长期公民身份为主要资格,时点固定不变,不可弹性领取,且不受劳动者工作状态影响;加强了缴费和待遇关联的第一层次收入关联养老金与退休的关联弱化,劳动者领取养老金的时点和实际退休时点在实践中存在一定程度的差异;领取职业养老金和退休存在强关联,一旦领取了雇主举办的职业养老金意味着当前劳动合同的终止,但重新签订兼职性的合同依然是可能的;个人养老金和家庭照护保障与退休原则上是没有关联的。由此,新的老年收入保障体系一方面更全面地梳理了老龄阶段应有的收入构成,另一方面也形成了对老年收入获取的新的观察点,对于劳动者和雇主而言其退休的决策或者"劝退"的决策则也依赖对经济收入的观察——是否具备多元化的老年收入。两个国家展现了非常典型的职业金在退休决策中的关联性。其中美国的退休决策之"峰值"深刻体现了其职业养老金体系的养

---

[1] Holzmann R., Hinz R., *Old Age Income Support in the 21st Century: An International Perspective on Pension Systems and Reform*, World Bank Publications, 2005, pp. 114–121.

老金领取年龄和退休时点的显著关联[1],退休时点在职业养老金的普遍领取年龄62岁有着普遍的聚集;瑞典则相反,尽管NDC养老金的领取时点已经下降到61岁起,但退休年龄却向65岁聚集,而后者也是社会谈判中普遍被接受的职业养老金的领取时点。多层次老年收入保障的提出动摇了自第二次世界大战以来公共养老金和退休的紧密关联,赋予退休决策与公共养老金的领取以不同的内涵,前者是劳动者和雇主在多重因素的考虑和博弈下的共识,后者则属于老年收入保障的环节。退休向老龄的转换意味着国家在支付老龄收入过程中的责任后撤,劳动者需要通过职业养老金、个人养老储备和家庭支持等构建老龄收入。受到各国多层次老年收入保障体系的构筑特征和内在逻辑影响,退休和公共养老金的关联越来越模糊,新的老年收入形态在各国实践中被探索。随着延迟退休下一些灵活退休机制的推行,工作收入甚至也成为老龄收入形态的组成部分。在灵活退休机制下,劳动者若未满标准养老金领取年龄,可以选择减少工作时间且部分领取养老金[2],劳动者达到养老金领取年龄,可以在领取养老金的同时继续从事劳动。据OECD统计,欧洲国家55—69岁年龄群体中,退而不休比重较高的国家有瑞典(17.2%)、英国(16.3%)、爱沙尼亚(15.9%)、拉脱维亚(11.4%)、挪威(8.28%)等[3]。在此观察到的趋势值得深思,如果以更加广义的思路来构建老龄收入体系,那么在新的就业形态下,灵活的就业形态也会成为老龄收入的一个重要来源。

第三节 结论

工业国家自工业革命到福利国家体制改革,经历功能分化社会完整

---

[1] Gruber C. J., "Future Social Security Entitlements and the Retirement Decision", *The Review of Economics and Statistics*, Vol. 89, No. 2, 2007, pp. 234–246.

[2] 需要解释的是,这项安排主要对应于提早退休渠道较为丰富的国家,希望以灵活退休的形式吸引那些愿意提前退休的劳动者尽可能多地参与劳动,并非旨在鼓励全职劳动者减少劳动时间。

[3] OECD, "Pension at a Glance 2017", *OECD Publishing*, 2007, p. 15.

的发展历程，其中萌生的退休这一特殊的"固有值"既是特定时期系统耦合的必然结果，也包含着再次区分的新的可能性。在这个虽不漫长但变化丰富的发展历程中，工业国家的退休演化对更加深刻地理解退休及其演化提供一些结论和启示。

（一）正确认知退休政策在退休改革中的作用

退休并非人为地或强制地形成的一种制度，而是经济和政治系统耦合下沉淀出的一种固有值，一种为多方所能接受的沟通。因此只要承认系统的功能分化前提，那么退休就不是一项可以通过政策的指令来简单推动的社会行为。退休政策与其说是退休改革先决性的调整指南，不如说是退休演化中共时性，甚至后发性的建构物。若从退休是劳动者退出生产的一种行为，那么这必然是从属于经济系统的一项沟通，更加明确地说，是一项劳动力市场雇佣的共识性认知——当然这个认知的建立过程需要在更加复杂的二阶观察的形式下取得。由此，对退休本身进行调整无异于直接对劳动本身进行调节——需要让雇主接受更早或者更晚辞退劳动者，也需要让劳动者接受更早或者更晚被辞退。只要政治系统的权利分配机制是包含了劳动和资本的权力分配（无论以何种形式），那么政府做出的相关的权力分配也必须体现市场本身的意志——这与计划经济还是市场经济无关，只要存在以支付之传递为核心的经济运行，就必须按照经济运行所确定的"语法结构"来介入。事实上从19世纪国家养老金开始建立起，政府就只有两种选择，要么介入经济中以劳动和资本的区分来直接进行干预，要么站在经济之外以经济和非经济的区分来干预（或者确切地说，不干预）。而政府依靠建立缴费型公共养老金来介入对老年劳动者去留的劳资决策上，一方面是政治体系对劳动和资本之区分的观察与运用的结果，另一方面也让市场以预先缴费（本质是纳税）的方式，对老年劳动者去留以及若退出生产后的收入获取问题达成了共识，从而造就了覆盖广大劳动群体的退休阶段。由此，从各个历史时期的退休调整看，国家所谓的退休政策，并非国家强势意志的体现，而是雇主将对其生产成本的考虑和劳动者对其获得收入的诉求结合到国家通过政策形式认可权力配置中的表现。而在这个过程中，国家通过相应的劳动力市场政策获得了虚假的调控感，实际上是经济将国家纳入经济运作中，让其想办法分担企业提高收益过程中如何保障劳动者收入获得的权利。这当中的博弈在20世纪70年代的经济衰退期非常清晰——经济衰退导致企业的成本增加、收入下降，调节劳动成本造成失业，劳动者的收入成为问题，而国家需要考虑的是怎样为失业者和退休者保障收入能力，而最终通过退休渠道做出的让劳动者提前退休的结论几乎是不言自明的，在这里不会有第二种更合乎三方胃口的解决方式了。此后所进行的对公共养老金的一揽子改革，尤其是延迟养老金领取年龄，在工业国家的艰难程度有目共睹，并且其调整幅度非常有限，与其说是政策调整中的福利刚性，不如说是经济系统对国家略嫌"越界"的调整方式的反弹——经济系统当前的参与者是无法真正认可这一干预的必要性的。由此只能以非常渐进、微不可闻的进度，在数十年的时间线上完成调整。不难看出，在对退休问题的干预层面，工业国家政府所起到的作用是非常有限的，退休从未因任何一种政策命令的方式得以实现其调整演化。

（二）重构老龄收入是理顺退休改革难题的关键

退休和人口老龄化一道造就了老龄阶段，这是在第二次世界大战后普遍建立的现收现付下的公共养老金设计时所未能充分考虑的。经济衰退时期的提前退休和日益深化的老龄化进程使工业国家的退休大大背离其老年收入保障的"初心"——无论国家还是市场主体，最初都不曾设想会有一段几乎等同于工作时间的老龄无工作阶段。从这个意义讲，老龄社会的老龄收入风险是其自身造成的。经济系统中的市场主体们用以实现成本和义务、保障和责任的具现化的产物——养老保险，再次显得不合时宜，但又尾大不掉。仅靠延迟领取养老金来应对老龄社会已经转换了内涵的老龄收入，是没有可能的。最终必须依靠经济主体们——劳动者和雇主——在劳动雇佣问题上的重新谈判，不管以何种形式，而不是将这个论题以不负责任的方式推给政府来解决，而后者是注定无法解决这个问题的。多层次老龄收入体系的提出已经正视了这个问题，其中所蕴含的福利多元、责任共担思维正是在隐晦地指向着劳动者和雇主必须对老年收入问题做出负责的新的协商。在老龄本身已经成为一个习以为常的人生阶段的时候，让老年人按照平均余命的变化来重新协调其工作与退休时间并不现实，因此多层次老龄收入体系所提出的方案正是在对历史的反思与前瞻中给出的隐晦的提示。第一，储蓄型养老金是重新建立责任分担的基础。不要忘记英国这个最老资格的工业国家在构建国家养老金之前的基础性争论——大量劳动者无法获得稳定的收入，或者稳定的收入无法获得储蓄的机会，因此才转型为提供非缴费的普惠型养老金。多层次体系中对储蓄型养老保障的非同寻常的关注，正是在重拾这个历史思路——在金融体系不断健全的今天，是否有望让人人都享有储蓄其老龄收入的机会？无论拥护者还是反对者，恐怕都很难否认储蓄型养老保障计划中清晰的责任划分，而这正是当前建立在现收现付公共养老金机制下做不到的。储蓄型养老金提供的天生的责任划分舞台，留给国家和市场主体更加自由的博弈空间，从而达成共识。从这个意义讲，构建储蓄型养老金的政治意义和经济意义是同样大的。第二，构建非缴费的社会养老金是国家跳出经济的契机。构建非缴费社会养老金提供基本保障，是国家跳出经济和非经济区分、从界限之外来处理基本保障责任的契机，从而跳出被市场主体当作泄压阀来甩包袱的窘境。

多层次的老龄收入保障固然突破了旧有的窠臼，但其更加着眼于保障的层面看，尚未足以涵盖全部的核心问题。老龄社会下最核心的保障问题其实是收入能力的获得，而收入能力之获得在经济体系下必然要依靠劳动，无论这个劳动是以何种方式来"储备"给老年时期。无论怎样的外在保障都无法替代劳动本身带来的收入。新的就业形态给我们带来新的劳资关系的解决途径，这一点在近年来世界银行、欧盟、OECD的相关报告中已有体现，隐晦地指出了新型就业对现有劳资关系的突破、以释放更多的工作机会。这点对于老龄人口的收入构成优化具有更加显著的意义。对劳动关系的反思和对劳动形态的重构，是未来影响退休发展的两个重要因素。自19世纪以来劳动者和雇主通过长期的斗争博弈形成的大工业生产下的劳动之义务与权利，伴随着有组织的劳动者（工会）和雇主（雇主联盟）的谈判协商，对工作时间、工资水平、保障待遇有着严格的框架。但反过来，这种框架对于信息化、数字化背景下的生产可能造成灵活性的限制①，由此作茧自缚，令生产单位不适应新的生产方式下的快速变革与对新就业形态的要求。在新的生产方式下、在新就业形态的生长下，推动对工资结构、工作时间、保障待遇的"一揽子"劳资关系的重新调整，会催生新的退休形态和老龄收入形态。近年来部分工业国家探索的"退而不休"——结合领取养老金和工作的灵活退休机制，正是这种趋势的体现。在一定条件下允许"部分退休"的老人，以其他方式介入劳动力市场取得劳动收入，是一种新的老龄状态的尝试。尽管这种尝试目前看来限制较多，尤其受到养老保险制度模式和各国特有的劳资关系处理机制的影响，效果在国别间差异较大，但这种趋势本身值得关注。

（三）辩证看到中西方退休演化和改革的内在结构与规律

中国的退休演化既遵循退休作为多系统耦合的一般性规律，又具有其自身的演化特点，这是建立在中西方不同的社会组织形态的基础上的。自2000年以来，中国也将延迟退休改革提上议事日程，西方国家退休改革的理念与实践为我们的养老保险改革、退休年龄改革讨论提供不少有益的灵感，但因如此，就更应注意中西方退休演化的异同点，避免对西方退休改革路径和方式的简单类比与套用。功能分化固然是现代社会的核心特征之一，但西方社会的功能分化建立在应对宗教的超越性系统的崩解的基础上，现代资本主义社会是建立在宗教改革的基础上发展而来的。然而中国的超越性系统从来不是以宗教的形态来组织，而是与儒家文化为核心的包容性的华夏文明所凝聚的民族共识而来的。中国文化重包容汇通，从两汉时期的道、法、阴阳、儒四家融合（两汉经学），两宋时期的佛、儒融合（两宋理学），新文化运动以来西哲与传统文化的

---

① World Bank, *The Changing Nature of Work*, World Development Report, 2019.

第四章 退休在系统结构耦合中产生和演进的路径

融合（新儒学），到马克思主义和中国文化的融合（中国特色社会主义理论），每一次融合都凝聚出新的文化向心力的表达方式，由此在中国超越性地以家国一体为特征的系统一直以不同的形式在发挥作用；而中国真正意义的工业化是建立在国家对经济的宏观计划的基础上。二者相结合，形成了与西方社会截然不同的社会组织原点。由此，作为系统耦合之固有值存在的退休及其意义，在两个社会的演化规律只具有现象上的类似，而非内在规律的相通。西方社会的劳动、资本、国家三者的互动模式，即使是自由主义和社会民主主义这两个看似相距最远的西方政治体制，也没有根本性的差异——其分歧无非在于国家以何种程度"参与"经济，或者在多大程度上运用经济和非经济的区分来实现观察。但这点对于我国而言，有着根本上的差异——核心便在于中国对资本和劳动这一对在西方世界中处于核心地位的区分，一直以来有着自身的区分方式，而中国式的区分方式又必须解决现代社会不可避免的功能分化与超越性系统之间的矛盾。由此，我国的退休无论从政策表象上与西方世界有着如何的相似，在内核上确实是一种截然不同的产物——从劳动与资本的区分这一刻起，二者就注定不同了。只有建立在对我国经济运转之区分方式的观察值基础上，从我国劳动者的真实角色的基础上，才能讨论出构建我国老龄阶段之收入实现方式的合理的解决方案。因此，对西方退休政策、养老保险制度的观察，不应形成任何简单化的结论用以指导中国的退休改革。

第五章 中国的退休与延迟退休的系统演化特征及其职业群体特征

在以西方节的一个环节——进行了研判。西方国家退休及延迟退休的内在逻辑和实践方式，一方面给予我们研判退休的一些基本的研究出发点和基本的演化结论，另一方面也给予我们对中工业国家为例、对退休的产生与演化进行分析的基础上，我们尝试对退休的本质以及西方国家延迟退休的实质——在退休和老龄区分过程中，对退休回归其初心的调整改革中的参量式延迟退休改革在比较中形成基本认知的基础。本章同样给予系统理论对我国退休在结构耦合中产生和发展的逻辑与路径进行研讨，并从中探索我国渐进延迟退休政策的本质含义——当中国在讨论延迟退休时，我们实际上正在讨论什么？唯有在明了这一问题的前提下，与退休相关涉的不同职业群体在延迟退休过程中可能受到的诸种影响才能进行适当的讨论。

第一节 退休在中国的产生

无论在何种经济政治背景下，退休必然是在现代劳动雇佣关系和老年收入保障的结构耦合中发展出来的。西方国家在较长的工业化道路中，渐进探讨和实践着劳动和资本的关系以及政府对经济的介入，但中国在半殖民地半封建社会中开启的工业化历程是不完整的，同时在政治动荡、战争频发的岁月里，工业体系几经挫折，到中华人民共和国成立初期重工业基础——同时也是工业国家的工业基础之根本——几乎欠缺，这一客观背景导致了我国的雇佣劳动直到中华人民共和国成立初期都未能真正形成覆盖大量劳动者（或至少城镇劳动者）的工业雇佣劳动形态。由此我国的退休之建立基础不是渐进的自发性制度变迁，而是典型的强制性制度变迁。不仅退休和保障如此，甚至连作为退休和劳动保障之基础的雇佣劳动，都是在国家的宏观推动下构建的。如果是西方工业国家长期以来的资本和劳动、市场和国家在区分中的演化是功能分化下经济和政治等社会系统耦合作用的结果，那么中国"资本""劳动"，甚至经济本身，自中华人民共和国成立以来都带有非常浓厚的由政治系统、由国家直接推动的特征[①]。由此形成的劳动关系和伴随劳动关系而来的退休实践，均与西方国家有着本质的差异。

一 退休的初创——建党以来政治纲领的落实

中华人民共和国成立之前，我国历史上没有真正意义的退休——或者说没有适宜的环境孕育出成熟的资本与劳动关系。中华人民共和国成立仅两年，退休安排便横空出世，其背后的根源，则是人民政府基于建党以来提出的劳动和资本关系在新中国的实践，由此一来，未能有机会自然孕育的劳动关系，通过第一代领导集体对马克思主义中国化的努力，自上而下地在中国建立起来。这与西方国家退休制度自18世纪中后期出现雏形到第二次世界大战后走向定型的漫长演变有着显著差异。中华人民共和国成立之初的退休的建立，一方面以劳动保险所诠释的劳动保障权益为基础，另一方面以当时劳动关系为前提。1951年政务院颁布的《劳动保险条例》对劳动者和用人单位在劳动保障方面的权利和责任做出了规定，对劳动者享有的保障的范围和标准进行了明确。很显然，这一时期劳动保险的建立，并非对劳动力市场安排自然发展的回应，也不存在对任何一种前期制度的继承和扬弃。因为在中华人民共和国成立初期百废待兴之时，劳动就业也才刚刚建立起相对正规的形态。因此劳动保险系统的建立，是对建党之初政治纲领的兑现。综观党史，建立养老

---

① 当然，这并不是说经济依附于国家，事实上即使计划经济的经济运作依然需要以经济自身的自我指涉来维系，依然有生产、交易、消费，依然是以货币支付作为标识事件的沟通，只是其与国家之间的关系较之自由主义有所差异而已。

退休制度是中国共产党自建党以来的长期奋斗目标，1920—1927年的五次全国代表大会所提出的《劳动立法原则》《劳动法案大纲》《中国全国工人斗争决议案》等纲领性文件均提出建立劳动保险制度，为工人阶级提供劳动保障使其在年老时能享受退休待遇[①]。基于对这些纲领的回应，1951年2月26日，《劳动保险条例》的颁布，便对退休养老进行了规范。规定"男工人与男职员年满六十岁，一般工龄已满二十五年，本企业工龄已满十年者，可退职养老"。"在职工和企业协商一致的基础上，职工可延迟退休，企业需每月支付其工资10%—20%的在职养老补助费。""女工人与女职员年满五十岁，一般工龄满二十年，本企业工龄已满十年者，得享受与男职工同例的养老补助费待遇。"1953年《劳动保险条例》进行修订，扩大覆盖面的同时将领取养老金的"本企业工龄"条件降到了5年，并将养老金待遇提高为工资收入的50%—70%[②]。劳动保险条例中的退休安排奠定了我国退休产生的基础，其中许多表述非常值得注意。其中首要的表述是退休、退职和养老在此处的交织。西方国家的retirement与脱胎于中国传统的"养老"是有区别的，老有所养是根植于中国文化传统的一种特殊表达。退休和养老在语义上的同构化意义重大，这意味着退休除了从本单位"完成劳作、尽到义务、功成身退"这种基本含义外，天然地附加了实现养老功能的含义。如果说西方福利国家是将年老失去劳动能力作为一种风险、采用养老保险的方式来预防和应对，那么中华人民共和国成立初期对养老的表达就实实在在地脱胎于建党以来对劳动者基本权益的表述——不是年老丧失工作的风险，而是到老年可以享有闲暇时光的权益。在西方以劳动、资本之区分运作下的雇佣关系及其在博弈中形成的权益表述不同，后者劳动者与资本并非对立，也没有显著的善恶（剥削与被剥削）区分，但这在马克思主义理论及其中国工人运动实践中则明显体现了善恶的区分。在西方国家劳

[①] 林熙：《退休制度的结构要素和实践形态研究——基于退休渠道的视角》，西南财经大学出版社2016年版，第156页。
[②] 《中华人民共和国劳动保险条例》第二十六条、第二十七条，http：//www.gov.cn/zhengce/2020-12/25/content_ 5574196. htm。

第五章　中国的退休与延迟退休的系统演化特征及其职业群体特征

动者在合理的情况下被辞退、被强制退休，只要符合对劳动者基本权益的满足，便无所谓道德的判断，因此退休是建立在对老年无工作风险的基础上；但中国的退休必须也必然一开始就建立在劳动者自身权益的基础上——这点只要基于马克思主义劳动价值论的推演就是顺理成章的。《劳动保险条例》所体现的退休权益依然附带有劳动者的义务，也即是以工龄来体现的劳动贡献。从这个意义讲劳动保险条例中的退休金与福利国家现收现付型的养老保险在形式上并无区别——都是基于劳动者的贡献对劳动者老年非劳动收入的粗略的折算。很显然，我国退休制度的初创是自上而下的政策建设，是政治系统对劳动关系中的参与方的责任和权益进行直接规范，而后参与方通过对政治系统的二阶观察来确定行为方式。但与西方福利国家基础上的退休相似（或者从另一个方面讲正好相异）的一点是，劳动者和用人单位基于养老保障达成的退休行为，是劳动关系中内生的体现。事实上，对于那个年代的劳动者本人而言，退休二字，着实太过陌生。反倒是能够确保劳动者能够依据自身劳动付出得到报酬，也即是能够有工作有收入，反倒是历经艰辛岁月的中国劳动人民最觉得宝贵的东西。加之以新中国是人民民主专政国家，工人阶级无疑是劳动关系中的强势群体，因此虽然有养老保障安排，但劳动者本人若无退休意愿，用人单位也不敢将其劝退，由此反而呈现出另一种共识——基于劳动者实践其劳动权益的共识。这一时期初创的退休，是将中国共产党领导人民政府的合法性在劳动就业层面化约为劳动保障的基础上，劳动者和用人单位在劳动者拥有更高谈判地位的背景下形成的共识——尽管事实上体现出来的往往是不退休或者延迟退休。我们分析过西方工业国家退休建立之后劳动者、雇主、国家的三元关系，这个三元关系在劳动保险制度下的中国退休也有体现，只不过此时的劳资关系较之西方是相反的，而国家尚未从经济政策的角度来思考退休的经济政策含义。但是，劳动保险的创建，注定将在社会系统中衍生出更大的复杂性，伴随着工业化生产的推进，经济的功能分化必然带来劳动就业、劳动保障、劳动者本身会因退休安排的建立而做出相应的反应和调整，这些反应和调整又会构成对退休的更加实质化的需求。

二 工业化、经济分化、退休作为经济政策的体现

经济的功能分化是建立在生产日趋复杂下、为应对这一复杂的经济行为而自发形成的独立运作的系统，经济的分化始于工业化所要求的对资源复杂的利用和分配方式。因此，经济的分化在工业生产下是必然的现象，这与是否践行自由主义或计划经济并无关联，只是经济的分化在不同的政治经济体制下的实现方式不同而已。因此，以货币化或准货币化为表现的、分立的经济系统，伴随着我国重工业建设的步伐，以中国化的形式得以展开。城乡二元经济、计划经济下的工业生产，实则都是在经济功能分化的过程中展现出来的自然姿态——工业生产、产品流通、成本支付这些环节以城镇经济为主要场所实现分立的发展，而未被纳入工业化的农村地区则以二元经济的方式被实质性地排斥在经济之外，实行集体农场的生产形态，其实质是非货币化的。计划经济下的经济组织形式，其本质是国家对经济的参与方式与市场经济不同。在市场经济下，企业是生产单元创造收益，家庭提供劳动，国家征收税收，从而形成企业（支付能力创造）和家庭与国家（无支付能力传递）的双循环形式。但计划经济下的经济参与者中，国家和企业是一体的，从而国家既是生产（支付能力创造）的担纲者，也是各项财政支出（传递无支付能力）的承担者。这个模式与市场经济下各主体的经济参与度存在明显的差异。简言之，当生产者也是主要支付者时，国家对经济的参与不是变得更浅，反而是更深了（所以计划经济并不是指国家能够使用政策命令来脱离经济运行，恰恰相反的是，国家受经济本身的控制比任何情况都要深），国家不是通过税收间接地承担无支付能力传递者的角色，而是主要通过企业上缴的利润，也即是收益，与企业合二为一。当经济中的最大支付者和最大被支付者是同一主体时，其他的参与者的意图就变得无足轻重了。因此对于劳动者而言，反倒更多体现着非经济的状态，也即是劳动者的许多服务不是依靠"自身"的支付来满足，而是转移为国家"支付"，然后提供给劳动者。对企业而言，生产的成本和利润也无关紧要，所从事的主要是生产这一环节。国家作为总体的生产者和产品提供者，以经

第五章 中国的退休与延迟退休的系统演化特征及其职业群体特征

济的方式维系着工业生产、产品分配、成本控制。例如，城镇劳动者与农村劳动者的分化本质上服务于这个整体的控制策略——工业生产的产品总量和分配方式决定了这个体系下能够涵盖多少劳动人口，而新生的重工业体系以及缺位的轻工业体系无疑是不需要全中国所有的青壮劳动力，所以必须存在分化，以户籍为名将农村劳动者固化于农业生产从而使其成为城镇劳动力灵活的后备军；企业在这个体制下转化为国家的生产部门而非独立的经济参与者，从而退休赖以为基础的劳动者和雇主的共识在此成为国家通过企业来实现与劳动者的关联，实质是国家和劳动者的直接关联。在这个体制下，退休转化为国家的退休政策和劳动者对政策的响应之间的关联，而这个关联因为以企业为中间组织（退休的手续、退休金的发放以企业为组织者来操作办理），所以当企业组织受到干扰时，也会导致对退休的干扰。总而言之，退休在计划经济时期，伴随着国家全面主导工业化建设的实践，根据国家对劳动人口的需要而进行调整。在这个过程中，退休的几次主要变化均与工业生产建设过程中对劳动力吸纳之扩大——从而导致农村剩余青壮劳动力入城——的几个关键节点高度相关。正如城乡二元经济将农村劳动力锁定为劳动后备军，退休也在计划经济中发挥着劳动泄水阀的作用。

1958—1960年，农村青壮年大量转为城镇劳动力，而城镇人口的大幅增长超过了农村对城镇的供养规模，城乡粮食生产出现巨大缺口，使得国家开始逐步推行精简城镇人口的政策[①]。退休安排对这一需求做出回应，一些新的退休安排得以建立，这些退休机制均是以退休之名来解决相应的劳动力供需问题。三大改造完成前，由于职工普遍不愿退休，且用人单位在劳资关系中的弱势地位，造成中老年职工的大量积压，应退未退的广泛存在。这与计划经济下对劳动力的宏观调控要求不相适应，当国家替代了企业作为真正意义上的"雇主"时，更加强势的劳动安排得以贯彻——需要依据工业生产的用人需求和农村剩余劳动力的规模来适当调整城镇劳动人口数量。1958年国务院发布的《关于工人、职员退

---

① ［美］麦克法夸尔、［美］费正清编：《剑桥中华人民共和国史，1949—1965年》，谢亮生等译，中国社会科学出版社1998年版，第386页。

休处理的暂行规定》第二条规定符合条件的劳动者"应该退休",而非"可以退休"。同年,国务院还颁布了《关于工人、职员退职处理的暂行规定》,在退休之外构建了退职机制,适用于尚不符合退休条件、但又因各类原因(年老体衰、非因公负伤等)不适宜继续工作的劳动者。同时,该规定将男女性领取养老金的工作年限条件分别下调 5 年①。这些政策共同体现了鼓励退休的政策取向,从政策层面对退休进行了直接约束。强制退休及退职机制的正式确立,标志着我国退休从劳动者、用人单位、国家三者耦合下的实践选择转化为国家对劳动者的宏观调控机制。此后,国家数次基于工业劳动者的供需数量来调整退休政策,例如 1962 年,国务院颁布的《关于精简职工安置办法的若干规定》允许将符合条件的、未达到退休年龄的的老干部、高级知识分子做编外安置。1962—1963 年国务院发布《关于当前城市工作若干问题的指示》和《关于老、弱、残职工暂列编外的通知》,规定"年老退休的职工,家庭生活困难的,允许子女顶替"。子女顶替就业机制,实质是一种以提前退休促进就业的劳动力政策。1963 年国务院发布的《关于从社会上招用职工的审批手续的通知》,1964 年发布的《关于老弱残职工暂列编外以及安置处理工作的报告》,1965 年内务部发布的《关于精简退职的老职工生活困难救济工作中若干问题的解答》,均对退休职工子女顶替或子女就业问题做出更详细的规范②。多种类型的以退休促就业的政策调整,鲜明地体现了退休作为劳动力泄水阀在宏观劳动力调整政策中所起到的作用。

三 作为国家对劳动者人事安排退休

计划经济体制中国家和经济的深度关联,不可避免地使经济和政治高度交织;而企业丧失其独立的经营主体地位,则意味着原本作为经济之主要"节点"的企业丧失了对经济的自主反应能力。20 世纪 60 年代中期以来,受计划经济体制影响,政治运动也深刻影响着经济的运作。

---

① 见国务院《关于工人、职员退职处理的暂行规定》第二条第四款。
② 王爱云:《试析中华人民共和国历史上的子女顶替就业制度》,《中共党史研究》2009 年第 6 期。

第五章　中国的退休与延迟退休的系统演化特征及其职业群体特征

同时，优先发展重工业战略加之严峻的国际形势，特殊时期体现为以三线建设为代表的国防工业建设，但国防工业无疑不属于能够吸纳大量普通劳动力的项目（据统计三线建设共动用劳动力400万人），而此时的民生项目、轻工业项目则更加萎缩，由此以大量劳动者稳定就业为基础的普遍化的退休更加脱离时代的主题。1969年，《关于国营企业财务工作中几项制度的改革意见》废止劳动保险制度，退休金不再由国家提供，而由单位自己负责，同时全国总工会停办。但是，考虑到计划体制本身的特色，劳动保险停办并不会真正影响退休金的发放，计划经济体制下，劳动者的整体成本都由企业利润负责并且由国家兜底，在职级工资体系下、经过替代率折算便可发放退休工资（事实上，退休工资这个习以为常的提法本身也道出中国退休金的特征——是对工资发放的延续，而非老年丧失工作的风险保障）。在名义上的劳动保险（事实上这个机制从运作上看与保险机制并无直接的联系），退休直接转化为以单位为代行者的劳动者与国家的关联机制——从这个意义讲，劳动保险制度的停办在计划经济体制下并不能认为是退休或社会保障的倒退，在计划经济体制下，两级提留的劳动保险反而有叠屋架床之嫌，因为这一体制的核心在于国家主导了劳动者全过程的收入分配，无须按照西方资本主义雇佣模式的套路预提保险。但是企业这个国家经济生产的代行者受到政治运动的影响，往往不能适当履行职责——或者说在各级政府工作中心转移的背景下，企业本身也无权限去履行职责，作为劳动力调整机制的退休在此陷入大规模的停滞——当然，在知识青年"上山下乡"运动推动下，青壮劳动人口出现从城到乡的逆向流动，也客观上使得退休作为劳动人口调节器的功能不那么紧迫。其结果便是"应退未退"现象的大量存在，截至1978年，全国退休职工人口数仅314万人[①]。1978年，在逐步恢复经济建设的背景下，国务院颁布《国务院关于工人退休、退职的暂行办法》和《国务院关于老弱病残干部的暂行办法》，对退休制度进行再度规范。这一时期重建的退休制度延续1958年以来的基本思路，其目

---

① 国家统计局：《中国劳动统计年鉴1978》，中国统计出版社1978年版。

的在于恢复经济建设过程中，重建退休这一重要的劳动力市场调整机制，而在计划经济背景下有叠床架屋之嫌的劳动保险，再次没有也无须再度提出。恢复重建时期为规范退休政策，解决长期积压的应退未退问题，一些旧有的退休政策调整机制也再度回归，同样背负着重新整理劳动力供求的要求。例如重建了子女顶替就业机制，在知青返城、大量青壮劳动力涌入城镇的客观背景下，这一政策效果显著。1978—1983年，全国办理退休、退职的职工共1220万人，其中子女顶替的就有约900万人[①]。此后，随着知青返城就业问题逐步解决、应退未退逐步减少，国务院在1981年和1983年发布《国务院关于严格执行工人退休、退职暂行办法的通知》《国务院关于认真整顿招收退休、退职子女工作的通知》两份政策文件，整顿不合规范的子女顶替就业现象，子女顶替就业退出历史舞台。1983年，国务院发布《国务院关于高级专家离休退休若干问题的暂行规定》，依据规定，高级专家在本人同意且征得相关单位同意的基础上，可适当延长退休年龄，副教授、副研究员级别最长不超过65岁，教授、正研究员级别最长不超过70岁。然而，在此前的退休制度规定中，劳动者与单位协商一致后是可以延迟退休的。这一规定的推出，明确地将延迟退休局限在高级专家这一人群，实质上遏制了延迟退休。不难看出，这一退休机制的推出回应了劳动就业系统对应退未退的防范需求。过渡时期的特殊性体现在养老金系统的实质缺位，这一阶段没有真正意义上的养老金系统来承担退休的经济保障，退休的解决方案直接依靠特殊时期的退休政策、通过国有单位之手来给予实现。退休功能依靠计划经济下的国有单位系统实现，退休成为单位的人事和财务安排。

计划经济区别于所谓市场经济的主要特征在于企业这个角色的实质上的缺位，国家作为生产和分配的担纲者，企业则沦为国家组织生产的办事机构，由此传统上建立在劳动者和用人单位雇佣行为基础上、以国家组织的老年收入保障制度为前提的退休，在计划经济时期尤其在劳动保险停办后，形成了完全不同于西方工业国家的形态。劳动者与用人单

---

① 刘奇兰、万斌：《解析"提前退休"现象》，《中国社会保障》2002年第8期。

第五章　中国的退休与延迟退休的系统演化特证及其职业群体特证

位的关系转移为劳动者与国家的关系，而国家组织的老年收入保障则转化为由单位作为渠道、国家直接支付的退休工资——这已经完全脱离了对老年"经济风险"的范畴，而成为对做出合理贡献的劳动者由国家承担的养老工资的发放。如此一来，计划经济时期的退休留下了以下几个影响深远的基础。第一，退休调控的高度政策化，在企业这个传统上"劳资"区分的担纲者缺位的情况下，原本作为劳资斗争出现退休行为转化为完全由国家政策进行规定的行为，国家替代了劳动者和用人单位在劳动权益上的博弈环节。第二，退休和养老的高度统一化，退休在计划经济时期虽然实施情况不理想，但其政策表述却清晰地透露出与西方工业国家在出发点上的差异——退休不是一种风险，而是一种权益，劳动者是可以"享受"退休的，退休与养老的同构化导致我国劳动者对退休及退休金的理解一开始便不同于西方工业国家的同行。第三，退休收入的经济功能单一化，这一现象与计划经济下国家直接组织生产和分配高度相关，国家直接组织经济并非没有经济，而是最大的卖方和最大的买方是一体的，在这个过程中，无论劳动者还是企业都不是经济的主要参与者，由此带来的结果便是，国家通过自身的经济内部操作已经将产品和服务的生产与购买过程实现了，国家将产品和服务生产和"购买"（以财政收支的方式以货币形式记账，这依然是典型的经济运作下的行为）后再以按需分配的方式分配给劳动者，从而劳动者直接参与的支付是很少的。由此一来，退休金所承担的支付是很少的，进而言之，退休金之衡量者——货币工资能够承担的支付也是很少的。从而退休金在替代率上的设定可以足够地"慷慨"，在恢复重加时期退休金根据不同的参加工作情况，其工资替代率在70%—90%，但其中的经济含义与同时期的西方工业国家是完全不同的——后者需要劳动者以收入支付的形式直接参与经济，前者需要货币化的支出的场景非常局限①。在计划经济

---

① 计划经济时期城镇职工的住房、交通、医疗、办公开支、子女教育大多无须货币支付，而基本生活用品在票证制度下货币开支也极为有限，轻工业发展薄弱的背景下商品的种类、数量也非常局限。而在服务提供方面，个体性质的服务买卖则有相当大的政治风险，因此服务购买也是不可行的。

· 125 ·

体制下，老年劳动者的退休工资无须（也无法）支付医疗、照护等需求。这一基础是我们认知市场化改革后的养老金待遇调整所必不可少的基本认识。

第二节 经济体制改革下退休的系统性重构

十一届三中全会后党和国家的工作重心转移到经济建设，这一基本方针主导了此后一系列经济社会改革。经济体制改革深刻地改变着退休的基础，使退休必须在新的结构耦合中呈现出来。第一，经济体制改革改变了国家、企业、家庭（劳动者）的关联方式，从国家（单位）—劳动者的关联转化为国家—企业—劳动者的、更加贴近于双循环的模式，从而退休能够呈现出劳动者和雇主基于劳动雇佣供需的决策。第二，企业和劳动者在经济中的地位产生变化，货币化的支付和被支付不再是国家自身层面的循环，企业和劳动者甚至非劳动者都将以直接的经济参与者的身份来传递支付和无支付的方向，在此过程无论工资还是退休收入都有了更加经济化的含义。第三，基于重构的国家、企业、家庭（劳动者）而形成的社会保障，将老龄收入风险的语义首次带入了劳动雇佣过程，发展面貌从而在中国形成与同时期西方工业国家相映成趣的——前者力图在养老的语义中分离出退休和老龄收入保障的差异、将养老金转变为老龄无收入风险的基本保障，后者恰好经历了从退休所表征的老龄无收入风险"变异"到老龄收入保障后，再度寻求退休和老龄收入保障的区分。

一 社会主义市场经济体制下退休的基本逻辑

市场经济和计划经济在经济系统运作中的区别在于经济参与主体的不同。计划经济的经济参与主体以国家（单位）为核心，从而经济体系中人的参与转变为劳动者与国家的关系。经济体制改革下所进行的市场化改革，其实质是扩大了经济的直接参与者，将企业和劳动者纳入经济的运作中，独立经营自负盈亏的企业作为收益的创造者，国家通过税收

第五章 中国的退休与延迟退休的系统演化特证及其职业群体特证

得以支付其开支，个人通过劳动获得收入来支付其生计。当然，这个模式并不纯粹，例如大量关键行业的国有企业的运作，尽管经营模式与计划经济有明显不同，但国有企业的生产目标、组织架构依然体现出作为国家参与收益创造的特征，作为国家组织和参与经济的重要节点发挥作用，其单位GDP对国家财政供给和社会保障的贡献远大于民营企业[①]。社会主义市场经济体制的建立意味着全面经济化的开始，而全面经济化的含义则是市场的参与者都需要以获得经济收入并将其支出为目的来参与经济。企业需要获得金钱的投入并生产出能够获得金钱收入的产品和服务，国家通过税利债费获得收入并将其用于各项公共支出，劳动者通过向企业等用人单位付出劳动获得收入来支付其生计。要实现这样一种循环路径，就需要改变计划经济下国家以"自产自销"的方式来提供和分配产品与服务的模式——这个模式在理论上并无不可，但实践当中的干扰要素太多——正是工业生产的复杂性使得经济会呈现出自发的系统性来化约其复杂性（复杂的工业运作需要使用现代以货币衡量的收支、利润、债务表述来组织其生产的成本和收益，例如事关国家安全的国防建设，即使在阶级斗争为纲的背景下，都使用着严谨而纯粹的现代经济语言来表达其建设的效果与成本），而政治系统对经济的介入过深则难免引发系统所运用的形式之间的冲突——当政治使命和获得收入的运作交由一个系统来运作时，怎样去融合不同系统的形式的平衡？是用政治使命来诠释收入和支出，还是用金钱来塑造政治关系？如果不能将人员任命和政策干预与经济运行区隔开来，那么经济运行就只能局限在少数几个关键的产业。社会主义市场经济的目标并非建立完全去政治化的自由市场，而是尽量做到在国家意志的贯彻下、政治系统和经济系统运作的区隔，使二者能够有合理的边界以便有效地运用自身所内含的形式来组织其再生成。自上而下改革形成的劳动雇佣关系有其自身的特征，而从中生长出的退休也不例外。

社会主义市场经济体制下的劳动雇佣一方面突破了计划经济体制下

[①] 《国有企业是中国特色社会主义经济的"顶梁柱"》，http://views.ce.cn/view/ent/201801/23/t20180123_27868024.shtml。

的劳动人事体制，国家和劳动者的关系转化为用人单位和劳动者的关系，用人单位根据自身的成本收益考量来权衡和调整用人计划，从而"大锅饭""铁饭碗"式的终身就业被打破，随之而来的与旧有的劳动者—单位关系下所有机制都必须重建——不能依靠国家直接的生产和分配，只能依靠支付来获得，从而与生计、生活相关的其他旧有的支付性的产品和服务（教育、医疗、生活保障等）都需要其他制度来提供，而这些制度不是依靠如19世纪劳资斗争自下而上地经由代议制给予实现，而是由国家主导有步骤地，同时也小心翼翼地建构起来的。由此一来，退休基本不具备基于劳动雇员关系考量的劳动者和雇主所形成的共识性结论，而是国家政策为劳动者和雇主基于政策延续所建立的事实性结论。从这个意义讲，反倒是经济体制改革初期的一些退休行为以及劳动者与雇主对退休政策的利用，能够反映出更多地贴近退休本质特征的表现。不过与正规退休的法律约束正相对应的，却是完全没有政策进行约束的民事雇佣，也即是非正规劳动的所谓退休不受政策的限制，反过来也缺乏充分的政策法律保护。例如国家对已领取养老金的退休者从事任何其他工作，都不会有限制——同时也不具有劳动法框架下的保护。正是在国家主导下的劳动力市场雇佣的建立，使退休从对劳动者老龄阶段享有闲暇的保障，逐步转向对老龄阶段无工作风险的保障，从而中国的退休在养老保险的建立背景下，反而越来越趋向于退休和老龄的分离，这与西方国家在第二次世界大战后通过福利国家体制下的养老保险建立的退休的逻辑正好相反。前者在退休建立时便指向老龄保障，通过市场化改革、建立养老保险剥离退休和老龄的结合；后者则是以养老保障为基础耦合成退休，造成了老龄，而后又试图从老龄中区分退休。正是自上而下建立的市场雇佣制度，划分出了具有中国特色的职业群体类别。由国家直接雇用、以编制为基础的机关事业单位工作人员，由财政直接发放其工资和福利，在经济体制改革后很长时间（到2014年为止）均沿用计划经济以来的工资福利发放政策，其退休金源于非缴费的福利发放；国有企业职工作为国家直接聘用的企业职工，一般能实现稳定就业，拥有较为完善的五险一金为基础的社会保险为其提供退休后的养老保障；民营企

第五章　中国的退休与延迟退休的系统演化特征及其职业群体特征

业职工受劳动合同法保护，普遍能实现养老保险覆盖，但就业稳定性较低，职业流动性大，社会保险足额缴费的问题影响未来保障；农民工群体普遍未能纳入稳定的职业就业体系，高流动性、低职工参保率、高退保率，普遍由城乡居民基本养老保险提供养老金；无雇主的自由职业者具有高度的收入灵活性和职业流动性，且未参保职工养老保险，普遍通过城乡居民基本养老保险、个人养老储备等获得养老保障。从这些群体来看，真正能够实现退休的城镇就业人员只有前三类，而真正能实现有较充分退休收入保障的就业人员普遍只有前两类。由此，在中国的退休成为一个多元化、具有多重语义，但又尚未脱离计划经济以来根深蒂固的退休—养老语义的概念。在这一背景下，社会主义市场经济的退休呈现出一些基本特征。第一，在正规职业从全民化的城镇就业向机关、企事业单位收缩，正规意义的退休人群有所缩减，退休只是覆盖少部分城镇劳动者的制度。第二，退休不是雇佣双方协商的结果，而是由国家"代替"雇佣双方做出的决定，因此退休安排是高度政策化的行为，对退休的协调也就同样是一个政策框架下的行为——退休实践中可能的弹性是依据政策（例如内部退养）而非雇佣过程的灵活决策。由此，是否走入退休主要体现国家对劳动力市场政策的判断。但在劳动者日益分化的背景下，劳动就业越正规的群体越会成为退休政策的主要影响主体，同时也是退休政策主要关注的对象；劳动就业越非正规化的群体，则延迟退休与否对其反而没有明显关系，但这个群体也不是退休政策的主要关注点。在此意义下，延迟退休这个笼统的政策提法实则内含了许多可以分解的要素。第三，退休和老龄保障区分日益扩大，在正规就业收缩的背景下，大多数劳动者不存在制度化的退休，而只有是否能获得老年收入保障待遇的概念；而即使具备正规退休——解除劳动合同并领取职工养老保险——对不同就业单位的劳动者也有较大区别，例如机关事业单位养老保险改革的过渡群体的养老金总体优于同等薪酬下的企业职工（在机关事业单位养老保险改革之初部分地区甚至出现过渡人员养老金高于"老体制"退休金的"倒挂现象"），而企业职工在缴费基数等弹性情况约束下养老金也可能差异较大，从而退休对老龄的保障效应对于劳动者总体而言是日趋削弱,而非增强的。由此老龄和退休伴随着市场经济的建立是渐行渐远而非如西方同行那样"先近后远"。而在这个前提下,延迟退休这个含义不明的概念在社会中引起的误解可能更大于理解,而对不同职业群体的意义差别无疑是非常巨大的——对于部分群体,退休本身都失去了自计划经济以来所建立起的内涵,更遑论延迟退休了。总而言之,退休在社会主义市场经济体制下的演化,是一个快速从退休老龄一体化走向退休老龄分离化的进程,对于越来越多的劳动者而言,来自公共养老金给付的退休金越来越难以覆盖其老年生计的开支,老年生计的多元化背景下,中国的延迟退休议题的覆盖群体、政策内涵均大异于西方国家同时期的政策语义,在广泛的正规和非正规就业的交织下,中国式的退休呈现出不稳定的意涵。

二 经济体制改革下退休演化的主要节点和阶段

自经济体制改革至今,退休在不同时期的政策变化中呈现不同的形态,并在一些关键时期作为政策工具起着缓解改革阵痛的作用。这些阶段虽然都可以笼统地称为经济体制改革时期的退休,但各阶段的退休形态和语义有着明显的差别。这些阶段主要包括1986—1999年的作为体制改革分流劳动力的提前退休现象;1997年后伴随养老保险制度建立后趋于稳定的以养老保险和劳动法作为约束的退休;2014年以来对延迟退休的探讨和摇摆。

(一) 作为劳动力分流机制的提前退休

自1986年以来,为探索建立劳动力市场,适应国企改革目标,退休扮演了重要角色,以提前退休的方式缓解了国企改革劳动力分流的阵痛。计划经济体制下以企业作为国家的劳动组织窗口提供生产、供给服务的体制在这一时期逐渐改变,企业将恢复作为独立的经济生产单元的面貌而非国家的经营窗口,社会的组织方式产生了巨大改变,这个改变对企业的劳动者有着切身的巨大影响。对任何一个国家任何时期的劳动力市场政策,其主要的关注点和立场都建立在青壮年劳动力的基础上,在整体岗位因政策调整大幅缩减的背景下,有资格、有机会安排退休无疑

第五章 中国的退休与延迟退休的系统演化特征及其职业群体特征

是相对而言改革的社会成本最小的方式。需要注意的是，尽管劳动力市场是影响劳动力市场行为的根本原因之一，但对于退休这种非市场行为，劳动力市场需要通过国家干预，也即是政策法规的渠道来影响退休行为。但是在劳动法规相对缺位、就业系统尚处于单位层面时，对退休的干预来自单位对政府意见的领会。政府通过多种方式鼓励或默许企业通过提前退休渠道分流富余劳动力。例如，通过官方默许形成的对既有提前退休机制的扩大使用，以及引入内部退养机制分摊退休成本。在国企改革减员增效的目标驱动下，因病退休和特殊工种退休的被大量滥用。即使不具备相应的身体条件或工种条件，劳动者也可由此违规提前退休。提前退休浪潮期间，真正意义上市场化的劳动法规系统并未建立。尽管很难为提前退休浪潮定一个精确的起始年份，在20世纪90年代初期提前退休开始步入大幅增长的时期，这与政府探索建立社会主义市场经济体制的时点必然是重合的，而市场经济的建立也助推着提前退休浪潮。一方面市场经济背景下改制尚未完善的国有企业在市场竞争中颓势越发显著，对劳动力分流的需求（下岗或提前退休）也就更加凸显；另一方面市场本身所激发的就业活力也让部分有技能、有想法的劳动者愿意走出已经难以稳定的"铁饭碗"而另谋生计。考虑到《中华人民共和国劳动法》在1995年才问世，提前退休浪潮没有成熟的劳动法规体系约束应是合理的结论。提前退休浪潮是从计划经济到市场经济转轨的参与者，它打破了、颠覆了劳动者此前对其生命历程的认知。一方面，退休从难以退休、应退未退转变为轻易退休、被迫退休；另一方面，退休等同于完全脱离就业转变为退休只是脱离了公职性质的、正规的稳定就业。劳动力市场的初创为有能力的劳动者提供了多样化的劳动力供给途径。对于劳动者而言，提前退休的养老金收入往往不低于政策工资，也不妨碍以其他方式（如返聘、干个体、"下海"等）继续获得收入，使不少劳动者有较强的提前退休意愿[1]。对企业而言，又可借助提前退休将职工退休的成本向国家"转嫁"——经济体制改革的渐进发展已然逐步形成了国家和

---

[1] 封进、胡岩：《中国城镇劳动力提前退休行为的研究》，《中国人口科学》2008年第4期。

企业之间的分立关系。由此，重新划分提前退休的责任负担又成为新的问题。国务院于 1993 年颁布《国有企业富余职工安置规定》引入内部退养（内退）制度[①]。规定距离退休年龄 5 年之内的劳动者，可在个人自愿、企业同意的基础上实行内退，内退期间企业发给生活费，直到达到退休年龄、办理退休手续为止。1994 年劳动部发布《关于严格按照国家规定办理职工退出工作岗位休养问题的通知》，对内退机制进行细化。内退机制赋予企业相当大的自主裁量权，实践当中"一刀切"等强制内退现象突出[②]。由于内退的财务成本是由企业而非政府承担，因此政府也乐见其成。提前退休为国企改革分流了大量劳动力，使提前退休成为至少一代人中的主流现象。据当时劳动与社会保障部调查显示，1995—1997 年，提前退休占退休人员比例分别为 23%、33% 和 37.7%[③]。相关部门对上海、山东等 13 个省（自治区、直辖市）的调查显示，1995—1997 年提前退休人数分别占当年新离退休人数的 23%、33%、37.7%[④]。

随着劳动力市场基本建立，提前退休不再需要作为调节劳动力供求的主要机制来发挥作用，市场化的就业体制下退休最终需要转化为雇佣关系的一种形态。中国的企业市场化改革是自上而下的调整，并非出于劳资斗争的背景。在社会主义制度下，劳动者的权益表达让渡给国家，由国家响应劳动者的诉求以父权式的方式建立对劳动者的保护机制。由此，劳动法规体系的初步建立也需要对政府默许和企业自主式的退休行为进行规范。换言之，在单位就业形态让位于市场就业后，退休的实际管辖权不应再是单位，而是过渡到国家。1999 年，国务院发布《国务院办公厅关于进一步做好国有企业下岗职工基本生活保障和企业离退休人员养老金发放》，明确提出坚决制止和纠正违反国家规定提前退休的行为。同年，劳动部发布《关于制止和纠正违反国家规定办理企业职工提

[①] 劳动部 1988 年颁布了《劳动部关于严格掌握企业职工退休条件的通知》最早对内退机制进行了原则性描述，但较为笼统模糊，实践效果不理想。
[②] 张荣鑫：《浅析内退"一刀切"之弊》，《中国人力资源开发》2004 年第 3 期。
[③] 国家统计局：《中国劳动统计年鉴（2000）》，中国统计出版社 2000 年版。
[④] 何鄱：《我国退休人员再就业权劳动法保护新探》，《长沙民政职业技术学院学报》2012 年第 2 期。

前退休有关问题的通知》，要求劳动保障部门加强对特殊工种的管理和审批工作，强化了对特殊工种退休审批的规范细则，违规特殊工种退休的弹性空间越来越小。在收缩病退、特殊工种提前退休渠道的同时，内退人数也随之有所下降，2002年新增内退人数仅相当于1999年的一半[①]。从这些政策的文本不难看出，前期的提前退休并非国家劳动力市场政策的公开调控，而是在政策风向授意下，由单位自主完成的提前退休，这是在正规的劳动法规系统缺位下，就业系统对退休功能的另辟蹊径式的满足。而在劳动法规系统逐步建立后，旧有的满足形式会被定性为违规的、监管不力造成的错误问题。

（二）经由养老保险和劳动法规共同规范的标准退休

国企改革要求国有企业的经营方式逐渐向自主经营、自负盈亏转型，便需要解决企业背负的退休养老负担，基本养老保险制度应运而生。养老保险不再单纯依附于劳动就业系统，也不再依附于单位，而是作为社会保障的组成部分，开始发挥独立的社会保障功能，逐渐成为可以自我维持的功能系统。我国养老保险的独立化，放在20世纪80年代以来国际养老保险改革的历史大潮中，颇有值得玩味之处。80年代的养老保险国际发展已经大不同于40年代贝弗里奇报告出版的岁月。贝弗里奇报告明确提出养老金是以退休为先决条件的退休金，而不是老年保障金。但是这一原则在英国已然不是必需的，其他国家则根据养老金制度设计的特征来对退休和领取养老金做出规范，总体而言只要已满足标准养老金领取年龄，那么无论是否实际退休都不妨碍养老金的领取。退休和老龄的分化已然成为趋势。我国在20世纪50年代建立劳动保险名下的养老保险时，也是将其直接处理成退休金，建立了与退休的直接关联，并且与劳动者这个特殊身份进行了统一化。但是，在设计新的养老保险时，社会保障不再是劳动就业的附属系统，而是基于公民权利对公民在遭遇某些社会风险时给予适度保障的独立系统。一个显而易见的变化在于1982年《宪法》修正前后对相关内容的表述：1982年前，谈的是对劳动

---

① 国家统计局：《中国劳动统计年鉴（2005）》，中国统计出版社2005年版。

者的劳动保障，1982年《中华人民共和国宪法》第四十五条则表述为"中华人民共和国公民在年老、疾病或者丧失劳动能力的情况下，有从国家和社会获得物质帮助的权利。国家发展为公民享受这些权利所需要的社会保险、社会救济和医疗卫生事业"。这对于养老保险而言也是成立的，养老保险是保障公民年老时获得的保障权利，这里并未提及劳动者与否的身份辨识。而在后期的发展中，尽管养老保险依然与正规劳动有所牵扯，但领取养老金并不妨碍劳动者继续从事其他种类的劳动。

1986年起，国务院发布《国营企业实行劳动合同制暂行规定》，首次对职工也需缴费的养老保险制度进行描述，并开始试点推行养老保险。1991年，国务院发布《国务院关于企业职工养老保险制度改革的决定》正式提出在全国范围建立企业职工基本养老保险制度。1997年国务院发布《国务院关于建立统一的企业职工基本养老保险制度的决定》，正式确立实行"统账结合"的企业职工养老保险。至此，养老保险成为独立的缴费型社会保险制度，实现了与劳动就业制度的分离。作为系统的养老保险制度，成为退休在经济基础上的支撑者，退休的附庸产品，也不是劳动就业制度的附庸，而是保障参保公民老龄收入可持续性的独立制度。养老保险的独立性体现为，养老保险的维持，本质上是由独立的财务机制或者说财税机制（现收现付或基金积累）来确保的，即使没有任何退休年龄存在，只要有设计良好的养老金领取年龄或缴费年龄，养老保险便可持续。而设计良好的养老保险，其本身也在不断产出能够维持制度存在的产物——一方面来自符合条件者能够领取养老金的信心，另一方面来自缴费系统对这个行为的实质支持。但是，中国退休和养老保险的功能分化并非市场自然演化的结果，而是自上而下的制度变迁，因此功能分化带来了更加复杂的问题，也即是养老保险和退休二者既功能分化又紧密交织带来的理论和实践问题。功能分化之后的养老保险系统和劳动就业系统，其核心理念并不一致。退休自恢复重建以来，总体适应劳动力市场及相关政策而调整；养老保险则主要受到政治系统和财政系统的影响，一方面实现国家对公民社会保障的承诺，另一方面维持自身的收支平衡。系统与其环境的关系其实质就在于以何种视角来看待系

第五章 中国的退休与延迟退休的系统演化特征及其职业群体特征

统,系统的环境是复杂多元的,从不同的环境出发可以对系统有不同的解读,但系统不可能百分百地完全满足所有环境对其的诉求。对于养老保险而言,最重要的环境则是经济系统和政治系统。养老保险则更多是对国民经济(收支平衡、可持续发展)以及政治理念(主要是制度公平、正义、效率的语义表述)的二阶观察来确定自身的目标。因此,城镇职工基本养老保险制度遵循自身的逻辑进行调整优化,以确保领取养老金这一事件能够持续不断的存在,对于养老保险制度而言,可持续是生死攸关的问题。例如 2005 年国务院发布《国务院关于完善企业职工基本养老保险制度的决定》,主要围绕确保逐步做实个人账户、改革基本养老金计发办法、合理确定基本养老金水平、建立多层次养老保险体系、加强基本养老保险基金征缴和监管[①]等方面内容对养老保险体系进行优化建设,遵循的核心内容不外乎确保养老金能够长期可持续地充足领取。养老金和退休在表述上的同一化,在实践当中难以掩盖二者实际上的区别。在实践当中,几乎无法真正阻碍有劳动意愿且有劳动能力的劳动者,在用人单位也有需求的情况下,不能得到"退休"后的就业。无论这个就业是否可以放在正规就业框架下,也无论这个就业是采用何等的名义,市场经济终究是不会阻碍供需之实现的。从而养老金与退休二字在表述上的同一化,更多是理念上和制度逻辑上的问题,另一方面也是在劳动法规对基层劳动者权利表达方式的限制下,由国家做出的,对劳动者的保护——若非如此,怎样能保证用人单位不会出于自身目的强制劳动者提前走人呢?一如提前退休浪潮下近乎普遍化的"一刀切"。所以,当前领取养老保险和解除劳动合同的同一化,是劳动法规参与下对劳动者的保护,而非限制。由此,延迟退休年龄政策的复杂性的根源在于,怎样解决提高对劳动者劳动年龄的保护上限时,对企业合理用人需求的认可。那么,为什么延迟退休这个实际上旨在提高保障劳动者劳动权利的政策,会遭致劳动者的普遍反对呢?这个就与职业群体有关联了,有部分劳动者具有丰厚的养老金,早退晚退没有损失,不如早退。但有部分

---

① 《国务院关于完善企业职工基本养老保险制度的决定》(国发〔2005〕38 号),http://www.gov.cn/zhuanti/2015-06/13/content_2878967.htm。

劳动者若早退了，反而损失大，这些人未见得会反对。由此，退休中的职业群体毋宁说职业中的在改革过程中在不同过渡节点中的年龄群体。

　　城镇职工基本养老保险制度与《劳动法》《劳动合同法》齐头并进，共同建构着在市场经济条件下老年劳动者雇佣关系和保障权益的表述方式，二者在几个关键的建立和改革的时间节点也可谓正相对应。这是计划经济体制下的用人方式总体改革后基于市场雇佣而形成的必然的模式，正式在这个模式下，我国标准化的退休制度才得以真正建立起来。从这个意义考虑，我国真正意义上为企业职工所习惯的退休制度，迄今不过20余年历史。而即使在养老保险和劳动法规基本建构完成后，尚有为数众多的机关事业单位工作者的退休保障处于养老保险制度覆盖之外，这一现象持续到2014年机关事业养老保险改革尘埃落定。因此，直到2014年，我国城镇正规就业群体——直接受《劳动合同法》《公务员法》等能够确立正规劳动关系的群体——名义上统一的退休制度才真正得以实现。伴随着这个过程的，则是老龄化的进一步加速，和非正规就经济在过去20年的蓬勃发展。这些现象既加速了对退休改革的思考，也奠定了我国讨论退休制度改革和同时期西方工业国家完全不同的政策语境。

　　（三）新常态以来对渐进延迟退休年龄政策的讨论和试探

　　人口老龄化对现收现付型养老金财务平衡的冲击是显而易见的，我国城镇职工基本养老保险的制度构成、覆盖人群和待遇结构与同时期西方国家有显而易见的差异，但依然在2010年左右由政府、学界主导开启了延迟退休的讨论。2013年党的十八届三中全会正式提出研究建立渐进延迟退休年龄政策，标志着延迟退休政策正式进入官方议事日程。渐进延迟退休的提出在现阶段主要是对人口老龄化压力下养老保险长期财务平衡问题的回应。正由于延迟退休虽以退休为名，但实质是对养老保险可持续发展的未雨绸缪，因此提出的构想、实施的方案实质都面向养老保险的环境诉求，也即是公平性和对未来收支平衡预测的回应。退休制度与养老保险制度分化后，退休制度的内涵、角色、定位表面清晰但实际模糊，以至于提及延迟退休年龄政策时到底所指为何，其实并不明确。

　　2014年10月国务院印发《关于机关事业单位工作人员养老保险制

度改革的决定》标志着自企业职工基本养老保险制度建立以来，企业与机关事业单位养老金双轨制的废除，为延迟退休的实施奠定了更好的公平性基础。2015年3月起，副处级或高级职称女性退休年龄可选择提高到60岁。2016年，出台渐进延迟退休政策写入"十三五"规划。这都标志着延迟退休开始试探性地进入议事日程。但是，站在劳动力市场的角度，延迟退休有多样的复杂性。2014年，习近平总书记在中央经济工作会议上首次提出"新常态"。如何调结构、去产能以适应新常态，成为中央经济工作的长期重点，而这也必然牵涉多个产业的劳动力供求调整。2016年人社部、国家发展改革委等七部门在《关于在化解钢铁煤炭行业过剩产能实现脱困发展过程中做好职工安置工作的意见》中，明确将实行内部退养制度这一提前退休机制作为安置职工的核心措施之一，实践中也是许多资源类企业的共同做法[①]。2019年6月起，工作年限满30年的公务员可申请最多提前五年退休，政策目的旨在促进公职人员的内部劳动力市场结构的合理化。由此可见，尽管养老保险以其对财务平衡的考量提出延迟领取养老金，这是基于其作为经济子系统自身可持续运作的角度的改革路径，但退休依然主要以其作为经济子系统中作为劳动/非劳动状态区分的形式来运作。二者的内在矛盾，以及国家经济社会政策重心在不同经济社会背景下的摇摆和偏重，使得渐进延迟退休在摇摆中探索——延迟退休不可避免基本已成共识，但何时开启这一进程却难以预测。延迟退休的必然性和复杂性，使其在不同国家当有不同的考量，其路径、步骤具有不可复制性。

三 基于当前退休制度建构下的延迟退休蕴含的特殊性

新中国退休制度发展从无到有、从粗略到完备，是一项惊人的制度成就。在中华人民共和国成立之前我国从来没有针对职业就业群体的退休制度，退休制度在新中国的创建，对构建成熟的劳动就业体系和福利保障制度，具有划时代的重要意义。时至今日，退休制度依然是众多经

---

① 闫利娜：《供给侧改革背景下焦煤集团职工安置方法探讨》，《中国集体经济》2018年第5期。

济社会制度中覆盖全面、运行平稳，能够给公众带来稳定预期、塑造稳定诉求的经济社会制度。但是，我国自市场经济体制建立以来的退休是在特殊的耦合结构下形成的，因此在这个制度背景下提出的延迟退休具有较大的特殊性，难以与国际社会的延迟退休实践进行简单类比。

（一）退休决策的政策化对延迟退休造成的难点

在西方国家透过福利国家体制造就的退休过程中，其逻辑为国家和市场达成建立应对老年收入保障风险的养老保险，从而反过来使达到一定年龄可以享有退休这个闲暇成为可能，并在经济社会变迁和人口年龄结构变化中衍生可以不从事劳动，但能领取收入的长时期的老龄阶段。而此后的"一揽子"改革都是基于这样一种背景提出的，目的在于通过对退休和老龄与区分使退休和老龄各安其位。在这个过程中最明显的改革取向便是压缩公共养老金的给付时常和待遇水平，使其再度回归到对"老年无劳动收入"这个"风险"的保障原意。在这个过程中以多层次养老保障建构为主要方式来推广多元化的养老储备，从而适应不同时长和需求的老龄阶段。因此西方国家提出的延迟退休是理顺其退休与老龄关系的、养老保险参量式改革的一个环节，而其实质是延迟养老金领取年龄，至于延迟了养老金领取年龄的过程中雇佣双方如何协调其老年劳动供需决策，则在一定的政策框架下交由市场来解决。当然，不可否认，对于养老保险占到主要退休收入国家，延迟领取养老金也等同于倒逼雇佣双方延长雇佣年限，这也是延迟退休改革的渐进性的根本原因。而在中国经济体制改革过程中，所走的道路正好是相反的，不是养老保险的出现造成退休，而是养老保险作为既成的退休制度在市场化条件下实现退休金的融资，而养老保险的出现相较于此前的退休制度，是对全方位退休生计的收缩而非扩张，并且理论上的制度覆盖人群较之以往的城镇就业人群是缩减而非扩大。从待遇缩减（以替代率的角度）、覆盖人群减少、收入关联加强（2005年改革后）这几个改革意图看，反倒更加接近养老保险和老龄收入相分离的参量式改革。而与此同时建立的规范化的劳动就业体制下，退休的决策完全依赖于劳动法规的规定，根据《中华人民共和国社会保险法》第二章第十四条规定："参加基本养老保险

第五章 中国的退休与延迟退休的系统演化特征及其职业群体特征

的个人，达到法定退休年龄时累计缴费满十五年的，按月领取基本养老金。"从这个规定可以看出，我国的养老金领取年龄实质是以退休年龄在定义。那么再参考 2008 年颁行、2012 年修正《中华人民共和国劳动合同法》第四十四条规定，劳动者开始依法享受养老保险待遇的，劳动合同终止；根据 1995 年颁行、2018 年修正的《中华人民共和国劳动法》第七十三条规定，"劳动者在下列情形下，依法享受社会保险待遇：（一）退休；……"。这反映出，退休与领取养老保险在法律和政策上的高度统一，由此中国式的延迟退休可谓真正字面意义上的延迟退休，劳动者领取养老金和退休乃是互为条件，从而延迟领取养老金变成延迟退休的同构。虽然延迟退休的本意依然是依据养老金的收支预期提出的，但在中国的退休制度框架下，延迟领取职工基本养老保险就必须意味着劳动合同的延迟解除。但显而易见，在新常态下、在日趋复杂严峻的国际形势下、在新冠疫情对经济的持续冲击下，劳动力市场的严峻性、新增劳动力的就业压力下，无论国家还是用人单位对于老年劳动者延迟退出岗位都不会有任何的倾向，而中国式的现收现付养老金从未真正做到以支定收，在省级统筹都尚未全面实现的背景下，在经济发展地域差异的前提下，养老保险在各地反而呈现出马太效应——经济越发达、吸纳劳动力越多、养老保险缴费支出的年龄结构越好、地方政府越愿意做低缴费、企业成本越低、越能吸纳更多的劳动力；而在经济欠发达地区就正好相反。于是中国的现收现付养老金的财务问题是建立在转轨成本不明确、地方统筹下地区差异基础上的央地责任分配与再分配所致，与西方国家在福利刚性、全面人口老龄化、经济增速停滞背景下考虑的养老保险财政问题并非一致，养老保险在人口老龄化下遭受的挑战是必然的，但现阶段给出的理由包括测算，以中国养老保险发展的实际情况来衡量，反而显得没有太大的说服力。而以 2005 年之后所建立的养老金待遇计算方式，结合长期以来缴费基数做实难的现状，我国的养老金给付是较注重公平性而非待遇关联（尽管较之以前的方案已经有大幅提升），新制度下的养老金的实际收入替代率是较低的，这样的制度架构已经为退休和老龄的区分提供了较好的基础，在制度收支结构理顺后对于财政负担的压力并不会如福利国家那样巨大。在对制度与环境进行更深的反思和研判的基础上,对延迟退休的审慎思考是非常必要的。

(二) 新的退休语义对延迟退休内涵的反思

中国的退休经历计划经济体制到市场经济的巨大转轨,其发展路径和退休内涵与同时期的西方国家是极不相同的。随着从计划经济到市场经济转轨过程中劳动关系、保障关系、劳动力市场结构的巨大转变,退休的语义也产生了非常显著的转移。退休在计划经济时期是劳动者基于劳动身份和劳动贡献所享有的老年时期的闲暇时光,是劳动者与国家基于社会主义国家劳动者的权利和义务所形成的既有关系。市场经济条件下,劳动者在改革过渡当中存在明显的分化。有编制的机关事业单位职工长期享有"老体制"的非缴费的、高替代的退休金制度;普通合同职工则根据参保时间纳入不同待遇结构的基本养老保险;无正规劳动关系的数量巨大的非正规就业者则只受城镇居民基本养老保险覆盖——鉴于退休只是劳动合同中的概念,由此这部分群体实际上不存在真正意义的退休;农民工群体的高流动性使其往往最终参保的还是城乡居民基本养老保险,且没有稳定的劳动合同覆盖。如此明显的分化下,真正能受到退休的约束或覆盖的,便仅有机关事业单位编制人员和签订正规劳动合同的就业人员了。除老体制过渡期内退休的机关事业单位工作人员还能享有相对较好的退休收入,其他劳动者基于基本养老保险和补充养老保险的退休收入都是立足于保障基本生活。在机关企事业单位的"中人"完全退休后,"新人"的养老金不再具备高福利特征,养老保险回归其基本保障的职能,对于这部分劳动者,反而需要考虑更加多元化的老年收入来应对未来的支出。退休不再具备福利属性后,对延迟退休的观感势必产生变化——国内外对延迟退休的反对本质上来源于劳动力市场雇佣对老年劳动者留用的反对,而对劳动者自身而言,当养老保险的福利水平不足以支撑舒适的老年,而自身对预期余命持有正面的看法时,延迟退休对于劳动者一方在老龄社会本质是有利,而非损害的。而对于没有被纳入正规就业序列的劳动者,退休与否、延迟退休与否都不是值得考虑的问题。事实上,在市场化改革下,这部分群体是否为未来的老年保障做出积累是基于自愿原则的、没有制度化的强制的，他们的全生命周期收入确保机制本质上来源于自己有意识的积累和储备。伴随互联网时代非正规就业、平台经济的流行，无论正规还是非正规就业者都可以通过不同的方式在任何时点进入非正规就业的体系获得收入，而这将与任何官方的退休制度无关。从而退休将显著地存在制度意义的退休和个人意义的退休两个层面。制度意义的退休将只意味着依据现有制度安排、永久性地退出雇佣劳动关系，但这不妨碍自身另有的劳动收入。个人意义的退休则是个人依据自己的生涯安排做出的是否再供给劳动的决策。制度性退休和实际退休的区分，退休和老龄的区分，使得退休最终成为劳动雇佣就业的一个终点，退休意味着能领到保障基本生活的养老金，由此退休的意义便从计划经济时期安享晚年的福利制度转变为职业劳动生涯的结束。事实上，将退休视为福利只是在机关企事业单位职工尚未完全转型为新制度背景下，受现有工资体系和养老金替代水平，以及自计划经济以来国家对个人生涯的完全安排的追忆下，所形成的某种不真实的认知，这种认知只在特定群体中有意义，当这些过渡群体完成退休后，退休之于正规劳动者不再具有明显的福利的意义。

第三节 延迟退休对职业群体的影响方式分析

2013年以来对延迟退休的官方意见，产生于新的时代背景，产生于退休功能和系统实现形态有别于此前任何一个时代的背景下。中国的退休，经历60余年从无到有的构建，其间更是跨越两种经济形态，三个发展阶段。从纵向上看，当前的退休与之前任何一个阶段都是不同的；从横向上看，中国的退休问题也难以同任何国家进行类比。由此，中国的延迟退休问题，从表象上与任何一个快速老龄化国家相类似，从实现路径上则可能与任何老龄化国家都不一致。当前工业国家面对人口老龄化对退休年龄调整做出的"通解"，中国未必能够照搬。本节考察当前约束中国退休形态的主要系统及其耦合，再分析在此基础上退休问题关涉的职业群体划分问题，最后指出延迟退休对影响职业群体的实质含义。

一 延迟退休所指涉的主要制度及其对退休的约束

中国的退休制度发展具有高度的特殊性。从计划经济时期内嵌于劳动就业计划体系，到依附于单位就业体系，再到市场经济下依靠劳动法规和养老保险重新建构退休功能，短短五六十年间经历若干变化。从某种意义讲，自20世纪50年代到90年代，几乎每一代人退休功能的实现方式都有所不同。若将时间放到2013年，那么逐渐稳定的养老保险和劳动法规已较为全面地勾勒出退休功能的实现方式和特色。

（一）养老保险与延迟退休的合理性

自1997年城镇职工基本养老保险正式建立以来，养老保险作为职工的退休金财务实现方式便基本确定下来。公共养老保险承担退休收入的主要来源，这在国际上是通例。但是，养老保险和退休的关系，又需要辩证地看待。养老保险一方面提供了退休的可能性，是退休功能实现的必要保障；但养老保险又是建立在独立的财务运作基础上的自平衡的系统。中国的养老保险建立的是结合现收现付和基金积累的混合型养老保险模式，但无论何种养老保险模式，都必然是一个能够维持再平衡的系统，也即是所谓的可持续的基本内涵所指。以代际合约为核心的现收现付型基础养老金，通过保费的收缴和支出的平衡，实现系统的自我维持，其核心在于收到的保费足以维持可预期的养老金支出，而领受养老金则必然建立在缴费义务之上。基金积累型的个人账户则通过保费的积累实现未来养老金的给付，给付了保费就能得到养老金。从系统沟通的基本形态看，无论何种养老保险，无非传递的都是缴纳保费（尽到义务）可以领取养老金这样的信息，而养老保险系统要保证的就是缴纳保费的劳动者能够足以领到养老金。只要保证了这一点，养老金系统就可以一直存在下去。由此，养老金的初衷固然是为了让工业社会以来的职业就业者，在达到老年时可以脱离出卖劳动力而保有生存的基础，但系统本身最终会转向自身在某种意义下的可持续存在，这是任何一个系统的存在意义和终极目的。由此，当我国将对退休的经济保障从以单位的名义出纳退休金，转变为养老保险系统后，养老保险反过来对退休也就有了自

第五章　中国的退休与延迟退休的系统演化特征及其职业群体特征

身的一番理解——养老保险对退休的合理性反转为退休对养老保险的合理性。从最初的劳动者可以在这样一个年老退休，并因此领到养老金，反转为劳动应当在这样一个年龄领到养老金，从而可以在这个年龄退休。而劳动者为何应当在这样一个年龄（比如男性60岁、女干部55岁、女工人50岁，以及可因病提前5年、特殊工种提前5年等），则是养老保险对其他关联系统（也即是环境）的二阶观察来说实现。也即是观察政治系统、经济系统如何看待养老保险领取时点的公平正义性和财务可行性，而政治系统和经济系统对此问题的考量，又是在劳动市场这样一个状态要素的基础上实施的。还应当指出的是，对养老金领取年龄考察是一回事，将之宣之于口又是另一回事。如果从延迟领取养老金的倡导方和讨论方来看，对于延迟退休年龄的讨论又可以有新的理解视角。延迟退休在养老保险系统而言，是延迟领取养老金的合理性和可行性所主导的。而延迟领取养老金的合理性则建立在养老金系统对经济（财政）系统对养老金收支的观察的二阶观察、养老金系统对政治系统对经济系统的观察的二阶观察、养老金系统对公众对养老金系统观察的二阶观察等多种往复观察的解读中。这其中占据核心地位的，是对老龄化背景下养老金财务可持续性的论证，以及在财务可持续性论证之后的政治可接受性的论证。

　　延迟退休与养老金财务的可持续性，是论证延迟退休之余养老保险系统之合理性的重要侧面。养老保险系统的核心内容在于缴纳保费者可按时足额领取养老金这个现象（沟通）的不断产生，而延迟退休就是在"按时"两个字上做文章。为什么此前按60岁、55岁这两个基本年龄是可行的，但此后便不可行了？按时的合理性怎样界定？这就需要站在人口老龄化的基础上以精算手段进行评估，同时需要站在历史的基础上对财务可持续的应然和实然层面进行论证。而对此二者的研究和讨论一直在持续深化进行，这两条线索对延迟退休之合理性做的探讨，导向政治决策的两个方向。其一便是论证出延迟退休对养老金财务可持续的必要性，从而也就是对养老保险系统存在的合理性；其二便是论证出现行养老保险财务机制"应当"存在的、制度层面的财务失衡之可能性和实际存在的财务不平衡现状之间的区分，从而论证得出的便是如何对既往转型成本遭致的养老金财务平衡先天不足进行弥补。对延迟退休可以解决养老保险长期财务可持续问题的精算论证已持续多年。2019年7月国务院常务会议要求切实做好降低社保费率工作，决定全面推开划转部分国有资本充实社保基金便可看作对后者在博弈后的回应。毕竟，养老保险作为独立系统，也是其他系统的重要环境，从而养老保险是多功能的，功能实现的轻重缓急则是确定养老保险看待延迟退休合理性的关键因素。

延迟领取养老金，在劳动力市场尚未出现可见、可感的短缺时，唯一的合理性便建立在对养老金财务平衡的认知上。对财务平衡的论证，有当期的，也有结合人口年龄结构变化对未来的认知。养老金的财务可持续性受参保缴费人数、缴费率、计发公式下的替代水平、社会平均工资、财政补贴水平、投资水平、GDP增长情况的综合影响。其中已有多位学者采用多种建模方式，进行了多角度的预测。例如田月红（2018）以基础养老金收入和支出公式为基础，对缴费人群和退休人群的预测做了建模分析，并在对平均工资和财政补贴规模做了预测后，结合对平均劳动者收入水平、预期寿命、男女比例、工资增长率、养老金替代率、GDP增长率等因素做出假设后，计算得出我国有20%的可能在2034年首次出现养老金结余不抵支出的财务危机，并模拟指出渐进延迟退休可以极大缓解这一过程。这一研究方式在相关问题的讨论中具有一定代表性，也即是通过假设平均劳动者的基本情况，以GDP增长率、平均工资等宏观数据为支撑，结合对人口预期寿命的假设做出"典型"的预测。但这类预测的问题无疑在于假设过多，而假设本身则是值得推敲的；同时平均状态的劳动者是否足以预测总体规模（尤其在地域差异广泛存在的前提下）也是容易引起质疑的地方。

另一类有代表性的研究则建立在地方的经济、人口、养老保险参保数据基础上，以省域为单位对养老保险在人口老龄化的收支状况，以及延迟退休对养老保险财务可持续缓解情况进行预测。例如江红莉、姚洪兴（2016）以江苏省为例，研究养老保险的长期收支，以及延迟退休对此的影响效应。这类研究以省域实际人口经济数据为基础，能够根据省

第五章 中国的退休与延迟退休的系统演化特征及其职业群体特征

域的具体情况确定参保对象及其类型、经济增长情况、人口年龄预测、财政补贴等关键参数，从而其预测的说服力更好，但根据省域计算的预测数据难以推展到全国。人口预测本身的困难性，以及我国养老保险改革转型的复杂性，使得类似的预测往往只能具有理论上的说服力，而结论本身甚至可能是显而易见的。例如人口老龄化背景下在不改变参数的情况下，养老保险的收支状况注定会恶化；而延迟领取养老金会增加缴费者、减少受益年数，在同等的人口假设下也不可能不优化养老保险的预期财务平衡。

但接下来的问题则是，如果养老保险财务状况会因人口年龄结构恶化，那么延迟领取养老金是否是唯一的、最具合理性的解决方案？答案是不确定的。我国养老保险的财务平衡是复杂的，既包括各省之间转型负担的差异，也包括各省之间在未调剂统筹背景下的收支差异，还包括各省份人口年龄结构、预期寿命、经济发展状况、财政补贴的差异。这些差异相结合，其结果便是很难就我国延迟领取养老金在应对财务平衡问题的合理性做出充分的论证。例如绝大多数省份未做实养老保险个人账户，这会成为隐性的、计算外的负担。不同省份间转型成本的差异，往往是造成当前及未来养老保险财务收支失衡的逻辑与现实起始点，而这很难归咎于养老保险领取年龄设计的不合理。不同省份间经济发展情况、人口流入流出情况，在未能全国统筹的前提下，直接影响每一年养老保险收支在各省间的实际情况，各省在这一问题上的苦乐不均甚至无须预测，只需要查询当年的养老保险收支数据即可充分了解。而正因为全国统筹未能实现、养老保险转型成本未能明确责任划分，使得中央每年均拨付大量财政补贴，例如 2018 年上半年即指出了 4330 亿元用以补贴企业职工基本养老保险。在财政补贴普遍存在的情况下，衡量养老保险的收支平衡问题，在一定程度成为一个伪命题，因为当前养老保险远非通过缴费和支出来衡量收支平衡的。既然当前养老保险的财务状况涉及如此复杂的初始条件，那么通过延迟退休来缓解当前及未来养老保险的财务平衡问题，是否应当是毋庸置疑的第一选择，这就非常值得商榷了。而对这一问题的思考，无疑触及养老保险制度改革的公平性问题。

· 145 ·

在几个公平性问题未能回应之前，延迟领取养老金必然遭到广泛的公众质疑，同时也难免掩盖养老保险财务本身的基础性问题，例如延迟退休缓解的财务平衡，是否是替未能全国统筹造成的地方负担背锅？是否是替苦乐不均的转型成本问题背锅？如果不能清楚回答，那么就可能让延迟退休负担了养老保险的历史遗留问题，让延迟退休的世代负担了非完全缴费世代的养老保险支出，从而挑战了代际合约的合理性。这一问题显然也是中央在近几年考虑的重点问题。

由此，在延迟领取养老金迟迟未给出时间表的同时，几个有关养老保险制度运行的重要改革举措已经产生。首先，中央调剂金制度的建立打响了走向全国统筹的第一步，通过调剂金均衡地方苦乐，使各地的养老保险负担趋于公平。其次，划转国有资本充实社保基金，一方面是支持社保降费的有效举措，同时也是长期应对养老保险财务负担的关键性举措，进一步明确了国家在养老保险财务责任中的积极能动作用，不再仅对缺口进行"补贴"，而是对社保基金进行主动注资。这些举措是养老保险系统在自平衡的基础上，与其他系统交织互见中做出的调整。我国养老保险系统是经济体制改革的产物，是适应转型期而建立、本身亦具有转型特征的特殊制度构建。我国养老保险的自生成的基础，也即是财务本身的稳健性，尚未真正实现有缴费—支出形成的平衡机制，因此，当工业国家普遍探讨如何维持人口老龄化下的缴费—支出机制，从而尽可能减少国家财政补贴时，我国对相似问题的探讨方式是非常不同的。而这一不同也就为延迟退休本身的合理性提出质疑。

（二）劳动法规政策与延迟退休决策的表达

劳动法规系统是协调劳动者与用人单位的劳动关系的法律，其外延为保护劳动者的合法权益。劳动政策则是在劳动法规的基础上，由国家通过各种方式推进的，旨在调节劳动力市场状况而对劳动关系做出的临时性的引导措施。劳动法规和劳动政策"常""变"相结合，从基础理念到现实操作，对劳动关系进行着调节。退休作为劳动者退出当前职业工作的主要路径之一，也是劳动关系的调节工具。退休的法规和政策目的就在于对劳动者何时能够退出职业工作的权益与保障方式进行规定。

第五章　中国的退休与延迟退休的系统演化特征及其职业群体特征

如果说养老保险对退休功能的实现主要着眼于提供适切的经济保障这个层面，那么劳动法规政策系统则着眼于退休权的实现层面，规范谁在什么时候做出退休是合理的。而延迟退休作为功能之实现，就需要解决谁在什么时候延迟退休是合理的这一问题。

从我国劳动立法的历史进程来看，存在一个较为有趣的现象。中华人民共和国成立初期，我国劳动立法的核心是《劳动保险条例》，以劳动保险的诸多权利义务表述对劳动者享有的权益进行了规范。与工业国家传统劳动立法显著不同的是，在中华人民共和国成立初期，社会主义中国的劳动关系不是雇佣关系，因而无须对雇佣关系进行调节，而后者往往是工业国家劳动法律立法的基本出发点；同时社会主义的劳动就业不涉及失业问题（至少在三大改造完成后不涉及，而在三大改造完成前劳动阶级地位的大幅提升也使得用人单位不可能大张旗鼓地辞退工人），劳动者中止劳动只可能源于身体健康问题、生儿育女、年老体衰三类风险，劳动者本身应在劳动光荣的基本认知下努力工作，从而用人单位也不应且无权"辞退"劳动者，除非劳动者本身的行为触犯相应与生产活动相关的法律法规。由此，《劳动保险条例》也就只剩下对劳动者基本权益的规定。除此之外，便是1950年的《劳动争议处理程序》《中华人民共和国工会法》，用于协调劳动者与用人单位之间的权利争议。以及如《工厂安全暂行条例》《工厂安全卫生的规定》《国营企业劳动纪律暂行规定》等旨在引导生产行为安全稳定的法规性文件。由此，计划经济时期的劳动法规立法是以劳动保险涵盖劳动法的。而在稳定就业、终身就业的主流导向下，在无失业的基本导向下，可用于劳动力就业调节方式的工具便非常局限了。由此导致的便是对退休进行临时性的政策文件进行引导。其中最为显著的则是两次子女顶替就业的政策文件，允许在子女顶替岗位的前提下，令劳动者得以提前退休。劳动保险制度的停滞并未带来劳动法规系统实质性的改变。由此，改革开放后，随着经济体制改革提上议事日程，在失业机制尚未建立成熟的前提下，退休再一次作为劳动力调节的重要手段而被广泛运用，内部退养、因病退休、特殊工种退休等途径作为重要的提前退休手段，起到了特定时期调节劳动力供求的重要作用。但随着劳动力市场的逐步建立，规范劳动力市场条件下雇佣关系的法律便成为必然。由此 1995 年《中华人民共和国劳动法》颁布。在该法中，则是将"社会保险与福利"放在第九章的位置，从而社会保险成为劳动立法的一个附属品，社会保险成为劳动关系调节中的减震器和风险管理手段，用于处理劳动者因各种原因不得不中断工作时，可以得到的物质和服务保障。2008 年《中华人民共和国劳动合同法》颁布标志着劳动法规系统走向定型。2011 年《中华人民共和国社会保险法》颁布，则标志着社会保障立法开始走向独立化，社会保障从对职业就业者的保护扩展到对全体公民的保障。随着劳动法规体系的逐步建立完善，对劳动力市场供求的调整方式也逐渐多样化，退休不再直接承担劳动力市场调节的任务。而自《中华人民共和国劳动法》颁布以来，劳动力市场调节的重心是下岗职工、农村转移劳动力、高校扩招后的大学毕业生，这些新增劳动力则逐渐被经济高速发展、城镇化高速发展带来的就业岗位增加所消化。而这一时期的劳动力市场政策则是促进这几类群体的妥善就业。除《中华人民共和国劳动法》《中华人民共和国劳动合同法》外，《中华人民共和国工会法》也是劳动法规体系中的重要构成部分。

劳动法规体系除了厘清劳动者在劳动就业过程中的权利外，还需要建立调节劳动者和用人单位之间博弈关系的法律法规体系，也即是约束和引导集体谈判有效进行的机制。可以说，《中华人民共和国劳动法》等法规从宏观上明确了劳动者和用人单位在几个基本问题上的权利和义务，而集体谈判法规则在微观上划定了劳动者和用人单位、雇员和雇主在处理各项劳动法允许框架下的实际问题、平衡各方意见的实现机制。退休从微观意义讲，是劳动者和用人单位基于年龄做出的劳动力供求决策，宏观意义的退休牵涉到国家经济发展、劳动力市场整体供求、养老保险可持续发展等话题，微观意义的退休则是用人单位内部的用人计划。由此，在不同的劳动法的框架下，用人单位和劳动者对退休也有一定程度的灵活处理权，而这个灵活处理权则需要通过集体谈判框架来给予约束。工业国家长期的市场经济发展揭示出，个体谈判往往使劳动者处于不利的地位，唯有将个体雇员组织成集体，才可以创造雇员与雇主在劳动力市场上的平等地位。因此，市场经济条件下，集体劳动关系是保护劳动者合法权益的必然条件。而集体劳动关系不局限于单位内部，可以扩展到行业、地区甚至国家层面。在集体劳动关系下，结社自由、建立雇主和雇员组织、集体谈判、劳资纠纷、员工参与、利润分享是其主要内容。其中，与雇佣双方退休决策直接关联的，一般是集体谈判机制。集体谈判，是雇员组织与雇主或雇主联盟之间就劳动条件，经由平等协商进行决策的机制。而对抗性的谈判则是这个机制的主要表征。谈判的目的在于通过博弈协调雇主和雇员就某一劳动事项方面的诉求。第二次世界大战后的集体谈判日趋复杂性、多样性，对多种劳动事项均有涉及，且谈判结果从口头约束到具有高法律效力的谈判决议都有存在。谈判决议是受到法律保护的，且具有扩大化的覆盖面。一方面集体谈判决议可能在较高层次，例如地区甚至国家层面开展，本身具有广覆盖的约束力；另一方面集体谈判决议一般不仅适用于工会会员，也会扩展到非工会会员，或者扩大到为参加谈判的企业。集体谈判一般在工会和雇主组织之间开展。

中国的工会运动在中华人民共和国成立前后有较明显的转型。中华人民共和国成立前工人运动是共产党领导下工人阶级反帝反封建、实现新民主主义革命目标的重要手段，对革命活动有显著的推进作用。中华人民共和国成立初期，《共同纲领》规定私营企业实行"劳资两利原则，应当由工会代表工人与雇主签订集体协议"。随着劳动性质的转变，三大改造后不再存在雇佣双方，也就不存在集体谈判的基本参与方，由此，集体协议制度在20世纪50年代后期被取消。改革开放后，全国总工会的恢复工作，重建工会法律也成为题中应有之义，由此，1992年《中国工会法》重新规定了工会代表职工与企业、失业单位行政方面签订集体协议的权利和责任。1994年，劳动部颁布《集体协议规定》，对集体协议的订立、审查和争议处理进行了规定。但是，改革开放至今中国并未建立起工业国家式样的集体谈判机制，从单位体制转化而来的市场化的劳资关系中，不存在基于劳资斗争为背景的权益表达，劳动者和雇主的权利义务由国家直接给予认定和裁量。随着劳动法的建立，提前退休浪潮中的很多行为被定性为违规提前退休。这一方面固然是提前退休完成历史使命后的必然退出，另一方面则是国家对雇佣双方就退休决策的权限进行了直接的收回，唯一留下的则是内部退养制度，而内部退养制度实际上也只存在于国有企业，受到国家劳动力市场政策导向的直接调控。

另一个显著的旁证则是，我国2004年开始建立的企业年金制度，原则上应当是典型的私营养老金，雇佣双方可以拥有更高的自主控制权，但在制度设计中，企业年金完全成为职工基本养老保险的附加制度，其领取资格条件完全比照基本养老保险。企业年金虽然在筹资模式、财务管理、投资运营方面有别于基本养老保险，但从其制度意义则如出一辙。这类制度设计实则也使得雇佣双方缺乏自行调节退休的物质基础。由此，对中国延迟退休产生影响的劳动法规系统，实则便只有劳动法、劳动合同法等基本法律，加之以特定时期的一些劳动力市场政策文件。这带来的问题便是，延迟退休直接影响的自然是劳动者是否继续工作、用人单位是否调整内部劳动力构成，从而雇佣双方对退休都当有自身的诉求，但这个诉求，在当前的劳动法规框架下，只有通过对劳动法、劳动合同法的修订才能真正实现。

由此带来的问题便是，是否有足够充足的理由，让劳动法规体系接受延迟退休的诉求？答案并不那么确定。中国的劳动法规体系对雇佣双方就重大事项的决策方面，是严格控制的。由此带来的问题便是，劳动法规需要对劳动关系中的利益表达做出预先的判断与合理的裁定。也即是说，延迟退休在劳动法规体系看来，需要同时站在雇主和雇员两方面，去判断（1）双方是否有这样的诉求，以及（2）这一诉求是否足够合理，而合理的判断总是建立在对理念上的公平性之考量和实际上的市场需求之考量。在新常态经济总体增速放缓的背景下，在现阶段复杂国际形势的影响下，延迟退休至少在中美贸易摩擦之结果尚未明朗化之前，是难以被各方接受的。很难想象企业在整体经济大环境不确定的情况下希望员工延迟退休，从而既增加用人负担，也减少新增劳动力的位子；也很难想象公众会在年轻劳动者就业困难的大背景下希望老年劳动者多

第五章 中国的退休与延迟退休的系统演化特征及其职业群体特征

干几年。在我国没有真正意义上的集体谈判机制的前提下，劳动法律体系所规范的退休年龄是一个双向的规范，且富含多种意义。这既是劳动者被允许退出生产、领取保障的年龄，也是保障劳动者可以持续工作到这一时点的年龄；既是企业可以在此永久性地清退老年劳动者的年龄，也是企业可以确保劳动者会供给劳动力到此一时点的年龄。由此可见，在集体谈判缺位的背景下，强有力的官方退休年龄是必然的，也是必要的。这是多种诉求下国家给予劳动力市场的年龄锚点，因此，中国语境下的延迟退休，与西方语境下的延迟领取养老金，有某种根本性的差异。西方语境下的延迟领取养老金，赋予劳资双方新的谈判筹码和利益结构，但我国语境下的延迟退休，依赖于凝聚成官方政策的对劳动关系中各方责任、义务、诉求的指导或反应。

二 延迟退休假设下的职业群体及其利益和权益结构

（一）退休与职业群体

职业群体对退休政策的影响是与养老保险系统与劳动法规双重关联的。一方面，养老保险决定了不同群体可能获得的养老保障待遇的领取时点和多寡；另一方面，劳动法规则划定了不同群体的退休责任义务和话语空间。从这两个角度出发，才能对退休视角下的职业群体有真实的观察。需要指出的是，我国城镇职工基本养老保险制度改革至今仅20年，制度改革形成的过渡群体中人尚未完全消化；而机关事业单位养老保险双轨制并轨于今不过5年，涉及的过渡群体规模更大，而中人的收益结构与新制度参加者新人必然存在差别，由此增加了区分群体的难度。当然，客观上看，鉴于当前延迟退休年龄方案尚未出台，综合各方意见，出台后尚应有5年左右的过渡期[1]，此后实行渐进延迟方案，那么即使2020年人大通过方案，也当在2025年以后开始延迟退休。假设城镇职工基本养老保险在1997年建制时，男性劳动者参工年龄为20岁（1977年出生），那么第一批新人此时已年届48岁，1965年以前的出生者则已满

---

[1] 参考近年来关于延迟退休的一些官方声音，https://finance.sina.com.cn/china/gncj/2016-02-29/doc-ifxpvutf3635515.shtml。

退休年龄，不受此政策影响。由此，城镇企业职工中的中人群体在2025年时仅有1966年的世代，且已属于中人里面过渡年限较短（10年以内）的群体。此处假设的参工年龄较早，且指向男性劳动者；若20岁参工的女性劳动者，则1970年前的劳动者已经退休，过渡人群规模更小。且此处假设的延迟退休开启时间表已是当前最快的速度，若再递延数年，则企业职工中的中人规模还将进一步缩减。由此，企业职工中的中人群体的利益结构与新人差别并不会显著。与之相对的，并轨较晚的机关事业单位养老保险则有更大程度的中人问题。同时，机关事业单位养老保险改革还涉及职业养老金的覆盖、给付，从而其受益结构又有别于其他群体。除养老保险待遇外，退休渠道也是区分职业群体的重要因素。但自2000年后，随着提前退休渠道的收紧，当前真正常用的退休渠道主要是大型国企、央企的内部退养制度。随着新常态的提出，2016年人社部、国家发展改革委等七部门在《关于在化解钢铁煤炭行业过剩产能实现脱困发展过程中做好职工安置工作的意见》中，明确将实行内部退养制度这一提前退休机制作为安置职工的核心措施之一，实践中也是许多资源类企业的共通做法①。在政策导向下，造成了新的国家认可的提前退休群体。这也间接体现了在集体谈判机制缺位的背景下，国家宏观调控是调节地区、产业等高层面劳动力市场供需诉求的重要机制，而退休则是非常关键的调节工具。除正常退休群体外，尚有符合延迟退休条件的高级专家群体，也是退休政策中特殊的群体。由此，在养老保险系统和国家对退休的宏观管理下所规范的退休待遇框架涉主要涵盖以下群体。

（1）仅受城镇职工基本养老保险覆盖的企业职工。这类劳动者仅参保城镇职工基本养老保险，未参加企业年金，且这类企业基本不引入内部退养等典型的提前退休机制。这类企业职工广泛存在于绝大多数各类私营企业、外资企业、少部分国有企业。根据2017年全国工商登记数，私营企业共计2726.3万户，职工总数1.99亿人；2017年城镇职工基本养老保险参保人数为4.02亿人。结合第二类受企业年金覆盖的职工数

---

① 闫利娜：《供给侧改革背景下焦煤集团职工安置方法探讨》，《中国集体经济》2018年第5期。

量，2017年仅参保城镇职工基本养老保险的人数应在3.7亿人左右，当然，这里无法衡量重复参保、流动参保的情况，但此处无妨碍分析，只需了解大多数职工仅有城镇职工基本养老保险即可。

（2）受企业年金覆盖的职工群体。这类劳动者不仅参保城镇职工基本养老保险，还被覆盖进企业年金。截至2017年底，8.04万户企业建立了企业年金，参加职工人数为2331万人。企业年金参保人数远低于城镇职工基本养老保险参保总数。但是，企业年金的领取规则与基本养老保险相一致，是与基本养老保险相绑定和叠加的，由此，拥有企业年金的劳动者会在退休时点领到更多的养老金。不够也正由于我国企业年金的领取时点与基本养老保险保持一致，因此不存在因提取企业年金而实现退休的选项。

（3）机关事业单位工作人员。机关事业单位自城镇工作人员基本养老保险建制以来，就走向了非缴费、财政直接支付待遇的双轨制。双轨制使机关事业单位工作人员的养老保险待遇水平、给付结构与企业职工拉开了巨大差距，也造就了在养老保险覆盖中的特殊利益群体。机关事业单位工作人员就业人数在4000万人左右。机关和事业单位虽然同属公共部门性质，但其区分也较为显著，事业单位本身的复杂性也使其内部的工资待遇、养老金给付存在较大差异。由此，机关事业单位工作人员的养老保险具有较大的复杂性，而这种复杂性则源于编制的差异。有编制的机关事业单位工作人员能够获得足额的财政支持，从工资到退休待遇都拥有更优厚和更稳定的支付，这些群体才是机关事业单位工作人员身份最大的受益者。因此，在分析中，应更重视有编制的机关事业单位工作人员的退休诉求。

（4）四类特殊人群：受内退机制覆盖的职工、高级专家、因病退养和特殊工种群体。这四类群体是涵盖在其他职业群体分类中的。内退机制在特殊时期发挥过非常重要的调节劳动力市场的作用，但在劳动力市场建立的阵痛减缓之后，便基本退出了大多数企业，并且其与劳动合同法等上位法也存在一定程度的矛盾，因此逐渐走入灰色地带。内退机制要求企业向提前退休的劳动者支付不低于其工资水平的生活费，且还应

· 153 ·

继续缴纳社会保险费直到劳动者实际退休。由此，内退是将退休成本从国家向企业进行再次分摊的方法。内退曾作为国企改革中以提前退休调整劳动力结构的重要方法而流行，可以理解的是，当内退实行于国有企业时，国企可以通过财务处理较为低成本地向国家转嫁内退成本；但是，对于私营企业而言，内退的负担是沉重的，相当于需要在内退期间全额供养一批不用工作的职工，因此虽然内退在后期改革中依然存在，但逐渐成为国有企业的"专利"。因此，当前在新常态、调结构下的内退机制，实则仅在大型国企、央企，尤其是能源类企业中应用，并且以"一刀切"的形态为主。例如统一让劳动者以内退的形式提前三年退休等。内退待遇一般不低于工资，从经济上看有充分的吸引力，但内退的作用范围小，且带有相当程度的国家意志的导向性，因此当前的内退群体与延迟退休不存在逻辑上的利益诉求。另一类特殊群体则是高级专家群体，对应于1983年颁布的《国务院关于高级专家离休退休若干问题的暂行规定》的具备高级技术职位的群体。高级专家的退休年龄可以在标准年龄的基础上延迟5年。但是，选择延迟退休的年限则只有0或5两种。同时，延迟退休除了因缴费年限提升以及可能的工资提升带来的养老金给付增加外，并无精算上的鼓励。由此，对高级专家的延迟退休政策并非基于经济激励的退休政策，而是基于对劳动权保护的延长来适应高级专家的延迟退休需求。在此也隐含着中国退休年龄的双重功能——保护养老权益，也保护工作权利。第三类特殊人群属于严格符合因病退休条件的、因身体健康原因不适宜从事当前工作的劳动人群。因病退休在20世纪90年代的提前退休中起到了重要作用，但当提前退休收紧后，违规的因病退休逐渐难以获得，因病退休走入正轨，只覆盖相应病退规定条件下的劳动者。这类劳动者可能对延迟退休抱有较大的、直接的抵触，因为提前退休年龄必然根据标准退休年龄的设定来调整，如果延迟标准退休年龄，那么因病退休年龄在理论上也会"水涨船高"。第四类特殊人群是从事特殊工种就业工作，符合特殊工种提前退休要求的劳动者。这类劳动者同样不可能支持延迟退休，理由与第三类劳动者相同。几类特殊劳动者均属于在现行退休机制下，符合特殊退休安排条件，或具备某

第五章　中国的退休与延迟退休的系统演化特征及其职业群体特征

些特殊退休安排的基础的劳动者,这类劳动者占劳动者总人口固然是微小的比例,但因其具备特殊的退休利益和退休权益,因而对退休调整的敏感性反而高于其他群体。

除去横向范围的几类群体外,还存在纵向范围的群内的子群体划分,例如在养老保险转型中产生的中人、新人群体,在就业中处于不同职业位阶的群体,不同收入情况的群体等。这些群体中的群体又对延迟退休产生不一而足的诉求。但这些子群体的特殊性主要以现在养老待遇与同职业群体的普通劳动者的差异上,总体适用于经济理性下的分析逻辑。

(二) 延迟退休年龄政策对不同群体退休利益、权益框架的影响

退休决策总是遵循利益吸引和规则强制两方面的影响。探讨不同职业群体在延迟退休下的影响实质也是遵循来自养老保险系统和劳动法规系统的利益与权益框架。

1. 仅受城镇职工基本养老保险覆盖的企业职工

当前适用于城镇企业职工的养老保险制度框架为2005国务院《关于完善企业职工基本养老保险制度的决定》所建立的养老保险缴费—待遇框架。在此框架下,劳动者的养老金收入由统筹账户的基础养老金和个人账户养老金共同构成。2005年后基础养老金的计发将个人的缴费贡献与养老金的领取数额实现了挂钩,并通过计发设计实现养老金的再分配效应。具体而言,基础养老金的发放受领取前一年职工年均工资、指数化年均工资、缴费年限的影响,而指数化年均工资又由每一个缴费年份里职工个人工资和当地前一年职工人均工资影响,总体反映职工本身的工资水平与平均水平的组合,或者说,反映平均工资对具体职工本人工资水平的调节。个人账户养老金则按照个人账户的缴费和投资积累进行累计。账户总额根据职工具体退休年龄折算成195个月(50岁退休)到56个月(70岁退休)。以当前人均寿命衡量,标准退休的个人账户的发放年数(约71岁)已显著低于当前77岁的寿命预期,因此个人账户养老金在维持老龄保障的充足性方面存在制度设计上的问题。由于计发办法的再分配效应,高收入劳动者在养老金的绝对收入方面会优于低收入劳动者,但在替代水平方面则会低于低收入劳动者。依据《中华人民共

和国劳动法》和《劳动合同法》,劳动者达到退休年龄的,应当办理退休,并领取养老金。从而达到养老金领取年龄和达到退休年龄具有法律上的同一性,而劳动者领取养老金和退休是两个互相决定的条件,从而在退休权利归属层面,劳动者不具有自主选择的空间。延迟退休对于劳动者而言是一个被动接受的事项。

这类劳动者中,存在1997年制度建立前参加工作的中人群体。具体而言,中人指统账结合养老保险建立前参加工作,但在统账结合养老保险建立后办理退休的人群。对这类人群而言,中人的养老金主要由三部分组成。也即是在基础养老金和个人账户养老金外,还需加上过渡性养老金。过渡性养老金则是指数化月平均工资、计发系数、中人临界点前缴费年限的乘积。这里的计发系数一般由各地自行测算,在1%—1.4%,而中人临界点理论上应当在1997年,但各地试点实施的统账结合养老金时间不尽一致,最早可追溯到1993年。除单独的过渡性养老金外,在基础养老金的计算方面,中人的缴费年限也包括实际缴费年限和视同缴费年限,也即当地统账结合模式建立前劳动者的工龄。从理论上讲,中人的过渡性养老金主要用于覆盖因个人账户建立而导致的早期参保人员无账户带来的损失,但实际上中人获得的待遇水平普遍高于新人,中人的过渡性养老金计算实际也起到了弥补其改革前后养老金差额的作用。中人的养老金替代水平较高也就意味着延迟退休对其没有经济上的优势。较之于新人群体,中人可能更倾向提前或按时退休。

2. 受企业年金覆盖的职工群体

受企业年金覆盖的职工群体,意味着首先还具备基础养老金覆盖。因此这类群体的退休收入会高于同等工资水平下的企业职工。企业年金是一个缴费确定型(DC型)养老金,企业年金缴费总额不得高于单位工资总额的8%,企业和个人缴费合计不得超过企业工资总额的12%,具体比例分担则由企业和个人商定。缴费将全额记入职工的个人账户,以养老信托基金的模式委托有资质的基金工资进行投资运营。企业年金的发放时间与退休年龄(基础养老金领取年龄)持平。因此,企业年金在利益框架层面能够提高养老金的总待遇,但在权益框架下则没有特殊的机制安排，不会赋予职工或企业更高的自主权限。

3. 机关事业单位职工群体

机关事业单位职工自双轨制废除后，在延迟退休过程中涉及较多的中人群体和新人群体。根据制度安排，2014年10月1日前参加工作，且在此日期后退休的，属于中人群体。改革后机关事业单位参保人员也需缴费参保，适用的养老金缴费费率、待遇计发公式、缴费年限要求等均与企业职工无差别。由此，新人群体的基本养老保险待遇将与企业职工趋同。

而中人群体也将与企业职工基本养老保险的中人群体一致，在基础养老金和个人账户养老金外，附加一个过渡养老金。但是机关事业单位在双轨之前无缴费，因此其问题不仅在于弥补个人账户，还在于衡量非缴费阶段的基础养老金权益认定。过渡养老金在各地间差异较大，指导性的公式为过渡养老金＝指数化月平均工资×计发系数×中人临界点前的缴费年限。同时在过渡期间，基于2014—2024年10年的过渡期，实行限高保低的计发方式，以就有的养老金计发确保养老金给付的底线，以新制度划定缴费的高限，从而确保中人群体（尤其是临近退休的中人群体）在改革后不至于因按照新办法计发养老金，而与刚退休者产生明显的收入落差。因为依据并轨前的养老金计发，也即是1978年国务院关于工人退休、退职的暂行办法所规定的计发方式，是以工龄直接对应养老金的工资替代率，工龄满35年以上，发放退休前工资的90%；工龄30年以上35年以下，发放85%；20年到30年是80%；10年到20年是70%，10年以下是60%。这是同等缴费年限条件下的养老保险计发公式所算出的替代率所不能比拟的。针对机关事业单位中人的特殊过渡规定，一定程度上缓解了临近退休群体与刚退休群体在改革过程中的临界公平问题。除过渡养老金外，为缓解改革前后造成的养老金待遇差距，在机关事业单位养老保险改革的同时，同步推出了强制性的职业年金，要求符合规定的机关事业单位为参保职工同步建立DC型的职业养老金。与企业年金的筹资积累规则几乎一致，个人缴纳本人工资的4%，单位缴纳不超过本单位工资总额的8%，缴费进入个人账户委托有资质的养老金工资进行投资运营,退休时随基本养老保险领出,可选择一次性领取,也可选择转化为年金形式领取。职业年金、过渡性养老金、过渡时期等改革配套措施,使得即使废除双轨制,即使养老保险待遇较老体制有所减少,但机关事业单位工作人员的养老金待遇框架总体优于大多数企业职工。由此,带来的退休激励更高,但与企业一致的是,退休依然是被动的安排,是在行政命令下逐步习惯的产物。

4. 四类特殊人群

较之前三类普通群体,四类特殊群体在延迟退休过程中受到的冲击更为直接,从而也是政策设计中必须得到充分关照的群体。四类特殊群体各有特色,其在延迟退休中的利益结构和权益结构也各有差异。首先,对受内退覆盖的群体。内退劳动者理论上可在退休年龄提前五年申请内部退养,内部退养期间用人单位需发放不低于本人工资生活费,而在此期间用人单位还需负担内退员工的社会保障缴费,直到员工正式办理退休为止。内退是用人单位对提前退休成本的分担,也是用人单位调节内部劳动力市场,优化用人结构、优化人力成本的举措。但是在实践当中,由于缺乏集体谈判机制,职工处于博弈的弱势群体,因而"申请"内退往往成为"强制"内退。而在去产能、调结构的大背景下,内退"一刀切"也是不少能源类、重工业国企的重要劳动分流工具。由此,延迟退休对于内退的影响在于内退随着退休年龄水涨船高,会引起相关用人单位的反弹。对于支持内退的劳动者而言,也会因此而产生抵触情绪。但需要指出的是,内退本身的准强制特征,使劳动者缺乏自主控制权,从而可能对退休产生负面情绪。除去部分国企实施的内退机制外,部分机关单位也有内退机制,同样以"一刀切"的形式让到点儿劳动者提前退休。内退机制在延迟退休中的影响不仅在于受内退覆盖的劳动者,同时会间接影响其他正常劳动者的退休心态——在延迟退休的大背景下,部分劳动者能够以较高的待遇提前退休,这无疑会增大对延迟退休公平性的质疑。因病退休和特殊工种提前退休是任何退休制度中均存在的机制,旨在覆盖因特殊原因不适宜继续从事当前工作的劳动者能够以退休的方式永久性地退出当前工作。因病退养允许劳动者提前10年申请退休,但

第五章 中国的退休与延迟退休的系统演化特征及其职业群体特征

需要通过病退鉴定、在本人自愿的前提下申报。病退兵种包括神经系统疾病、呼吸系统疾病、心血管疾病等12类，鉴定病情严重程度已足以影响继续从事当前工作的，可申请病退，并按月领取养老金，其中养老金待遇随病退和标准退休年龄的差异有相应的缩减，以体现养老金发放的精算公平性。需要指出的是，我国因缺乏独立的残障生活保障制度，因此身体不适宜继续工作的劳动者只能通过病退渠道才可以获得相对稳定可靠的生活保障。由此，延迟退休会直接影响病退的申请时间，这对有相关需求的劳动者无疑是不利的，这一问题可能只有通过建立独立的残障保障机制来予以解决。与之类似的还有特殊工种劳动者提前退休，符合特殊工种就业名录并达到规定年限的劳动者可以提前5年退休，其中有毒有害满8年以上（含8年）、高温井下满9年以上（含9年）、高空特别繁重满10年以上（含10年）。特殊工种名录包含电力作业、锅炉作业、登高架设作业等17类职业。自2000年后，特殊工种提前退休受到严格管控，仅有符合者能得以申请。延迟退休同样可能影响这类劳动者提前退休意愿的满足。最后一类特殊群体，可以延迟退休的高级专家，符合条件可申请延迟5年退休，延迟退休没有增发养老金的激励。若延迟退休年龄政策落实，那么高级专家的延迟退休年龄则会水涨船高。但实践当中，高级专家延迟退休的实际情况是多样化的。直接约束高级专家延迟退休的政策文件以1983年《国务院关于高级专家离休退休若干问题的暂行规定》为基础，但这份文件出台至今已近40年，其中对高级专家的描述和界定实则已不太符合当前的现状，尤其是高校扩招后高级职称的扩张速度。文件也只是规定高级专家在符合条件的情况下，可自愿申请延迟退休，单位审批通过方可执行，而原则上高级专家应当按时退休。这就意味着高级专家延迟退休并非绝对，而是用人单位依据自身需求进行安排。实践当中，一方面，由于高级专家延迟退休往往涉及对现有人员指标的占用，因此单位往往只会批准在相关领域有较高贡献、获得较大认可的专家延迟退休；而对于高级专家本身而言，随着劳动力市场建设的成熟化，退休不意味着完全停止就业，成熟的退休返聘机制也可使其有更多渠道、更多灵活性、更少束缚来发展事业，从而延迟退休不是唯一选择。由此，高级专家延迟退休在实践当中是用人单位和高级专家之间的均衡选择，即使延迟退休年龄政策执行，对于具有充分自由度的高级专家和用人单位而言，利益结构和权益结构的影响也是不大的。但需要注意的是，高级专家延迟退休政策的存在本身，在特定年代是一种特殊权益的体现，亦即更具不可替代性的劳动者有权工作更久，从而对其他劳动者而言，延迟退休是对高级专家等脑力劳动者更具优势的选择，因此在一定程度上诱发了劳动者对延迟退休公平性的疑问：是否对已就有较高地位的群体更加有利？

　　延迟退休对不同职业群体的影响路径，不仅基于职业群体在延迟退休过程中利益结构和权益结构的差异，还基于不同群体对其他群体利益和权益框架的认知，不患寡而患不均也是延迟退休改革中的公众思维体现，从而可能产生的结果是人人都认为其他群体在延迟退休中获益而自身吃亏。在猜疑链的延续中，逐渐积累了对延迟退休的主观情绪。普通企业职工会认为延迟退休对机关事业单位劳动者有利；机关事业单位普通劳动者会认为延迟退休对自身最不利，因为不能更早享有在各群体中相对最丰厚的养老金待遇，但对高级专家是最有利；高级专家群体则可能并不在意延迟或不延迟退休带来的好处，因为在开放的劳动力市场中，多样化的就业形态可能比继续从事正规劳动更合意；而因病、特殊工种劳动者则会认为延迟退休对所有群体都无害，唯独会损害自己。诸如此类的思维是合乎情理的，延迟退休客观上的利弊已经不再重要，延迟退休当中自身受损、他人得益，才是延迟退休受到普遍反对的重要原因。而延迟退休需要站在客观角度探索不同类型劳动者的态度、诉求、利益与权益结构，以开放的思维缓解延迟退休对不同群体的实际影响和心理冲击。

第六章 延迟退休条件下不同职业群体的退休约束和退休决策*

自经济体制改革以来，我国的退休已从计划经济时期的退休养老过渡到以职业生涯结束后的老年收入保障，并且对于受到不同类型制度覆盖的劳动者具备不同的语义呈现。当提及延迟退休时，其对不同群体形成的约束和引导势必有着巨大的差异。影响退休认知的关键机制在于以退休待遇为衡量标准的退休福利化或去福利化（以保障基本生活为标的）程度，因此本章第一节考察在现有的养老保险制度框架下，退休金之于劳动者在经济福利层面的意义，由此可推导出在养老保险参保人员结构稳定后的长期趋势下，我国的养老保险在退休中所提供的经济保障的性质，以及退休的经济价值对劳动者的意义所在，以及延迟退休之于正常劳动者的经济意义所在。第二节讨论我国不同类型劳动者的退休决策，第三节考察在现有的制度框架下不同类型老年劳动者呈现出的退休倾向，二者从当前的提前退休决策和退休倾向出发，从中挖掘出我国退休制度对不同类型劳动者的约束框架及其对延迟退休的可能反应与可以行动的空间。

---

* 本章的部分研究结论已作为阶段性成果发表，参见《我国城镇中老年劳动者退休决策行为分析——基于 Cox 比例风险模型》，《天府新论》2017 年第 3 期；《退休制度的约束效应及路径优化》，《财经科学》2017 年第 3 期；此外《延迟退休对我国劳动者养老金收入的影响——基于 Option Value 模型的预测》，《人口与经济》2015 年第 6 期也为第一节的计算假设提供了基础。

第一节 延迟退休与养老保险的经济收益变化

退休作为系统结构耦合的结果而出现,建构劳动者对退休的认知的一个重要方面是退休后的收入保障如何获取、能够获取多少。在计划经济时期退休金是唯一的退休收入来源,并且按照制度具备较高的工资替代水平。且在广泛的直接服务供给下,货币性的退休收入并非维持生计的唯一要件。所以计划经济时期的退休金对于退休的建构是与退休相同构的。但在市场经济建立之后,劳动者需要通过劳动报酬来支付其生计所需,产品和服务的广泛货币化也对收入的充足性和持续性提出了更高的要求。伴随市场经济建立起来的城镇职工基本养老保险承担了基本退休收入来源的主要功能,但其保障水平的高低就直接影响着劳动者对退休的实际感受。在延迟退休背景下,当前的养老保险制度对劳动者会提供怎样的退休收入是决定劳动者对延迟退休观点、塑造延迟退休认知的基本出发点。

一 不同时点退休对养老金收入变化影响的研究方式

根据第六次人口普查数据及联合国《世界人口展望:2012年修订版》,我国已正式步入老龄社会。人口老龄化将对劳动力市场结构和养老保险收支平衡造成巨大冲击。在人口老龄化高峰到来之际,我国必然会面临劳动年龄人口短缺和养老保险收支失衡的双重压力。有鉴于此,近几年针对退休制度改革、退休年龄延迟的讨论可谓甚嚣尘上。2013年11月,十八届三中全会正式提出"决定建立渐进式的延迟退休年龄政策",使得延迟退休年龄成为社保领域问题中关注的焦点。延迟退休,在中国语境下无疑意味着延迟领取养老金。延迟领取养老金则意味着劳动者养老保险缴费年限延长,而在一定预期寿命假设下,养老金的领取年限在缩短。这一消一涨之间,无疑会令劳动者认为利益受损。尽管有专家认为当前的养老金计发公式已经做到了多缴多得、少缴少得,因此延迟领取养老金是不会造成劳动者经济损失的,但这很可能将实际问题过于简化了。毕竟，延迟领取养老金所带来的养老金财富效应，受到诸如收入增长、人口预期寿命变化等多种因素影响，不同时点领取养老金对劳动者实际养老金收入的影响很难一言以蔽之，应该通过更加严谨的测算，来考察其效应。我们认为，唯有探明延迟退休对劳动者养老金收入造成的真正影响，并据此调整养老金计发公式，使其真能多缴多得，方可解开劳动者反对延迟退休的第一道心结，延迟退休政策也才能具备实践基础。

延迟退休可能对劳动者养老金收入产生多种影响。延迟领取养老金，一方面可能因缴费年限、平均工资的上升而增加养老保险待遇，但另一方面也会减少享受养老保险的年限，因此降低养老保险金的总收益。在不同制度设计和外部环境参数下，延迟领取养老金的经济激励既可能为正，也可能为负。此外，延迟领取养老金也意味着更多的工作年限，那么继续工作所带来的收入增量，是否足以弥补养老金的损失，也会成为决定劳动者工作—退休决策的重要因素。

（一）衡量养老保险收入变化的基本要素：养老金财富

假定劳动者从某一年龄开始领取养老金，那么将此后到死亡为止获得的养老金折现到当前时点，并加总，就形成了劳动者目前所拥有的养老金财富（pension wealth）。假定当前为第 a 年，那么如果现在退休，养老金财富记为 PW_a；如果一年后再退休，则养老金财富为 PW_{a+1}。一年后退休与现在退休的养老金财富差值 $PW_{a+1} - PW_a$，称为养老金财富增量。如果这个增量为正，那么意味着每多工作一年，养老金财富会增加一年，也就意味着为劳动者下一年的工作提供了补贴。同理，如果这个增量为负，那就等同于劳动者多工作一年，会多缴一年税，这个税可称为"社会保障隐形税"。养老金财富增量越高，劳动者就可能越倾向于延迟退休。换言之，养老金财富增量越高，劳动者对提高退休年龄的接受度就越高。国内也有学者根据这一理论，对我国养老保险提供的退休激励进行了测度。

（二）养老金财富的影响因素分析

养老金财富直接决定不同退休时点带来的收入保障程度。延迟退休年龄将对劳动者的养老金财富产生直接影响。这些影响主要包含以下两方面。

首先，多工作一年，晚退休一年，意味着将少领取一年养老金。如果社会保险制度中设计了精算公平的调节因子[①]，使延迟退休的劳动者能够多领取养老金，从而弥补领取年份减少的损失，那么劳动者延迟退休所面临的经济损失就会减少，甚至无损失。精算调节越公平，劳动者的待遇损失就越小，从而也越能激励其延迟退休，或者减少推迟退休年龄的阻力。相反，如果养老保险本身没有做精算公平调节，延迟退休将造成劳动者的实际养老金财富损失，或社会保障隐形税，那么推迟退休年龄就必然会遭致普通劳动者的不满。

其次，养老保险待遇往往与工作年份和平均工资挂钩。收入关联养老保险会依据劳动者平均工资计算养老金待遇。一般而言，年纪越高的劳动者，其工作收入也相应较高，因此延迟退休可能间接增加养老保险的待遇水平。而基金积累型养老金制度则会因实际缴费积累的增加和基金投资年限的增加而提高其未来的退休待遇。

（三）对养老金财富的扩展：养老保险待遇的峰值与选择价值（Option Value 值）

养老金财富是衡量养老保险制度拉动退休的基础概念，但这一概念有其内在缺陷，需要进行优化。养老金财富增量的原始定义衡量的是每推迟退休一年所带来养老金财富变化，但这不足以衡量推迟退休多年所形成的总体养老金财富增量，仅仅计算两年之间的养老金财富及其增量值容易形成误导性的结论。例如养老金财富增量可能在 a 年和 $a+1$ 年间减少，但可能在 $a+1$ 到 $a+2$ 年间回升，因此延迟退休对养老金财富增减的总效应无法体现出来。同时，单纯计算养老金财富也忽略了随着工作年限的上升带来的工作收入增加，而工作收入增加同样可能改变个体对工作—退休状态的选择。在此基础上综合衡量工作收入和养老金财富总变化的基本指标叫作选择价值（Option Value，OV 值）。这一方法由

[①] 意指在养老金计发公式中引入一个变量，使劳动者在不同时点领取养老金所得到的经济激励相同。

Stock 和 Wise 于 1990 年首次提出，此后经过许多学者的检验和优化，成为研究养老保险对退休行为之经济影响的最重要研究工具之一。例如 Borsh-Supan 使用这一工具探讨德国社会保障对退休行为的影响效应，Belloni 则用其探讨意大利劳动者的退休决策问题。OV 值衡量未来所有可能退休年龄所对应的收入现值的期望，从而衡量立即退休与最优退休年龄之间的差异。OV 值的基本描述如下所示：

$OV_r(R)$ = 从 r 时点到 R 时点为止的工资折现值 +（选择在 R 时点退休的养老金总收益折现 − 选择在 r 时点退休的养老金总收益折现）

这个公式表明，OV 值综合衡量因延迟退休带来的额外工作收入和因延迟退休造成的养老金总收益增减变化。其中，括号内的部分代表延迟领取养老金（R 岁领取）的未来养老金总收入，与 r 岁领取养老金的未来养老金总收入的差值。这个差值表示不同时点领取养老金的未来养老金总收益变化，研究者将其命名为峰值（peak value）。峰值大于 0，表示延迟领取养老金将获得更大的养老金总收益，延迟领取养老金会更有利；峰值小于 0，代表延迟领取养老金所带来的总收益不及当前领取养老金所带来的总收益，因此延迟领取会造成养老金损失。影响峰值大小的因素有很多，其中养老金增长率、折现率、预期寿命都会显著影响峰值的大小。

具体地，OV 值可以按以下方式测算：

$$OV_r(R) = \sum_{s=r}^{R-1} p_{s/r} D^{s-r}(w_s) + \left(\sum_{s=R}^{T} p_{s/r} D^{s-r} P_R - \sum_{s=r}^{T} p_{s/r} D^{s-r} P_r \right)$$

R 为延迟后的退休年龄；r 为原初退休年龄（例如法定年龄 60 岁）；s 为劳动者实际年龄；D 为折现因子；$p_{s/r}$ 为以 r 岁生存为条件，生存到 s 岁的条件概率；w 为工资；P_r 为 r 岁退休时的养老金收入；P_R 为延迟到 R 岁退休时的养老金收入。为简便起见，在我们的计算中排除了劳动者的风险回避性以及对闲暇的偏好，也即是认为劳动者均为风险中性且对工作与退休无显著偏好。对于劳动者而言，最优的退休时点就是继续工作所带来的效用（工作收入）超过延迟退休造成的养老金负效用的时点。

OV 值是延长工作年限带来的工作收入折现值与峰值之和。工作收入恒为正，因此当峰值为正时，OV 值必然为正。当峰值为负时，就需要看延长工作带来的收入是否能够抵消延迟领取养老金造成的养老金损失。OV 值具有以下含义。首先，延迟退休可以带来额外的工作收益，从而增加劳动者效用。其次，延迟退休会减少享受养老金的时间，因此会减少效用。如果劳动者因延迟退休带来的工作收入，不能抵消因享有养老金年限减少而造成的损失，那么劳动者继续工作就是不合算的，就应该选择退休。在这个公式中，劳动者会衡量立即退休（r 时点）的收入现值与未来某时点退休（R 时点）的收入现值。如果国家提出推迟退休年龄，劳动者就会衡量推迟退休是否会造成损失。

二　运用 Option Value 模型测算延迟退休的经济激励效果

（一）中国养老保险计发公式描述

2005 年后，我国基本养老保险计发公式增加了缴费与待遇的关联性，其具体计算公式为：

P =（领取前一年当地职工年平均工资 + 指数化年平均缴费工资）/ 2 × 缴费年限 × 1%

指数化年平均缴费工资为"个人缴费因子"乘以"领取前一年当地职工平均工资"。个人缴费因子为每一缴费年度里，职工的缴费工资和当年当地职工平均工资的比值的平均值，表示为 $\sum_{c=1}^{r-a} \frac{w_{a+c}^{k}}{w_{a+c}}/(r-a)$。其中 r 为养老金领取年龄，a 为劳动者参保年龄，c 为缴费年限，k 代表职业类别，w 为工资，$\overline{w}$ 为当地职工平均工资。因此指数化年平均工资为 $\overline{w_{r-1}} \cdot \sum_{c=1}^{r-a} \frac{w_{a+c-1}^{k}}{w_{a+c-1}}/(r-a)$。

由此，基础养老金 $P_b = (\overline{w_{r-1}} + \overline{w_{r-1}} \cdot \sum_{c=1}^{r-a} \frac{w_{a+c-1}^{k}}{w_{a+c-1}}/(r-a))/2 \cdot (r-a) \cdot 1\%$。令个人缴费因子为

$E = \sum_{c=1}^{r-a} \frac{w_{a+c-1}^{k}}{w_{a+c-1}}/(r-a)$，则有：

$$P_b = (\overline{w_{r-1}}(1+E)(r-a)/2) \cdot 1\%$$

个人账户养老金计算公式为：

$$IA = \left(\sum_{s=a}^{r-1} 8\% w_a^k (1+g)^{s-a} (1+i)^{r-s} \right) / 计发月数 \times 12。$$

（二）典型男性劳动者在不同退休年龄的峰值和 OV 值测算

根据上一节的基础养老金计发公式，r 岁退休的劳动者，其基础养老金收入为：

$$P_{br} = \left(\overline{w_{r-1}} (1+E)(r-a)/2 \right) \cdot 1\%$$

延迟到 R 岁退休，基本养老金收益为：

$$P_R = \left(\overline{w_{R-1}} (1+E)(R-a)/2 \right) \cdot 1\% + 个人账户养老金$$

以 60 岁为标准年龄，则养老金领取年龄从 60 岁延长到 R 岁的 OV 值为：

$$OV(R) = \sum_{s=60}^{R-1} p_{s/60} \cdot w_{60} \left(\frac{1+g}{1+d} \right)^{s-60} + \left(\sum_{s=R}^{T} p_{s/60} \frac{(1+g_P)^{s-R}}{(1+d)^{s-60}} P_R - \sum_{s=60}^{T} p_{s/60} \frac{(1+g_P)^{s-60}}{(1+d)^{s-60}} P_{b60} \right)$$

$OV_{60}(R)$ 指养老金领取年龄从 60 岁延迟到 R 岁的 OV 值。其中 g 为工资增长率，d 为折现率，g_P 为基础养老金的调整率。在这一测算中，如何处理个人账户养老金是一个难题。一方面，个人账户养老金构成了公共养老金的总体收入，而 OV 值的实质是工作收入与退休收入之间的权衡，因此应该将其纳入考虑。但另一方面，考虑到个人账户特性，这实际上是一种强制性的个人储蓄，每多缴费一年，其收入必然增加，能够清晰地体现多缴多得[①]；与之相对的，基础养老金受计发公式、生存率等因素影响，不一定做到真实意义上的多缴多得，所以需要依靠峰值来进行判断。有鉴于此，我们将在接下来的测算中，分别考虑纳入个人账户和排除个人账户两种情况下的结果。现在，我们假设一个领取平均工资的劳动者。假定该劳动者于 2012 年 25 岁时参加工作，此时领取平均工资 47000 元/年，60 岁为其初始退休年龄。

---

① 尽管当前个人账户空账运行普遍，且收益率较低，然而无论收益率定多少，多缴必然是多积累的，这一预期依然明确。

考虑新常态下的 GDP 增长率和工资增长率，我们将工资增长率 g 设为 7%，养老金增长率 g_{P_s} 一般低于工资增长率 g，因此设为 6%。贴现率 d 参考近年来长期国债利率和 5 年期以上的定期存款利率设为 5%[①]，死亡年龄 T 根据 2050 年的平均寿命预测设为 85 岁，60 存活的未来生存概率 $p_{s/60}$ 根据《中国人寿保险业经验生命表（2000—2003）》设定，选取"非养老金业务""男性"。据此计算以 60 岁生存为条件，61—85 岁的生存概率。最后，我们将延迟领取养老金的年龄设定为 61—70 岁，计算 60—70 岁领取养老金的峰值和 OV 值如表 6-1-1、图 6-1-1、表 6-1-2，图 6-1-2 所示。其中，表 6-1-1 为不包含个人账户的延迟退休经济激励，表 6-1-2 为包含了个人账户的延迟退休激励。

表 6-1-1　典型男性延迟领取养老金的经济激励（排除个人账户养老金）

养老金领取年龄（岁）	缴费年限	峰值	OV 值
60	35	0	0
61	36	6583.808	508382.8
62	37	1851.176	1014400
63	38	-14633.8	1517732
64	39	-43315.5	2018047
65	40	-84644.1	2515000
66	41	-139071	3008222
67	42	-207047	3497320
68	43	-289024	3981885
69	44	-385449	4461486
70	45	-496773	4935680

---

① 养老金折现率用于确定养老金债务的现值，国际上主要参考长期国债利率和长期定期存款利率。

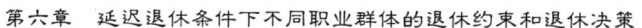

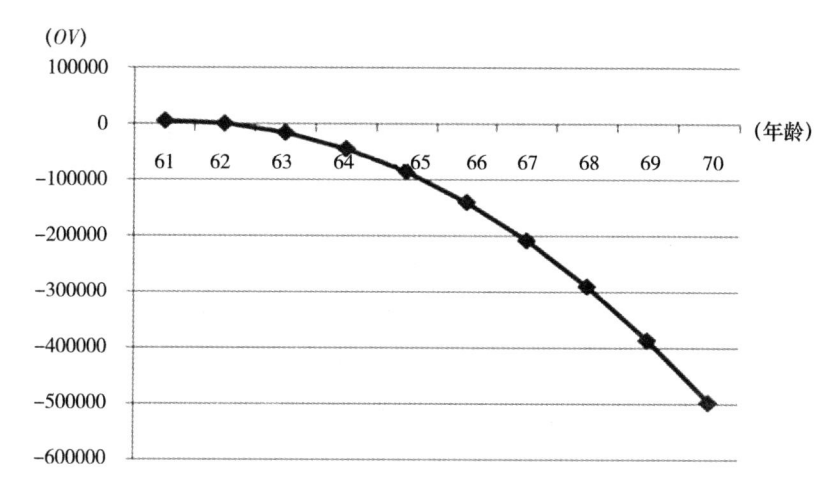

第六章 延迟退休条件下不同职业群体的退休约束和退休决策

图6-1-1 典型男性延迟领取养老金的peak值变化（排除个人账户养老金）

表6-1-2 典型男性延迟领取养老金的经济激励（包含个人账户养老金）

养老金领取年龄（岁）	缴费年限	峰值	OV值
60	35	0	0
61	36	91034.9	592833.9
62	37	177490.2	1190039
63	38	259438.7	1791804
64	39	336982	2398344
65	40	410255.9	3009900
66	41	479437.8	3626731
67	42	544751.6	4249119
68	43	606469.4	4877378
69	44	664920.9	5511856
70	45	720488.4	6152941

· 169 ·

系统理论视野下的退休制度研究

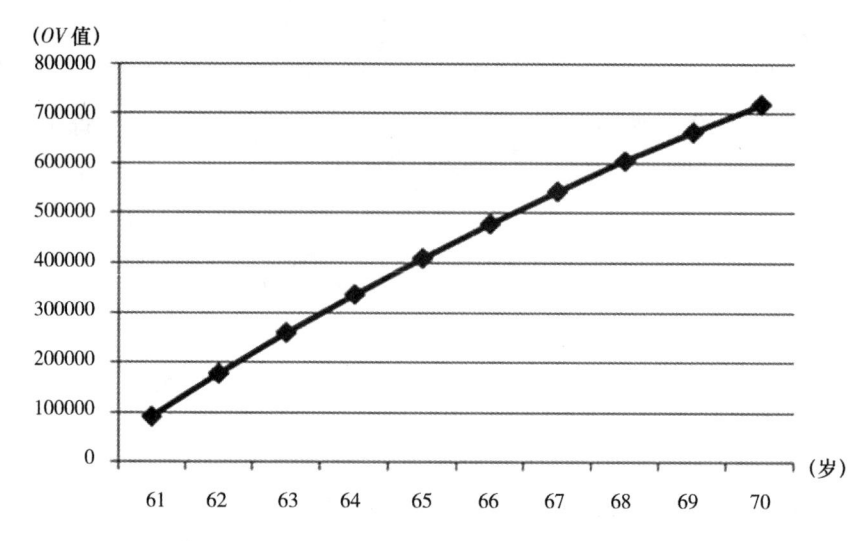

图6-1-2 典型男性延迟领取养老金的 peak 值变化（包含个人账户养老金）

根据测算结果，我们容易看出，无论是否包含个人账户养老金，OV 值都呈现明确的单调递增。造成这一现象的根本原因在于我国养老金制度设计核心在于保基本，因此无论基础养老金还是加上个人账户的养老金总收入，相较工作收入都较低。据我们测算，对于平均收入者而言，基础养老金大约只能替代退休前工资收入的35%，而即使加上个人账户，也大约只能替代工资收入的44%[①]。这也就意味着，劳动者选择持续工作、挣取劳动收入，在经济上将是更有利的。但是，是否加入个人账户养老金，则对峰值有显著影响。很显然，在排除个人账户养老金的情况下，峰值将在63岁时开始为负，这也就意味着自63岁开始，每延迟一年领取基础养老金，将造成养老金损失。而如果我们将个人账户养老金一并纳入计算，情况则大为不同：个人账户养老金的增长抵消了基础养老金的减少。这一情况实际上很容易理解。个人账户养老金必然随领取时间延迟、缴费积累增加而不断增加。从60岁领取延迟到70岁领取，一方面缴费本身会随着工资增长而增长，另一方面账户已有的基金

---

① 替代率计算公式为：（基础养老金+个人账户养老金）/退休前一年收入，养老金计算公式参考本章第1节。

积累会随着投资年限的延长,如滚雪球般地扩大。基于同样的理由,在纳入个人账户后,OV 值也必然同步增长,因为每延迟一年领取个人账户养老金,其积累额必然会随之增长,延迟领取个人账户养老金在经济理性假设下,必然有利。同时个人账户养老金属于个人财产,个人若在其用尽前去世,余额亦可作为遗产,因此无须考虑个人的生存概率。

在此基础上,我们认为在我国养老金制度设计框架下,个人账户的存在会对 OV 值和峰值的计算造成一定程度的干扰。个人账户养老金的特性就是多缴多得、多积累多得——只要缴费越多、积累年限越长,在同等条件①下就必然能增加养老金,这是基金积累制的本质特征。因此,对于个人而言,个人账户养老金领取越迟、得到越多乃是理性预期。但是,基础养老金并非依据基金积累来确定养老金给付,因此延迟领取到底有何利弊,到底多领还是少领,无法直观判断,需要通过计算峰值和 OV 值来进行比较。综上所述,个人账户养老金会扭曲延迟领取养老金的经济激励,从而使我们难以判明基础养老金的经济激励效应,由此,我们将在随后的计算中采用排除个人账户养老金的计算方式。

在上述假设中,我们为养老保险制度假定了一个较为符合现实的制度环境:折现率主要参考近年来长期国债利率定为5%。在实际预测中,也存在使用其他指标,例如参考名义 GDP 增长率设置折现率的情况。因此,我们将考察若以名义 GDP 增长率7%来设定折现率,不同时点领取养老金的经济激励将如何变化。假定工资率仍然不变,养老金增长率与工资率持平,但折现率提高到7%,计算得到峰值和 OV 值见表6-1-3。

表6-1-3　**典型男性延迟领取养老金的经济激励(7%折现率)**

养老金领取年龄(岁)	缴费年限	峰值	OV 值
60	35	0	0
61	36	-29944.9	471854.1
62	37	-68478.2	944070.4

---

① 意指同样的宏观经济背景、金融市场条件、投资工具选择。

续表

养老金领取年龄（岁）	缴费年限	峰值	OV 值
63	38	−115685	1416680
64	39	−171649	1889714
65	40	−236449	2363195
66	41	−310157	2837136
67	42	−392834	3311534
68	43	−484533	3786375
69	44	−585300	4261635
70	45	−695171	4737281

很显然，当其他条件不变，折现率提高后，峰值的变化非常显著。在折现率7%的假设下，峰值从61岁起便为负数。也即是说，即使仅仅延迟一年领取养老金，所带来的养老金总收益都比不上60岁领取的总收益。在此情况下，延迟领取养老金必然会造成养老金收益的损失。关于退休决策方面，OV值依然在这个区间内持续上升，即使在养老金收益不利的情况下，工作收入也抵消了延迟领取养老金收益的损失。因此，从OV值考虑，在我国基础养老金低替代率的现状下，如果典型劳动者能够在法定退休年龄后继续从事收入相似的工作，那么持续工作必然是有益的。OV值的测算很清楚地呈现出我国养老保障制度的工作导向性，而非保障导向性——持续工作所带来的收益，能在很长时间内完全抵消养老金收益的损失。但这样一来，问题就转向到我们现有的劳动力市场状况和制度法规，是否足以让老年劳动者获得足够的工作机会。

从峰值考虑，典型劳动者延迟领取养老金，是否会造成养老金收益损失，与参数假设密切相关。在高贴现率条件下，延迟领取养老金将必然造成损失。在低贴现率条件下，延迟到62岁退休依然是可行的。关于贴现率到底如何假设更为科学，超出了本文的探讨范围。从本书的两种假设可知，折现率越高，延迟领取养老金将越不利。值得指出的是，我们设计的典型劳动者将在2047年到达60岁，这正是我国老龄化的高峰时期。按照现有的制度思路，无论国家决定在何时开启延迟退休年龄的政策进程，2047 年的退休年龄一定不止 60 岁，那么在现有养老保险计发办法下，如果贴现率较高，则必然损失养老金领取者的收益。即使在 5% 这样一个低贴现率假设下，超过 62 岁领取养老金，也会造成养老金收益的损失。由此可见，我国目前的养老保险制度框架下，延迟领取养老金很可能造成劳动者养老金收益的损失。

此外，我们的假设仅仅针对平均状况的典型劳动者，在此基础上，如果劳动者在达到一定年龄（例如 60 岁），便难以在原岗位从事工作，而只能从事报酬较低的工作，或者劳动者所处行业的工资增长率低于平均工资增幅，那么也会明显缩减 OV 值。

（三）几种特定假设下的峰值和 OV 值测算

上面仅针对典型男性劳动者进行测算，同时我们将标准退休年龄设为 60 岁，因此尚未考虑女性退休年龄延长的情况。理论上讲，女性的预期寿命高于男性，但退休年龄早于男性，因此领取养老金的时限将大于男性。那么女性将退休年龄从 55 岁延长到 60 岁，所带来的劳动—退休激励效应，以及养老金总收益变化，应该与男性有所差异。除此之外，根据我国养老保险制度设计的再分配效应，低收入者的养老金替代率应该高于高收入者，因此养老金占工资的比重也就更高，那么相应地，延长工作对养老金损失的"弥补"效应也就会更小。如果我们再假设这类劳动者的工资增长率小于平均工资增长率（例如从事餐饮业的劳动者），这一效应会更加明显。下面我们分别就上述两种特殊情况进行考察。

1. 女性劳动者延迟退休的经济激励效应

假设典型女性劳动者于 22 岁参加工作，领取平均工资 42000 元，55 岁为标准退休年龄。工资增长率 g 为 7%，养老金增长率略低于工资，设为 6%，折现率分别设为 5%，考察将女性退休年龄从 55 岁延迟 g_p 到 65 的峰值和 OV 值。生存率的计算参照《中国人寿保险业经验生命表（2000—2003）》设定，选取"非养老金业务""女性"，死亡年龄设为 85 岁。退休年龄从 55 岁到 65 岁的 OV 值和峰值计算结果见表 6-1-4 和表 6-1-5。

表6-1-4　　典型女性55—65岁领取养老金的经济激励（折现率5%）

退休年龄（岁）	缴费年限	峰值	OV值
55	33	0	0
56	34	42973.71	434637.7
57	35	77733.16	868361.8
58	36	103932.1	1300937
59	37	121215.4	1732121
60	38	129218.7	2161665
61	39	127568.4	2589310
62	40	115882.6	3014790
63	41	93771.87	3437827
64	42	60840.35	3578179
65	43	16686.66	4275393

表6-1-5　　典型女性55—65岁领取养老金的经济激励（折现率7%）

退休年龄（岁）	缴费年限	峰值	OV值
55	33	0	0
56	34	1941.038	393605
57	35	-2552.83	780618.5
58	36	-13556.3	1160942
59	37	-31144.1	1534477
60	38	-55391.4	1901125
61	39	-86373.6	2260790
62	40	-124165	2222998
63	41	-168839	2568696
64	42	-220467	2907139
65	43	-279114	3238224

很显然，根据女性劳动者假设，无论折现率高低，延长工作的工资收入同样足以在这一时段抵消养老金收益的变化。折现率同样深刻影响着峰值和OV值，但即使在低折现率假设下，将女性养老金领取年龄推迟到65岁，也不会造成养老金总收益的损失。但是在高折现的情况下，将养老金

第六章　延迟退休条件下不同职业群体的退休约束和退休决策

领取年龄延迟到 57 岁,便会造成损失。当然,正如之前论述,这里我们不再考虑个人账户养老金的情况,因为这不会影响我们的基本结论。

2. 低收入劳动者延迟退休的经济激励效果

下面让我们考察收入低于平均工资,且工资增长率也低于平均工资涨幅的劳动者,其延迟退休的经济激励如何。我们假定某一男性劳动者,25 岁参加工作,年工资收入 40000 元,该行业工资增长率为 6%,其他假设与典型男性劳动者一致,折现率同样按 5% 计算。低收入劳动者 60—70 岁退休的峰值和 OV 值见表 6-1-6。

表 6-1-6　低收入劳动者延迟退休的 OV 值和峰值(5% 折现率)

退休年龄(岁)	缴费年限	峰值	OV 值
60	35	0	0
61	36	-2201.79	305241.7
62	37	-14069.9	619263.6
63	38	-35920.4	942856.7
64	39	-68074.1	1276873
65	40	-110855	1622232
66	41	-164586	1979931
67	42	-229586	2351044
68	43	-306175	2736737
69	44	-394665	3138266
70	45	-495369	3556980

根据分析,低收入劳动者与典型劳动者相比,延迟领取养老金将更加不利。这与低收入劳动者的基础养老金替代率更高有关:在制度设计本身不利于延迟领取养老金的背景下,养老金替代率越高,延迟领取养老金的损失就越大,因此低收入者延迟退休的负面经济激励比平均收入者更大。鉴于 5% 折现率假设下,低收入者任何程度的延迟退休都将产生养老金损失,那么在更高的折现率假设下,这一损失必然更大,因此在这里就不再计算 7% 折现率的情况了。同时我们可以看出,低收入劳

· 175 ·

动者延迟退休所获得的劳动收入，依然足以抵消养老金损失（OV值持续为正且递增），尽管其工作收益明显低于领取平均工资的典型劳动者。

三 小结

通过本节的测算，延迟退休对劳动者的养老金损益存在男性普遍受损、女性会在60岁后受损，且低收入者在延迟退休中的境况会更加不利。加之以我国养老保险所提供的保障基本水平的基础养老金替代率水平普遍较低（基础养老金替代水平平均在30%），因此延迟退休本身造成的收入损失会使劳动者对退休的福利属性给予更低的评价。问题的关键并不完全在于延迟退休造成的损失是否公平，因为现收现付型的养老保险本就不是一种收入—待遇关联明确的机制，通过改革"隐晦"地降低未来需要给付的养老金几乎也是同类型改革的共同经验，而西方国家所鼓吹的"精算公平""精算中立"，其背景则是在过去的提前退休机制设计中存在太多提前领取全额养老金的情况，由此希望通过精算公平这一概念去矫正提前退休待遇过高的问题——精算公平在这里也不过是一种语义建构，借此表面上"客观科学"的概念让劳动者较少抵触改革所造成的损失。所以不能简单地以延迟退休的收入损益是否"公平"来衡量这一结果。问题的关键在于本就不高的养老金在面临未来可能的潜在收缩时，对建构劳动者的老龄生计的作用便会越来越小，从而职业劳动者退休的意义也就更加打折扣。长期来看，当前的养老保险制度架构内在地具有鼓励劳动者持续工作、延迟退休的潜在因素，只是这一因素在老体制、过渡人员、新体制多种类型劳动者广泛存在的情况下，受到不同角度观察造成的影响而存在误解。事实上，40岁以前的劳动者真正对未来领取养老金的额度有较正确了解的非常少，大多依据父辈的高退休金作为概念形成的依据。但当新体制下的劳动者真正退休时，所面临的可能是一份远远未能达到预期的养老金。

第二节 退休制度对劳动者退休行为的约束效应

在人口老龄化背景下，延迟退休政策改革是必经之路。退休政策调

第六章 延迟退休条件下不同职业群体的退休约束和退休决策

整,既关涉国家对社会保障制度可持续发展以及劳动力市场供求平衡的政策需求,也关涉社会中每一位劳动者个人需求和切身利益。劳动者是否愿意选择退休,是多种决策因素综合作用下的复杂决策。但是,退休作为典型的制度化生命历程阶段,更受到退休制度的直接引导与制约。我国退休制度的历史演变和构建思路显示,我国退休制度具有较强的控制型特征,退休制度更偏向对退休行为的控制而非引导。因此,现阶段我国影响退休行为的多种个人因素只能"嵌入"到退休制度的既定框架中发挥作用,难以直观反映劳动者基于个人禀赋的退休需求。在延迟退休政策稳步推进的同时,需要对配套机制做出优化调整,充分考虑劳动者个性化的退休需求,合理引导劳动者的退休行为。

一 劳动者退休行为的相关研究综述

在国外现有研究中,劳动者的退休行为主要是基于多种个人退休决策因素做出的决策。其中以养老金为核心的、基于社会保障制度所提供的经济激励往往是影响退休决策的关键因素之一。许多学者指出,如果制度设计不当致使养老保险待遇缺乏精算公平性,会激励劳动者选择提前领取养老金。在多元化的退休渠道(retirement pathways)下,劳动者还可能受到失业津贴、残障津贴、职业养老金、雇主福利等保障金的经济激励而选择多元化的退休时点。除经济激励外,其他因素对退休决策也有较显著的影响。劳动者因其财产、收入、健康、教育、婚姻家庭、子女、职业类型、工作年限等因素的差异,退休行为各有不同。一些研究认为,教育程度越高的社会阶层,往往选择延迟退休。家庭内部决策会引发夫妻联动的退休行为,夫妻的退休决策可能互相干涉。Wise 等学者对 12 个典型 OECD 国家的公民健康状况、保障制度与退休行为的关联研究,指出健康、疾病、预期寿命的变化与退休意愿的显著关系。多种个人因素体现了劳动者基于个人禀赋的退休偏好,但政策限制会约束劳动者对退休的选择框架。在国外,由企业、行业在劳动合同中设置集体谈判框架下的退休年龄,以及事后资产调查机制会对退休行为进行约束,从而形成强制或半强制的退休约束。不过,人口老龄化对劳动供给的压力增大,许多国家开始探索建立反年龄歧视法规,以保障老年劳动者的就业—退休自主权,尊重劳动者的工作—退休需求。由于西方国家在长期市场经济发展过程中,更强调市场而非政策对劳动力资源进行配置,从而市场主体对退休拥有更大自主权,因此制度、政策对退休更多体现引导效应,而非限制效应。

  近年来,我国学者也非常关注微观个人因素对退休行为或倾向的影响效应。关于养老金财富对退休决策的影响,彭浩然(2012)[1],林熙、林义(2015)[2] 使用养老金财富、选择价值等模型测算了我国养老保险对退休行为的激励效应;申曙光、孟醒(2014)[3] 研究了养老金保险缴费、待遇和收入等因素对退休决策的影响。关于影响提前退休行为的诸多因素分析,封进、胡岩(2008)[4] 认为健康、就业状况、子女就业等因素对男女性提前退休决策有不同程度影响;廖少宏(2012)[5] 基于微观数据就多种个人因素对提前退休行为的影响因素做出研究。自中央提出建立延迟退休政策以来,一些学者关注劳动者延迟退休意愿的影响因素,认为健康、教育、工作特征、财富特征等因素对劳动者延迟退休意愿有着较为显著影响。[6][7] 但是,国内研究大都沿用西方学界的既有研究范式,对我国退休制度的特殊性的关注尤显不足。以强制退休为标志的退休政策一直是我国退休制度的核心要素,个人因素只能嵌入退休制度框架发挥作用。因此,需要立足于我国退休制度的基本特征分析我国劳动者的退休行为及制约因素,进而提出退休制度改革优化的方案。

---

  [1] 彭浩然:《基本养老保险制度对个人退休行为的激励程度研究》,《统计研究》2012 年第 9 期。
  [2] 林熙、林义:《延迟退休对我国劳动者养老金收入的影响——基于 Option Value 模型的预测》,《人口与经济》2015 年第 6 期。
  [3] 申曙光、孟醒:《财富激励与延迟退休行为——基于 A 市微观实际数据的研究》,《中山大学学报》(社会科学版)2014 年第 4 期。
  [4] 封进、胡岩:《中国城镇劳动力提前退休行为的研究》,《中国人口科学》2008 年第 4 期。
  [5] 廖少宏:《提前退休模式与行为及其影响因素——基于中国综合社会调查数据的分析》,《中国人口科学》2012 年第 3 期。
  [6] 李琴、彭浩然:《谁更愿意延迟退休?——中国城镇中老年人延迟退休意愿的影响因素分析》,《公共管理学报》2015 年第 2 期。
  [7] 王军、王广州:《中国城镇劳动力延迟退休意愿及其影响因素研究》,《中国人口科学》2016 年第 3 期。

二 退休制度约束下个人退休行为的影响因素

分析退休制度对退休行为的约束效应需要分两阶段进行。第一，对多种个人因素引导下的退休行为进行实证研究，取得实证证据，确定各类因素对劳动者退休行为的影响幅度和方向。第二，结合我国退休制度设计的基本特征，分析我国退休制度设计是如何约束退休行为，并最终引导退休行为。

（一）多种个人因素引导退休行为的实证证据

1. 数据选取、变量设定和样本特征说明

本书所使用的数据来自中国健康与养老追踪调查（CHARLS）。CHARLS 数据是由北京大学国家发展研究院主导的两年一次的追踪调查数据，调查对象为中国 45 岁及以上居民，目的是把握我国中老年人口的健康、工作、家庭结构、经济状况、退休情况、社会保障的发展与变迁。这里采用 CHARLS 数据库 wave1 和 wave2 的调研数据，调研时间截至 2013 年 7 月 1 日。鉴于退休是基于城镇正规雇佣劳动的经济社会现象，农业劳动者、非正规就业者不适用退休这一概念；并且考虑到我国退休年龄和提前退休年龄较早，因此抽取 45—70 岁的城镇中老年个体作为样本。最终在进行筛选并排除无效样本后，获得 2061 个有效样本。其中退休者有 1334 人，占总人数 64.7%；未退休者有 727 人，占总人数 35.5%。由于对退休行为的研究是一个典型的二分类变量问题，因此选取经典的 Logistic 模型进行实证分析。

变量设定方面，将劳动者的退休状态（是否退休）设定为因变量。在对退休的界定上，依据劳动者的自我表述进行筛选，这样更能反映劳动者的实际退休年龄。其中，提前退休和内部退养均属于退休的概念范畴，但新农保的领取者则不属于退休者。将影响个体退休决策的各种因素设为自变量，主要分为性别、教育水平、工作情况、医疗保障和健康状况、婚姻状况、养老金覆盖、经济状况七个大类。具体设定方式及变量特征如表 6-2-1 所示。

表6-2-1　　　　　　　　　　变量设定　　　　　　　　　　（单位：人）

变量	编码	退休者	工作者	变量	编码	退休者	工作者
退休：否	0	0	727	**养老金覆盖**：有	1	781	1136
是	1	1334	0	无	2	365	198
性别：男	1	639	507	**健康状况**：好	1	766	294
女	2	695	220	一般	2	429	360
教育水平				差	3	137	73
小学及以下	1	364	82	**医疗保障**：			
初中—高中（含中专）	2	840	481	公费医疗	1	154	67
大专及以上	3	127	164	医疗保险	2	1073	591
工作单位类型				无任何医保	3	107	69
机关事业单位	1	88	314	**婚姻状况**：有配偶	1	1217	695
企业	2	201	380	无配偶	2	117	32
其他	3	1045	33	**需要支出房租**：是	1	74	41
工作年限				否	2	1240	679
25年以下	1	97	43	**持有储蓄**：是	1	424	223
25—34年	2	534	427	否	2	910	504
35—44年	3	597	220	**持有金融资产**：是	1	102	65
45年及以上	4	106	37	否	2	1232	662
				月均基本消费	对数		

2. 回归结果

Logistic 模型的回归结果如表6-2-2所示。

表6-2-2　　　　　　　　Logistic 模型回归结果

变量	B	$S.E.$	Wald	df	P	$Exp(B)$
性别	1.293	0.173	55.747	1	0.000	3.643
教育水平：						
小学及以下（对照组）			28.164	2	0.000	
初中及高中（含中专）	1.547	0.294	27.648	1	0.000	4.699
大专及以上	0.964	0.230	17.619	1	0.000	2.623

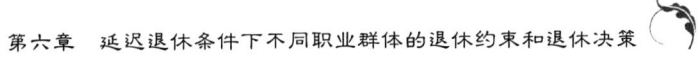

续表

变量	B	S.E.	Wald	df	P	Exp（B）
工作单位类型：						
机关事业单位（对照组）			403.453	2	0.000	
企业	-4.715	0.247	365.584	1	0.000	0.009
其他单位	-3.935	0.221	317.127	1	0.000	0.020
工作年限：						
25 年以下（对照组）			61.893	3	0.000	
25—34 年	-1.566	0.444	12.462	1	0.000	0.209
35—44 年	-1.711	0.333	26.473	1	0.000	0.181
45 年以上	-0.386	0.320	1.453	1	0.228	0.680
养老金覆盖	-2.000	0.183	119.884	1	0.000	0.135
健康状况：						
好			26.733	2	0.000	
一般	0.601	0.269	5.007	1	0.025	1.824
差	-0.224	0.270	0.692	1	0.406	0.799
医疗保障						
公费医疗			6.281	2	0.043	
医疗保险	0.909	0.389	5.460	1	0.019	2.482
无医保	0.633	0.279	5.142	1	0.023	1.883
婚姻状况	0.596	0.331	3.245	1	0.072	1.814
经济状况：						
是否支出房租	0.066	0.338	0.038	1	0.846	1.068
持有储蓄	-0.044	0.171	0.066	1	0.797	0.957
持有金融资产	-0.101	0.269	0.141	1	0.707	0.904
每月基本支出对数_1	0.429	0.264	2.646	1	0.104	1.536
常数	1.722	1.402	1.508	1	0.219	5.595

结果显示，性别对退休行为有显著影响。在 0.01 的显著性下，女性选择退休的概率明显大于男性。教育水平对劳动者退休行为有显著影响。在 0.01 的显著性水平下，相较于教育程度最低的组别，中等教育组别和高等教育组别更倾向于退休。这与国外相关研究中"教育程度越高、退

休时间越晚"的普遍认知存在差异。工作单位类型差异个体退休决策的影响非常突出。在机关事业单位就业会更倾向于退休。工作年限与退休行为有着显著的关联。工作年限较低的组别（24年以下），工作年限的上升与退休行为呈现出反向的关联。样本中退休者的平均工作年限为34.9年，中位数为35年。养老金保险制度覆盖（包括机关事业单位退休金、城镇职工基本养老保险、城镇居民基本养老保险）对退休决策的影响在0.01%的显著性水平上显著。有无养老保险覆盖对退休行为影响较大。健康状况对劳动者退休行为的影响有限。相对于健康状况良好的个体，健康状况一般的劳动者选择退休的可能性略大，但对于健康状况差的劳动者则没有体现出显著性差异。医疗保障方面，较之受公费医疗覆盖的群体，受普通医疗保险覆盖以及无医疗保险的个体退休的概率明显更大。婚姻状况对退休决策的影响只在0.1的显著性水平上显著，无配偶的劳动者退休的可能性更大。总体上可以认为在当前的样本环境下，有无配偶对退休行为的影响并不重要。家庭经济状况对退休决策的影响中，所有衡量家庭经济状况的变量在统计意义下的显著性都不足。当然，对家庭资产状况的调查本身具有复杂性，例如仅有极少量个体披露了自身的金融资产状况，这里可能存在一些隐瞒，因此难以科学地分析资产状况对退休决策的真实影响。

显然，各类因素对我国劳动者退休行为的影响效应存在特殊性，某些方面与常识或国际经验并不一致。尤其在性别、工作单位类型、教育程度、健康状况等方面体现出中国特色。这一现象背后，退休制度设计起着重要的约束限制作用。

（二）我国退休制度设计对退休行为的约束效应分析

1. 我国现行退休制度设计的三个基本特征

我国退休制度的基本框架确立自计划经济时期，由1953年《劳动保险条例》，1958年《国务院关于工人、职员退休处理的暂行规定》，1978年《国务院关于安置老弱病残干部的暂行办法》政策进行约束。这些政策结合计划经济时期的劳动力资源分配方式，对退休制度逐步形成了以强制退休为核心的控制方式。经济体制改革以来，基本养老保险制度的

第六章　延迟退休条件下不同职业群体的退休约束和退休决策

引入对退休保障的实现方式进行了一次现代化的革新，但1995年《劳动法》的出台延续了强制退休思路。这一思路在2008年的《劳动合同法》中再度得到继承。在退休制度框架之外，为满足特定时期劳动力市场调整需求，国家出台多种调整机制，推动了提前退休的发展，对劳动者的退休认知、退休心理造成非常强烈的影响。因此，我国当前中年劳动者（45岁以上）所面临的退休制度，具有三个关键特征：高度控制的强制退休；惯性强大的提前退休；激励不足的养老保险。

高度控制的强制退休体现在领取养老金与退休的二元统一。法律规定，劳动者到退休年龄才可领取养老金，超过退休年龄的劳动者将无法与企业建立劳动关系，无法签订劳动合同，不受《劳动合同法》覆盖。只有部分高级专家、专业技术人员可根据1983年《国务院关于高级专家离退休若干问题的暂行规定》、1990年人事部发布的《关于高级专家退（离）休有关问题的通知》以及2005年国务院办公厅《关于进一步发挥离退休专业技术人员作用的意见》，可以最多延迟5年退休。这一规定下，具有提前退休意愿的劳动者难以在退休年龄之前合规退休，而具有延迟退休意愿的劳动者又难以在达到退休年龄后从事正规就业，因此，劳动者的退休诉求在这一规定下被抹平了。

惯性强大的提前退休始于1990—2000年间，为实现国企改革人员分流目标，国家鼓励或默许劳动者通过病退、特殊工种、内退等方式实现提前退休。其中，男性劳动者可以在50岁申请因病退休、55岁申请内退或特殊工种退休；女性最早可在45岁申请因病退休、50岁申请内退或特殊工种退休。从而导致规模庞大的提前退休现象。1989—1999年，退休职工（不含内退）占职工的比例从1/6.2下降到1/3.7；如果算上内退人数，这一比例只会更高。从历史上看，经济体制改革之前的劳动者是倾向更晚退休的，大规模的提前退休深刻改变了劳动者的退休认知。尽管自2000年后提前退休受到官方较严格的控制，但尽早退休的观念却被保留下来，违规提前退休也难以根绝，并时有抬头。

缺乏激励的养老保险源于我国养老保险计发公式的内在机制设计。我国在20世纪90年代引入基本养老保险制度前，养老金待遇和发放条件遵循1978年颁布的《国务院关于工人退休、退职的暂行办法》以及《国务院关于安置老弱病残干部的暂行办法》。随着企业职工基本养老保险制度的确立，企业职工的养老金逐步过渡为领取养老保险，而机关事业单位则沿用老体制，从而形成养老金制度的双轨运行[①]。按现行的养老保险计发办法，我国的养老保险无法提供对延迟退休的经济激励，如果延后领取养老金，将比提早领取损失更多的养老金财富，晚领不能多得。

2. 退休制度对退休行为的限制

退休制度总体可以分为引导型和控制型两种类型。引导型退休制度能够给予各类因素更多的影响空间，但控制型退休制度则会削弱甚至扭曲各类因素。我国退休制度明显属于控制型。在具有高度约束力的制度环境下，影响退休的诸多因素就必须"服从"制度的约束。我国劳动者退休行为的影响因素，是嵌入退休制度约束框架中产生作用的。与之相对，西方国家则是退休制度因素嵌入多种退休行为影响因素中发挥作用，与我国可谓本末有别。基于这一认识，对上文的实证证据进行解读发现，许多影响因素在结合制度约束后，更具有现实意义。而婚姻、经济状况这类高度个人化的因素则不宜简单套用制度解读。

性别因素对退休行为的影响无疑与男女标准退休年龄差异，以及与之相匹配的提前退休年龄差异相一致，同时体现了提前退休政策的强大影响。在样本中，女性退休者出现在45—49岁这一年龄段的比重为23.9%；50—54岁这一年龄区间的比重高达52.9%。可见75%以上的女性会选择在55岁以前退休。而男性45—49岁退休者占总退休人数的20.8%；50—54岁退休者占总退休人数的32.6%；55—59岁退休者占总退休人数的24.3%，可见接近80%的男性在60岁之前退休，而55岁之前退休的也超过50%。

教育水平对劳动者退休行为的影响方式，与"教育程度越高、退休

---

① 2014年国务院印发《关于机关事业单位工作人员养老保险制度改革的决定》，标志着双轨制时代的结束。

时间越晚"的普遍认知存在明显差异，体现出退休年龄与教育水平呈反向关系的特征。其原因在于受过中等以上程度教育的个体更可能从事正规就业，从而更多地受到强制退休的严格约束，并且在特定时期也随之受到提前退休政策的影响，反而比教育程度更低的个体更有可能提早退休。也表明在强控制的退休制度约束下，老年劳动者自身的人力资本禀赋难以转化为就业，其就业需求被抹平了。

工作单位类型差异对退休行为的影响与双轨制下的养老金待遇激励相关。我国在2014年之前，机关事业单位的退休金发放办法参照1978年颁行的《国务院关于工人退休、退职的暂行办法》，其退休金的工资替代率高达70%—90%，远远高于当前城镇职工养老保险制度下养老金计发办法的替代水平，同时对于提前退休者也没有规定相应的弹性奖惩措施，因而机关事业单位的劳动者便有较大的激励去申请提前退休。而与企业职工相比，其他类型单位就业的劳动者退休倾向略大，这是因为企业职工受到退休政策限制更强，企业职工基本养老保险机制也比其他类型养老金制度更加规范，但其他单位就业者所受到的退休政策规范往往不那么严格，因此反而更加容易退休。

养老保险制度覆盖对退休行为的影响既显示养老金对我国劳动者退休收入保障的重要意义，也显示领取养老金与退休二元统一对退休的强制效果。一方面享受养老金覆盖的劳动者更有退休的"本钱"；但另一方面也必须接受强制退休的约束。在没有养老保险覆盖的男性退休者里，有42.6%的实际退休年龄超过60岁；在没有养老保险覆盖的女性退休者里，有32%实际退休年龄超过55岁。

健康状况对劳动者退休行为的影响有限。造成这种现象的原因与我国退休年龄设置偏低相关，以及强制退休政策有关。在较低的退休年龄政策设计及提前退休政策下，劳动者往往可以在壮年时期得以退出职业工作。退休者中只有10.3%对自身退休时的身体状况评估为"差"，而有57.5%的退休者认为自己退休时身体状况是好的。而强制退休政策的存在使劳动者除非处于已经无法从事当前工作的残障状态，否则无论身体状况如何，均无法越过政策约束选择退休与否。

显然，我国退休制度的基本特征在很大程度上"熨平"了劳动者的退休诉求。无论其个人禀赋是否适合继续工作，无论其身体状况是否应该退休，无论其个人主观意向如何，只要处于正规就业状态，只要受到基本养老保险等养老金制度覆盖，便很难表达其对退休与否的诉求。而对退休行为持续半个多世纪的制度控制，也深刻塑造了劳动者对退休的基本认知，使其对国家政策直接调控的退休阶段习以为常。但是，随着市场化、信息化的发展，随着非正规灵活就业的兴起，随着新社会阶层的出现，以强制退休为核心的退休制度正在逐渐失去其对退休行为的调控能力（例如强制退休对非正规就业群体几乎没有约束力），昭示着退休制度改革的必要性和必然性。

第三节 延迟退休背景下中国中老年劳动者的退休决策

伴随着我国人口老龄化程度日渐加深，逐渐老化的人口年龄结构将深刻影响我国养老保障体系的可持续性和劳动人口供给的充足性，以及我国未来30年的经济社会发展方向。当前，适时推出渐进延迟退休年龄政策正式被纳入"十三五"规划纲要，退休制度改革已然不可回避。但是，一定历史时期内的个人退休行为、退休倾向、退休观念之塑造，是一个长期而复杂的过程，受到多种政治、经济、社会和个人因素的影响。退休政策调整，既体现政府对社会保障制度、劳动力市场制度可持续发展的宏观规划，又涉及社会中每一位劳动者的切身利益。实践表明，尽管我国的标准退休年龄自1951年便已确立，但劳动者在各个时期的退休诉求和退休行为都有较显著差异。自经济体制改革以来，随着社会主义市场经济体制的逐步建立完善，我国城镇中老年劳动者的退休行为、退休需求展现出更加多元化的特征，受到多种经济社会个人因素的驱动。"一刀切"的退休政策调整不符合劳动力市场发育的客观需求，也不符合广大劳动者的根本利益。因此，在延迟退休政策稳步推进的同时，需要对我国中老年城镇劳动者的退休决策及其影响因素做出科学的分析，

第六章 延迟退休条件下不同职业群体的退休约束和退休决策

为延迟退休大背景下推进灵活退休配套机制提供决策依据。

一 中老年劳动力退休决策的影响因素综述

（一）制约劳动者退休决策的三种效应

在市场经济条件下，劳动者是否选择退休是一个复杂的过程，深受政策制度因素和个人因素影响。政策制度因素主要包括社会保障制度与劳动力市场制度。社会保障制度提供退休收入，覆盖退休成本，为劳动者的退休生活奠定经济基础。劳动力市场制度则提供退休决策的约束框架，通过劳动法律、法案、集体谈判决议、就业促进计划等形式对中老年劳动者的劳动权提供不同类型的约束、保护或支持，从而影响劳动者可选择的退休年龄区间。个人因素则包括个人特定的具体情况，如教育、工作、婚姻、健康、财富等，直接塑造个人的退休诉求，使相同制度框架下的个体呈现出不同的退休决策。这些因素的共同作用，会对个人的退休决策产生三种效应：拉动效应、推动效应和个人效应。

拉动效应指劳动者受到与退休相关的经济利益影响，在经济理性的驱动下选择退休。这些经济利益可以源于养老保险，也可以源于其他社会保障项目，还可以直接源于雇主。养老保险制度提供的退休激励，与养老金待遇的计算方式有直接的关联。在不同的养老保险待遇计算方式下，劳动者在不同时点选择退休，所获得的养老金财富可能是不同的。例如，在建立了养老金弹性领取机制的德国、美国，劳动者提前领取养老金所得到的实际养老金财富，会高于延迟领取所得到的养老金财富，从而引导劳动者选择提前领取养老金。西方国家较为成熟的退休制度构建中，往往通过多元化的退休渠道（retirement pathways）引导劳动者退休，劳动者可能受到失业津贴、残障津贴、职业养老金、雇主福利等保障金的经济激励而选择提前退休，直到今日，西方国家的退休行为依然显示出受退休渠道引导的多元化状态。

推动效应指劳动者受到退休政策、劳动力市场法律法规、劳动合同等因素的限制，不得不选择退休的现象。例如不少国家允许企业、行业在劳动合同中设置集体谈判框架下的、早于公共养老金领取年龄的退休年龄，使劳动者按时退休。随着人口老龄化对劳动供给的压力增大，许多国家开始反思受政策、制度、合同所迫的提前退休，建立反年龄歧视法规，禁止雇主以年老为名，将退休条款写入劳动合同，从而保障老年劳动者的就业权。随着这一法律的推行，退休行为将越来越呈现出个人特征，因为源于制度或市场层面的强制退休会逐渐消失，退休将成为一项自愿性的行为。

个人效应指因多种个人因素、家庭因素对退休决策形成的激励或限制。退休行为最终会落脚到个人行为，由制度、政策提供的激励或约束，与个人及其家庭的具体情况相结合，形成退休决策。劳动者因其财产、收入、健康、教育、婚姻家庭、子女、职业类型等因素的差异，退休行为各有不同。一些研究认为，教育程度越高的社会阶层，往往越倾向延迟退休，而家庭内部决策则往往引发夫妻联动的退休行为。在市场经济条件下，劳动者对其劳动力供给决策拥有更大的自主权，个人对退休的个性化诉求与退休制度之间可能产生冲突，需要在制度设计上加以灵活调节。

（二）我国退休制度框架下决定劳动者退休决策的因素

我国当前的退休制度沿袭自计划经济时代的《劳动保险条例》《国务院关于工人退休、退职的暂行办法》以及《国务院关于安置老弱病残干部的暂行办法》等规章制度，并与养老保险制度改革进程相融合，呈现出与西方国家不同的特征。

首先，严格规范的退休政策对老年劳动者退休决策存在明显的推动效应。根据相关规定，我国劳动者领取公共养老金需要以办理退休为先决条件，养老金领取年龄（pensionable age）和退休年龄（retirement age）合二为一。超过养老金领取年龄的劳动者将无法从事受《劳动法》《劳动合同法》保护的工作，用人单位也不会与之签订劳动合同，其雇佣关系只接受《民事诉讼法》的约束和调节。只有在1983年《国务院关于高级专家离退休若干问题的暂行规定》、1990年人事部发布的《关于高级专家退（离）休有关问题的通知》以及2005年国务院办公厅《关于进一步发挥离退休专业技术人员作用的意见》这些政策文件所覆盖的高级专家、专业技术人员，才有望在达到退休年龄5年之内依然从事正规就业。因此，我国当前的政策法规对达到退休年龄的劳动者行使劳动权有着显著的阻碍作用，推动劳动者退休。在达到法定退休年龄之前，劳动者可以通过相关政策实现提前退休，这些提前退休渠道的作用效果受不同时期经济发展目标的影响而有所不同。其中，男性劳动者可以在50岁申请因病退休，55岁申请内部退养或申请特殊工种退休；女性最早可在45岁申请因病退休，50岁申请内退或特殊工种退休。1988—1994年，为适应国企改革、职工分流，国务院、劳动部等部委颁布了《劳动部关于严格掌握企业职工退休条件的通知》《国有企业富余职工安置规定》等规定，推动大量劳动者提前退休。

其次，激励不足的养老保险制度对劳动者的退休决策存在拉动效应。我国劳动者的退休收入主要来源于公共养老金制度。在1997年引入企业职工养老保险机制前，养老金待遇和发放条件遵循1978年颁布的《国务院关于工人退休、退职的暂行办法》以及《国务院关于安置老弱病残干部的暂行办法》，此后随着企业职工基本养老保险制度的确立，企业职工的养老金逐步过渡为领取养老保险，而机关事业单位在2014年前一直沿用老体制。在现有的养老保险计发方式下，我国的养老保险难以提供延迟退休的经济激励，如果延后领取养老金，将比提早领取损失更多的养老金财富，提早领取更加划算。

由此可见，我国当前的退休制度依然部分延续着计划经济时期对退休的强控制特征，这与越来越市场化的劳动就业现状存在悖论。劳动者对退休将不可避免地产生诸多个人诉求，个人和家庭的诸多特征将引导劳动者的退休决策。我国研究者也越来越关注微观因素对个人退休行为的影响，认为健康、教育、工作特征、财富特征等因素对劳动者的提前退休行为、延迟退休意愿有着显著影响。这些研究在分析退休行为影响因素时大多采用Logistic或Probit模型进行分析，但生存分析中经典的Cox比例风险模型，则不仅考虑劳动者退休决策本身（退休或不退休），而且将退休决策发生的时点（就业的持续年限）纳入考虑，从而能更好地解释我国劳动者退休决策的年龄特征，并且能处理数据中的删失（调查期末劳动者退休与否状态不明）情况，因此能对劳动者退休决策的影响因素进行更全面的解读。

二 影响我国城镇中老年劳动者退休决策因素的实证分析

（一）数据说明及样本筛选

本书所使用的数据来自中国健康与养老追踪调查（CHARLS）。CHARLS数据是由北京大学国家发展研究院主导的两年一次的追踪调查数据，调查对象为中国45岁及以上居民。CHARLS数据库的建立目的和建立框架，与美国健康与退休研究数据库（HRS），欧洲健康、老龄和退休数据库（SHARE）相类似，通过专业化的长期跟踪调研，把握我国中老年人口的健康、工作、家庭结构、经济状况、退休情况、社会保障的发展与变迁，是一项生命历程调研。CHARLS数据采用多层随机抽样。首先在全国所有的县级单位中随机抽取150个县/区，每个样本县/区中随机抽取3个村/社区。每个村/社区目标样本为24户家庭，并根据适龄率确定初次抽样数。受访者遍布全国28个省的150个县级单位，共计10257户17708人。这里采用CHARLS数据库wave1和wave2的调研数据，调研时间截至2013年7月1日。

在数据选取上，我们抽取了45—70岁的城镇中老年雇佣劳动力作为样本，究其原因如下：第一，退休是工业化之后才开始真正产生的生命历程阶段，退休是工业社会的伴生品，与雇佣就业、劳动保障密切关联，因此农业劳动者和自雇者不属于退休研究的主体。第二，一般国际上将中老年劳动者（elderly workers）定位为45岁或50岁以上及70岁以下的劳动者。考虑到我国标准退休年龄和提前退休年龄设定（男性最早50岁，女性最早45岁），将研究范围划定在45—70岁的个体较符合我国国情。

进行筛选并排除无效样本后，共获得2061个有效样本。其中退休者有1334人，占总人数的64.7%；未退休者有727人，占总人数的35.5%。

（二）模型说明

1. 风险函数与生存函数

个体在时点 t 退休的风险可以用风险函数（hazard function）进行估

测。Peter Diamond、Tony Lancaster（1990）等学者奠定了这一分析方式。一般而言，风险方程由个体的个人特征 x_i，以及个体在时点 t 退休的概率所决定，表达为：

$$h(t;x_i) = \lim_{dt \to 0} \frac{Pr(t < T_i < t+dt \mid T_i > t)}{dt} = \frac{f(t;x_i)}{S(t;x_i)} \quad (1)$$

其中，方程的分子表达个体在时点 t 到时点 $t+dt$ 之间退休的条件概率，分母 dt 表示时间间隔的长度。二者相除，便得到单位时间内个体退休的发生率。将这一发生率求取极限，则可得到个体在某一瞬时退休的概率。换言之，个体工作到时间 t 退休的发生率可以写作在 t 时点退休的概率密度除以个体在观察期中存在且未退休的概率。其中，$S(t;x_i)$ 为生存方程，表示个体 i 在到达退休时点 t 之前一直处于工作状态的概率：

$$S(t;x_i) = Pr(T_i \geq t) = 1 - F(t;x_i) \quad (2)$$

其中，t 为个体退休的时点，x_i 为影响其退休决策的多种因素，包括年龄、性别、家庭、教育、工作、经济、健康、社会保障等因素。T_i 表示事件持续的时间（例如个体持续工作的时间），是非负的连续变量；$f(t;x_i)$ 为退休时点 t 的概率密度函数；$F(t;x_i)$ 是退休时点 t 的积累分布函数。对方程（1）和方程（2）移项后可得：

$$f(t;x_i) = h(t;x_i)S(t;x_i) \quad (3)$$

$$F(t;x_i) = 1 - S(t;x_i) \quad (4)$$

2. Cox 比例风险模型

Cox 比例风险模型由 Cox 在 1972 年建立，是处理生存分析问题最为经典的模型。Cox 比例风险模型将风险函数表达为时间 t 和影响因素 x_i 的函数关系，将风险函数重新表达为：

$$h_t(t;x_i) = h_0(t)\exp\beta'x_i \quad (5)$$

其中，$h_0(t)$ 基准风险（baseline hazard），指当所有影响因素均不存在（$x_i = 0$）时事件的发生率。β' 为协变量 x_i 的系数矩阵，代表每当协变量（影响因素）改变一个单位，对事件发生率对数值的影响程度。将式（5）整合进风险函数的标准形式，便可得到 Cox 比例风险模型的一般表达式：

$$S(t;x_i) = \exp\left[-\int_0^t h_0(z)\exp\beta'x_i \mathrm{d}z\right] \quad (6)$$

$$f(t;x) = h_0(t)\exp(\beta'x_i)\exp\left[-\int_0^t h_0(z)\exp\beta'x_i \mathrm{d}z\right] \quad (7)$$

$$F(t;x_i) = 1 - \exp\left[-\int_0^t h_0(z)\exp\beta'x_i \mathrm{d}z\right] \quad (8)$$

Cox比例风险模型能够较好地考察在一定时间区间内，个体的工作—退休决策，同时能够处理个体到观察期末可能存在是否退休不明确的情况（删失现象）。

3. 变量设定

变量"持续工作年数"从开始参加工作开始计算，直到个体退休（事件发生），或个体直到调研期末依然持续工作（右删失）。这一变量设定为因变量。在对退休的界定上，我们依据劳动者的自我表述，根据问卷FB011"您是否办理了退休手续（包括提前退休）或内退（注意：退休指从机关、事业单位、企业的退休，不包括获取农保的退休）"进行筛选。该变量能反映劳动者的"实际退休年龄"。我们认为，正常退休、提前退休和内部退养均属于退休的概念范畴之内，统称为提前退休。但领取老农保或新农保则不属于退休。

影响个体退休决策的因素，主要可以分为年龄、性别、教育水平、工作情况、健康状况和医疗保障、婚姻状况、养老保险资格、经济状况八个大类。

受养老金领取年龄、长期形成的年龄规范等因素影响，年龄是劳动者考虑退休决策的重要因素，其中若劳动者已经退休，则采用劳动者自我汇报的退休年龄，若劳动者在调查期满尚未退休，则采用劳动者在调查期满时的年龄。其中依据我国退休年龄的划分方式，从45岁开始每5年划为一个年龄阶段。

性别是影响工作—退休决策的重要因素。一方面，尽管我国男女性退休年龄设定存在大量的交集（例如50岁、55岁、60岁是男女性在不同条件下均可申请的退休年龄），但同等情况下男女性退休决策存在5年的差异，这便足以引起不同的退休决策。另一方面，男女性在家庭分工上的不同，使得二者对通过就业获取经济收入的偏好和侧重不同，从而

第六章 延迟退休条件下不同职业群体的退休约束和退休决策

也可能影响两性的退休决策。在许多国家的案例中,男女性退休决策、退休路径呈现出明显的差异。

教育水平将对个体的工作史、收入状况、思维方式产生多种层面的影响,因而理论上会影响其退休决策。学历层次是教育程度的直接外在表现,因此这里采用学历层次作为衡量教育水平的关键变量。数据取自调研数据中"基本信息"相关项目。

工作情况如个人的职业类型和职业层级可能影响其退休决策。由于样本量相对有限,不具备对职业类别做出的细分的基础,因此这里采用工作单位类型来衡量个体的工作情况,因为就我国实际情况而言,工作单位类型会对劳动者福利待遇产生较明显的影响。数据取自"工作、退休和养老金"相关项目。

医疗健康状况通常是影响老年劳动供给的重要因素之一。这里根据个人对健康状况的自我评价整合为三个类别,来衡量其对提前退休行为的影响;个人的医疗保险获取状况也整合为三个类别。数据取自调研数据中"健康状况和功能""健康照护和保险""工作、退休和养老金"相关项目。其中,对于已退休者的健康状况自评采集自退休者对其退休时健康状况的自评。

养老保险资格是影响老年劳动供给的核心因素,但这一变量对老年劳动供给的影响方向是不确定的。养老保险既可能通过慷慨的给付、灵活的领取条件促进提前退休,但也可能通过严格的限定条件遏制提前退休。我国城镇劳动者可能获得的养老保险有三类:针对机关事业单位的退休金制度;针对企业职工的基本养老保险制度;针对城镇居民的基本养老保险制度。凡是被这三类养老保险覆盖的,都认为"有养老保险",否则为"无养老保险"。

婚姻状况也是影响退休决策的重要因素,夫妇的退休决策可能产生趋同效应,也可能产生互补效应。数据取自调研数据中"家庭"相关项目。

家庭经济情况是影响劳动供给的重要因素。退休无疑会造成收入水平的下降,退休本身即是一种"生活成本",是否退休取决于因退休而产生收入效应和替代效应。这里我们从三个方面衡量个人的经济状况。

· 193 ·

首先，通过自住房情况（是否需要为现有住房支付租金）衡量个人的住房情况；其次，通过储蓄（是否拥有银行存款）和金融资产（是否拥有股票、债券、基金）来衡量个人的资产状况；最后，通过月均基本消费（加总个人在食品、通信、燃料、交通、日用品、基本娱乐支出、基本照护支出而得）对数来衡量个人的支出水平。由于 CHARLS 并未包含对已退休人员工作时期收入状况的调研，因此无法直接研究收入对退休行为的影响，这里通过个人在基本生活支出方面的多寡来间接衡量其经济状况。数据取自调研数据中"收入、支出与资产"相关项目。

变量设置及样本情况如表 6-3-1 所示。

表 6-3-1　　　　　　　　　变量描述　　　　　　　　（单位：人）

变量	编码	退休者	工作者	变量	编码	退休者	工作者
年龄				健康状况：好	1	766	294
45—49 岁	1	277	373	一般	2	429	360
50—54 岁	2	435	171	差	3	137	73
55—59 岁	3	324	150	医疗保障：			
60—64 岁	4	265	27	公费医疗	1	154	67
65—70 岁	5	33	6	医疗保险	2	1073	591
性别：男	1	639	507	无任何医保	3	107	69
女	2	695	220	婚姻状况：有配偶	1	1217	695
教育水平				无配偶	2	117	32
小学及以下	1	364	82	需要支出房租：是	1	74	41
初中—高中（含中专）	2	840	481	否	2	1240	679
大专及以上	3	127	164	持有储蓄：是	1	424	223
工作单位类型				否	2	910	504
机关事业单位	1	88	314	持有金融资产：是	1	102	65
企业	2	201	380	否	2	1232	662
其他	3	1045	33	月均基本消费			
养老金覆盖：有	1	781	1136				
无	2	365	198				

（三）实证结果

根据 Cox 比例风险模型的实证结果如表 6-3-2 所示。

表 6-3-2　　　　Cox 比例风险模型回归结果

	B	标准误	Wald	P.	Exp（B）
年龄：					
45—49 岁（对照组）			398.162	0.000	
50—54 岁	2.511	0.209	144.984	0.000	12.314
55—59 岁	1.630	0.200	66.595	0.000	5.103
60—64 岁	0.923	0.197	21.916	0.000	2.517
65—70 岁	0.378	0.195	3.776	0.052	1.459
性别	0.643	0.067	91.271	0.000	1.902
教育水平：					
小学及以下（对照组）			21.895	0.000	
初中及高中（含中专）	-0.299	0.112	7.176	0.007	0.742
大专及以上	0.003	0.101	0.001	0.975	1.003
工作单位类型：					
机关事业单位（对照组）			226.465	0.000	
企业	-1.403	0.116	145.504	0.000	0.246
其他单位	-0.918	0.084	118.467	0.000	0.399
养老金覆盖	-0.842	0.083	103.210	0.000	0.431
健康状况：					
好（对照组）			12.502	0.002	
一般	0.107	0.096	1.242	0.265	1.113
差	-0.110	0.100	1.202	0.273	0.896
医疗保障：					
公费医疗（对照组）			0.303	0.859	
医疗保险	-0.056	0.130	0.182	0.669	0.946
无医保	-0.007	0.103	0.005	0.942	0.993
婚姻状况	0.123	0.100	1.504	0.220	1.131
经济状况：					
是否支出房租	0.060	0.122	0.237	0.627	1.061
是否持有储蓄	-0.023	0.061	0.141	0.707	0.977
是否持有金融资产	-0.089	0.107	0.699	0.403	0.915
每月基本支出对数	-0.219	0.093	5.479	0.019	0.804

1. 年龄因素与退休决策

无论男性、女性，年龄因素都是其退休决策的重要决定因素。随着年龄的增长，劳动者退休的风险率显著上升。与对照组45—49岁相比，劳动者退休风险率的增长出现在45—49岁、50—54岁、55—59岁、60—64岁四个年龄组，其中50—54岁组别退休风险增幅最大，55—59岁组别的退休风险也有明显增长，60—64岁组别的退休风险相对较高。作为对比，我们对各年龄段劳动者的退休比率做了描述统计，结果显示45—49岁退休者占总退休人数的20.8%，占该年龄段人数的42.6%；50—54岁退休者占总退休人数的32.6%，占该年龄段人数的71.8%；55—59岁退休者占总退休人数的24.3%，占该年龄段人数的68.4%；60—64岁退休者占总退休人数的19.9%，占该年龄段人数的90.8%；退休年龄在65岁及以上的占2.5%，占该年龄段总人数的84.6%。这与我国现行退休年龄政策的相关规定是相吻合的。我国男性劳动者可以最早在50岁申请因病退休、在55岁申请内部退养或特殊工种退休，60岁可以申请标准退休，高级专家可以在65岁申请退休；我国女性劳动者一般可以选择在45岁、50岁、55岁、60岁四个年龄申请退休。这些退休年龄时点对退休行为起到较强的规范效应。可以看出，我国劳动者存在较明显的低龄退休的趋势，76.5%集中在45—59岁年龄组退休。鉴于女性的退休年龄相对更低，我们也对女性样本中的退休者做了描述统计，发现女性退休者出现在45—49岁这一年龄段的比重为23.9%，占该年龄段总数的49%；50—54岁这一年龄区间的比重高达52.9%，占该年龄段总人数的91%；55—59岁占总退休者人数的17%，占该年龄段总人数的90.7%；60岁以上的女性退休者一共占比3.4%。可见女性对退休年龄的拉低效应更大。从结果上看，我国劳动者退休行为受制度化的年龄规范影响是非常明显的，并且劳动者的退休决策受到制度中设立的提前退休年龄的影响更大，只有少数劳动者会坚持到制度设计的标准退休年龄。

2. 性别与退休决策

性别与退休决策的影响是显著的，但男女性退休风险的差异并不十分突出，女性退休的风险水平略高于男性。这一结论也在情理之中。一方面，女性可选择的退休年龄在同等条件下早于男性，所以女性退休的风险会更大。另一方面，女性选择退休的主流时间点出现在45—54岁，以50岁为最多，与男性所选择的退休时点有明显的交集，因而也导致尽管二者的制度性标准退休年龄差异较大（男性60岁、女性55岁或50岁），但二者的实际退休风险差异不是特别大。

3. 教育水平与退休决策

从回归结果看，教育水平对劳动者退休决策的影响部分显著。相较于教育程度最低的组别（小学及以下学历），中等教育组别（初中、高中和中专）退休的风险率在0.01的显著性水平下有一定程度的下降，但高等教育组别的退休风险没有显著的改变。这与"教育程度越高、退休时间越晚"的普遍认知存在差异。教育水平对退休行为影响不显著也许归因于样本所处世代的时代背景。样本出生于1941—1966年，是在中华人民共和国时期成长起来的前两代人。这一代城镇个体在其教育过程中受到政治运动、社会运动的多次干扰，普遍学历水平偏低，高学历者非常稀少。样本中，男性本科以上学历仅占5.8%，研究生以上仅有3人；女性本科以上学历仅占4.5%，研究生以上仅1人，样本量很低，因此在对样本进行分类时甚至难以将高学历群体单独分类。受过中等程度教育的个体更可能从事正规的职业，因而退休的风险会小一些。此外，这一代个体的就业受到计划经济时期的"包分配"就业影响，其初始就业情况深受出身背景、政治面貌等非学历因素影响，因而学历层次对其未来就业生涯的塑造效应不那么突出，从而也难以体现出对退休行为的显著影响。不过，尽管教育因素对当前中老年劳动者的退休意愿没有明显的影响，但没有证据表明这一因素对更年轻的世代，尤其是高校扩招后的劳动者未来的退休决策也没有关联，这有待未来数据积累后加以检验。

4. 工作单位类型与退休决策

工作单位类型差异个体退休决策的影响非常突出，均在0.01%的显著性下有解释意义。与机关事业单位就业的个体相比，企业就业者的退休风险率显著下降，其他类型就业单位的就业风险也会有所下降。由此可以看出，对于样本群体而言，在机关事业单位就业会更倾向退休。这与我国机关事业单位养老金待遇直接相关。我国在2014年之前，机关事业单位的退休金发放办法参照1978年颁行的《国务院关于工人退休、退职的暂行办法》，其退休金的工资替代率高达70%—90%，远远高于当前城镇职工养老保险制度下养老金计发办法的替代水平，同时对于提前退休者也没有规定相应的弹性奖惩措施，因而机关事业单位的劳动者便有较大的激励去申请提前退休。而与企业职工相比，其他类型单位就业的劳动者退休风险率明显要小一些，这是因为企业职工受到退休政策限制更强，企业职工基本养老保险机制也比其他类型养老金制度更加规范，因而企业职工的退休风险率高于其他单位就业人员。

5. 养老金覆盖与退休决策

有无养老金覆盖（包括机关事业单位退休金、城镇职工基本养老保险、城镇居民基本养老保险）对退休决策的影响在0.01%的显著性水平上显著。与受养老金制度覆盖的人群相比，没有养老金覆盖的人群退休的退休风险率更低。享受养老金覆盖的劳动者更有退休的"本钱"，否则便需要更多地提供劳动来维持生计。在没有养老金覆盖的男性退休者里，有42.6%的实际退休年龄超过60岁；在没有养老金覆盖的女性退休者里，有32%的实际退休年龄超过55岁。可见这些劳动者明显倾向更晚退休。

6. 健康状况、医疗保障与退休决策

健康状况、医疗保障两类因素对劳动者退休决策的影响是不显著的。这显示健康状况不是劳动者退休决策的直接诱因。是否享有医疗保障对劳动者的退休风险没有显著影响。这意味着劳动者在选择是否退休时，更多考虑的不是身体条件方面的原因。造成这种现象的原因可能与我国退休年龄设置偏低相关。在很低的退休年龄政策设计下，劳动者往往可以在壮年时期得以退出职业工作。退休者中只有10.3%对自身退休时的身体状况评估为"差"，而有57.5%的退休者认为自己退休时身体状况是好的。此外，我国退休制度规范带有很强的政策规范特性，劳动者真实的自主选择权实际不大。反观发达国家由于劳动者拥有更多退休决策权，所以个人因素在退休决策中能够较充分地体现出来，与我国的情况形成了对比。

7. 婚姻状况与退休决策

婚姻状况对退休决策的影响是不显著的，有无配偶对劳动者的退休风险并无影响。但是，对退休决策有影响的配偶特征往往需要进行细分，应包括配偶的退休情况、职业状况、健康状况等变量。但 CHARLS 在这方面的数据不完整，只包括了对已退休者配偶特征（是否退休、健康状况等）的记录，没有包括退休者配偶特征，因此无法纳入模型进行分析。作为补充，我们对相关内容做一个简单的描述性分析。个体已退休时，配偶已经退休的占 26.2%；个体退休时配偶无职业，或从事家庭劳动的占 24.9%；个体退休时配偶健康状况差的占 11.2%。以上数据粗略表明，夫妻的退休行为并未体现共同决策效应（一方退休则另一方更容易选择退休）；配偶有正规劳动收入的个体更有可能退休；配偶的健康状况有可能影响个体退休决策。

8. 家庭经济状况与退休决策

家庭经济状况对退休决策的影响中，只有每月基本支出在 0.05 的显著性水平下有意义。随着每月基本支出的增加，个人退休的风险率会有所下降。这意味着个人需要更多的工作收入来支撑基本开支。其他家庭经济变量并未反映出与退决策的显著关联。当然，对家庭资产状况的调查本身具有复杂性，例如仅有极少量个体披露了自身的金融资产状况，这里可能存在一些隐瞒，因此难以科学地分析资产状况对退休决策的真实影响。

第七章 延迟退休对不同职业群体退休社会规范的重塑

退休是重要的生命历程阶段,标志着个人走向新的生活阶段,适应新的生活方式。劳动者的退休行为是多样化的,受到各种经济、社会、政策、个人因素的影响。除这些相对显性的影响外,退休的社会规范在心理层面建设着个人对退休之正当性、恰当性的认知。退休政策调整会直接冲击与退休相关的社会规范,一方面退休政策的调整方向可能与现实存在的社会规范相抵触,从而引发不同群体对政策调整的负面情绪;另一方面政策调整成熟后,又会由此建立新的社会规范。退休政策调整对个人形成的影响,不仅是经济上的,也是心理上的。本章探讨延迟退休对不同职业群体劳动者退休规范的影响。

第一节 社会规范视野下的退休规范

一 社会规范的界定

社会规范是用以引导群体或社会行为的一系列惯习[1]。传统上,社会规范在表现形态上,既包含某些群体或社会层面的共同的行为本身,也包含对实现这些行为所抱持的信念。简言之,人们会通过直接的观察,去理解自己应当如何在群体中行动;或者观察群体所抱持的对具体事件的是非观,去避免做那些群体认为的不恰当行为,从而避免遭受来自群

---

[1] Bicchieri C., Muldoon R., Social Norms, In Zalta E. N., ed., *Stanford Encyclopedia of Philosophy*, Stanford University Press, 2014.

体的惩罚。近二三十年，社会规范也被理解为群体对何者当为、何者不当为的一系列社会规则的共识[1]。个人对这些社会规则所做出的难以计划、难以预期的反应收敛后，就会形成某种群体所默许的社会规范。社会规范也被理解为一种潜在的知识或者潜藏的代码，用以理解我们对他人行为的期许，以及他人对我们行为的期许[2]。由此一来，社会规范也可视为一种范围广泛的个人行为的均衡。一般而言，社会规范普遍被理解为一种潜在的规范，因此法律、政策这种显性的规则一般不在社会规范的探讨中。社会规范的作用范围随群体大小而区别，小到社区、单位，大到整个社会，都可能存在不同等级的社会规范。作用于整个社会层面的社会规范，与文化、宗教等因素有着密切的关联，同时也容易将其同文化混同理解。但是，纯粹的社会规范并非是完全无条件的，个人遵循社会规范往往是抱持着某种预期，或者是处于暴露在公众视野的状态。这一点让社会规范显著区别于普遍意义上的传统、文化、习俗等要素。

二 社会规范的分类

社会规范可以从不同角度分类。从社会规范的效用上分，主要包括描述型规范（期望规范）和命令型规范（强制性规范）两类。描述型规范指大多数人已经做了事，或已经实现了的行为；命令型规范则指大多数人认可或允许的行为。其中，命令型规范还可以进一步细分为个人主观意义上的强制规范和非个人意义上的强制规范，个人主观意义上的强制规范意指个人认为可以做的事，非个人意义上的强制规范意指个人认为其他人会同意自己做的事。也即是类似于自律和他律的区别。一般而言，个人主观意义上的强制性规范可以视为个人规范，而个人所认知的他人存在的强制规范是强制性规范的主要构成部分。除上述分类方式外，社会规范还存在其他类型的分类法。例如个人意识到的社会规范和实际

---

[1] Elster, Jon, "Social Norms and Economic Theory", *Journal of Economic Perspectives*, Vol. 3, No. 4, 1989, pp. 99 – 117.
[2] Young, H. Peyton, "The Evolution of Social Norms", *Economics*, Vol. 7, No. 1, 2015, pp. 359 – 387.

存在的社会规范。前者指个人主观上对期望规范和强制规范的认知,后者指实际存在的期望规范和强制规范。根据这种分类,也可将社会规范分为经验性期望和规范期望两类。从社会规范对相关行为的赞同与否分类,社会规范可以分为经验性的社会规范和禁止性的社会规范,前者一般指约定俗成的规范,而后者一般指群体所禁止的行为(或群体没有去做的行为)。由此可见,社会规范是一个结合了主观与客观、实然与应然、同意和禁止等多方面因素的心理学和社会学的交叉概念。

尽管期望规范和强制规范在概念上有所区分,但经验显示二者有着相互关联,在不同情境下对个人行为的影响效应不同。强制规范对行为的影响,一般认为比较显著,因为强制规范直接明示或暗示了某种行为到底会否得到社会认同。所以强制规范的存在,会被个人纳入对行为的成本衡量。而期望规范可以作为强制规范的重要参考,尤其当强制规范本身比较模糊的时候(社会规范不是法律、政策,本身便具有模糊性),期望规范所显示的"大家最后是怎么做的",便成为判断强制规范的重要来源。同时,期望规范直接显示出行为的结果,所以可以直接计算某种行为决策会产生怎样的后果,因此期望规范也有助于个人在决策行为时的成本最小化。期望规范显示的是"是什么",而强制规范显示的是"应该是什么",我们知道,后者经常是来源于前者的。在实际判断当中,如果强制规范与期望规范在方向上一致,也就是说我们认为的"应该是什么"得到了"是什么"的支撑,那么强制规范对行为的影响就会非常显著。有研究指出,当个人处于认知负荷状态时,对期望规范的依赖会增加,而对强制规范的依赖会减少。这也从侧面反映了在行为决策过程中,期望规范相对于强制规范是一条判断行为恰当与否的"捷径"。

社会规范对个人行为的作用程度,一般取决于各类社会规范的整合程度。可以理解为社会规范内外主客的融合程度。融合程度最低的是纯粹的期望规范,因为纯粹的期望规范往往只是客观现象的呈现,尚未融入个人的判断,好比初到异国他乡,只是机械地模仿当地人的行为以求入乡随俗,与其说是基于个人对事件的判断,不如说是一种适应性的反应。相较而言,主观性命令规范的融合程度明显更高,建立起主观性命令规范的个人，其行为会基于这种规范去趋利避害，也会基于这种规范来行动，从而获得社会的认可、奖励，或者避免社会的反对、惩罚。如果这种主观性的命令规范已经内化了，也即是对这一规范的违反不仅可能诱发社会惩罚，更会影响个人的荣誉感、负罪感，那么这种规范对于个人的约束程度就非常的高，成为一种向内投射的个人规范。当然，如果这种规范与个人深层次的信念、信仰相结合，那就变得不可动摇、不可违抗了。

三 退休相关社会规范及其来源

社会规范对个人行为会产生影响是毋庸置疑的，那么与退休相关的社会规范是以何种形态展现？其来源何在呢？

（一）与退休相关的社会规范

退休是一个多元化的复合现象，因此与退休相关的社会规范也有不同的表现形态。与退休相关的社会规范的作用便是将老人推向或保持在退休阶段。我们先从退休的成分上划分退休规范，再依据社会规范的类别来勾勒退休规范。第一，退休传统上意味着从劳动力市场永久性地退出，因此退休规范会体现为源于劳动力市场的社会规范，也就是与就业相关联的社会规范。第二，退休是与年老直接关联的概念，退休与年老存在交互影响，一方面退休者都可被认为是生理上的老人，另一方面退休后不再从事生产劳动，也就成为社会意义的非生产者、受赡养者，从而也就取得了社会意义上的老人含义，因此退休社会规范也与老龄相关的社会规范存在交集。由此进行划分，与退休相关的社会规范可以包括年龄规范、年龄主义、年龄歧视等。这三个概念又是相互交织、相互影响的。年龄规范是以年龄为依据建立起来的社会规范，这种社会规范围绕着特定年龄应当产生的特定行为而展开，以年龄为基础对社会角色进行某种规定。通俗地讲，男大当婚、女大当嫁就是年龄规范的一种最朴素的呈现。老年是一个特殊的年龄分界点，从传统社会到现代社会，对老人均持有一些特定的观念，这种观念也促使老年角色的形成。

与退休相关的规范有很多表现形式，从正面讲，在具有敬老传统的社会中，老年意味着自身在社会当中处于上位，其血脉所寄托的直系血亲业已开枝散叶，追根溯源便在血缘系统中的老人身上，因此老人是被尊重的。老人操劳一生，含饴弄孙、颐养天年是最理想的人生状态，因此老人也就应当处于人生中的休息状态，即使愿意继续劳动，临时性、兼职性的劳动也就足够了。在敬老传统深厚的社会中，一般工作人群是不愿意被老人服务的，老吾老以及人之老是其文化基因的一部分，这就无怪乎在中国社会，若看到老人为自己端茶送水，必然心生不安；若看到白发苍苍者无所依靠，必然心怀恻隐；对子女遗弃老人，则必然口诛笔伐。在这样的社会环境中，对老人的就业便会抱有一种"保护性"的反对，不愿看到老人依然劳碌，乃是出于对其应有的社会地位的保护。当然，这种保护很容易走向相反的方面，例如老人本身愿意工作，却遭遇到无人雇佣的困境。从反面讲，则存在对老年的歧视性态度，也就是老龄歧视。老年因其生理特征，容易造成源于统计性歧视的刻板印象。这种刻板印象中，老年可能意味着衰退、迟钝、固执，这些无疑不适应于就业市场，从而阻碍市场对老年劳动者的雇佣意愿，将老人推向退休。当然，这种对老人退休的推动，是一种基于负面态度的推动，是受老人无用这一观念为基础的推动。

　　从社会规范的分类看，与退休相关的社会规范同样可以分为期望规范和强制规范。退休的期望规范是很明显的，与各国的养老金领取年龄相关联的退休年龄，勾勒出工作—退休的鲜明分界限，60岁或65岁之后，身边的同龄群体鲜有不退休者，此时依然继续工作的，俨然成为异类。当然，有观点会认为退休是一种由国家制度所引导的行为，因此无所谓规范发生作用与否，但需要指出的是，退休在任何一个国家都不是在某一年龄的"一刀切"现象，而是在一个较长的年龄区间内，受不同退休激励或限制因素的引导与制约的多样化行为。因此，社会规范在退休行为中有充分的作用空间。在对退休行为的解读中，同龄群体退休对个人退休决策的影响，就代表着期望规范对退休行为的典型影响。对退休的强制规范有多种表现形态，但其共性在于传递一种信息，也即是年老者不适宜再继续工作，应当有退出工作的觉悟。

在退休规范内化的层面，个人对现存的退休规范，尤其是强制规范是否具有发自内心的认同，则可能因人而异。对退休的规范是否具有认同感，会直接影响个人退休在心理层面是自愿的还是强制的——这里无关制度层面的强制退休或自愿退休，而是自身心理预期与现存社会规范是否能够保持一致。要讨论退休规范是否内在化，就需要探讨个人为何会觉得退休是应当的。从正面讲，如果个人也深受敬老传统的影响，那么会将退休视为自身应得的荣誉，从而期望实现这一荣誉（我期望退休）。从反面讲，如果达到退休的要求继续工作，可能引发对自身是否过于恋栈、不愿退位让贤的负罪感，那么也可能让个人愿意进入退休（我不应该继续工作）。

（二）退休相关社会规范的来源

与退休相关的社会规范有着非常广泛的来源。包括退休制度，社会文化，老年的生理、心理特征等方面。首先，退休制度是催生退休社会规范的首要来源。关于老年的社会规范可能自古就有，但退休却是一种不折不扣的现代制度构建。在传统社会无所谓退休这一概念，至少对广大劳动者而言不存在退休这一阶段。退休是与机器大工业生产以来的职业就业以及社会保障制度的发展直接关联的新型生命历程阶段。真正意义上覆盖大多数劳动者的退休是第二次世界大战之后随着福利国家体制的建立才真正出现的。所以，退休并非是老年这种自然生成的阶段，而是一种不折不扣的社会建构。退休制度约束和引导着退休的实现，因此直接影响着退休的期望规范的形成——如果制度能够引导足够多数的劳动者做出共同的选择，那么对于社会而言，到点儿退休就是一种可以预期的状态。退休制度作为一项经济社会制度，会对劳动力市场和社会保障的需求做出反应，因此在不同历史时期，退休对个人的引导方向是不同的，例如20世纪70年代开始，各国出台了一系列鼓励提前退休的政策，从而引导了持续多年的提前退休现象，而提前退休也逐渐成为许多国家劳动者的某种共识，以至于一旦要进行延迟退休改革，便往往诱发巨大的反对声浪。退休制度尽管是旨在调节退休行为的制度，但若相对退休行为做到如臂使指，也是万万不可能的。一旦某种退休安排广泛地推行了一代人的时间，那便足以形成社会规范，从而潜在地影响社会群体对退休的认知。因此，退休制度调整一般难以一蹴而就，最终的效果无外乎"移风易俗"四字。

其次，社会文化催生退休的社会规范。社会文化可能对老人有着独特的观点，从而塑造社会对老人、老年状态的认知。这一层面的内容自古皆有。在具有敬老尊老传统的社会，例如儒家文化圈影响下的社会，对老人会保持一种尊敬的态度，其表现是认同老人可以不必工作，甚至应该不去工作，而由晚辈或社会进行供养。在这种文化氛围下，不仅社会对老人就业会保持某种反对的态度，作为老人自身以及老人的子女，也有可能对老龄就业保持质疑的态度，以符合社会对老人生活方式的普遍共识。而对于不具有尊老敬老文化传统的社会，则可能从功利的角度、从老人的社会功能的角度去判断老人应该处于的工作或生活状态。例如从劳动力市场的角度出发，认为老人对年轻人的工作造成挤占，从而反对老人持续就业。当然，对老人的观念也可能因功利原因而改变，例如老龄化背景下年轻劳动力减少，会催生对老年劳动供给的需求，从而对老人的就业状态产生改变。从现实看，老有所为、积极老龄化、退而不休这些观念，无疑在西方社会更有市场，而在东方社会则需要一个接受的过程。

最后，老年人的生理和心理特征催生对老人的刻板印象。老年人生理状况衰退将降低工作效率，而思维固执、难以接受新鲜事物则会在就业过程中处于劣势。这些因素的结合造成对老年劳动者的一系列刻板印象，刻板印象则带来年龄歧视现象，从而使得老年人在就业中变得难以立足，增加其就业的难度，久而久之形成老人无用、应该退休的观念。

总而言之，退休相关规范的来源广泛，既包括对老人这一群体的观念，也包括对退休这一生命历程阶段的观念，二者交互影响，塑造着社会对老人工作—退休的规范集合。但其中最首要的，还是退休制度对退休规范的塑造。社会文化、老人的生理心理等因素，都是围绕着退休制度因素在发挥作用，这些因素需要依靠退休制度转化为对老龄就业—退休的相关规范，才在退休规范的塑造中起到实质性的作用。毕竟，退休本就是一种经济社会制度。因此，探讨退休规范的形成，首先需要探讨退休制度的长期演变。

第二节　延迟退休对不同群体退休规范的挑战和重塑

一　退休政策变迁下的期望规范和命令规范

我国退休制度存在四个较长期的典型阶段。这里所认为的较长期，应是持续影响至少10年的阶段。其一为劳动保险机制下强制退休制度推行，约束劳动者按照相应政策规定按时退休。其二为劳动保险停办至1978年前的这一段时间，由于劳动保险停办、单位保障受社会运动冲击而未能正常运行，应退未退成为常态。其三为经济体制改革初期的提前退休阶段，许多劳动者在政策引导下提前分流出劳动就业，走向提前退休。其四为养老保险、劳动法规逐渐适应市场经济体制要求初步构建，提前退休走向规范化，标准退休走向常态化。在当前背景下，退休制度依然处于第四阶段，标准退休是绝大多数劳动者可以期待的最可预期的退休方式。与退休相关的期望规范，与退休制度在不同时期适应经济社会目标而做出的长期调整有密切关联。在这些制度调整下，劳动者普遍存在持续一代以上的退休模式，从而形成相应的期望规范。当然，需要指出的是，退休政策仅仅涵盖工作—退休关联中的"退休"这一层面，从正向看，劳动者的工作意愿、特定时期社会对劳动就业的看法，也是退休规范从反向的另一个重要组成因素。

（一）第一阶段：退休政策和退休规范的矛盾发展

劳动保险建立、三大改造完成、强制退休政策推行，是我国构建退休政策的第一阶段。这一阶段，退休政策对劳动者的退休规范之塑造是薄弱的，从而也体现出退休政策和退休规范的矛盾发展。这是期望规范和命令规范不统一造成的矛盾现象。总体而言，这一时期劳动者实际表现出的退休规范倾向于继续工作、不申请退休。原因在于这一时期劳动者对退休（或停止工作）的期望规范是"尽可能继续工作"，而命令规范"退休政策要求我到点儿退休"则尚未真正深入人心。期望规范来源于此前业已形成的其他社会成员对某一问题所做出的决定。在本阶段，就劳动者工作还是不工作这一决策而言，工作是此前劳动者就这一问题能够预想出的最好的选择。纵观整个新民主主义革命中工人运动的目标和诉求中，很大一部分在于为工人阶级争取到合法的劳动权利和劳动待遇。中华人民共和国的成立，使普通劳动者首次能够有尊严地行使劳动权利，这是前所未有的。因此，尽管中华人民共和国成立初期通过《劳动保险条例》建立起男性60岁退休、女性50—55岁退休的退休制度，退休是劳动保险以来新建立的经济社会制度，为中国五千年历史之首创，普通劳动者首次具有可以在某个年龄后退出工作、颐养天年的福利制度，因此在这一时期，劳动者对退休没有真正意义的期望规范，因为退休是一种新鲜事物，没有成例可循。更有甚者，有保障的职业就业对于城镇职工而言更是前所未有，劳动者不仅有活儿干，而且还真正成为主人翁，这使得中华人民共和国成立初期劳动者的工作意愿十分强烈，退休固然好，但工作本身才是最值得期待的。在退休本身的期望规范尚未到位，而不退休才是劳动者最共同的希望的时候，退休作为规范未能在任何群体中得到认可和推行。

命令规范的核心在于个人对某种行为应当如何、个人应当怎样最是"正确的"这一价值的判断。由此，命令规范一方面来自相关制度潜移默化的建构，另一方面也来自其他价值观对个人的影响和塑造。在制度建构层面，这一时期的劳动保险制度中的退休规则存在两方面的问题，使劳动者倾向于认为不退休是正确的选择。一方面在于养老金对工资的替代问题。根据劳动保险条例，满足退休条件的劳动者可以得到相当于工资的50%—70%。这一替代率总体不算低，高于国际劳工组织1952年的《社会保障最低标准公约》，但对于劳动者而言，在本身即没有退休之期望的前提下，还要接受相当于工资损失的收入替代的养老金，这是在经济上不合算的做法。而劳动保险初期对退休的规定是"可以"退休，对退休与否没有明确的政策约束，使劳动者不会面对来自政策层面的强制要求。从而命令规范从制度层面无法建构对退休本身的价值。为解决劳动者普遍不愿退休，但劳动就业系统又遭遇劳动力容纳瓶颈的问题,在"一五"计划开始后,政府于1958年正式进入计划经济时期,国务院颁布了《关于工人、职员退休问题的暂行规定》,在其中首次明确劳动者符合条件后"应该"退休,而非最初的"可以"退休,从而对正常退休建立了真正意义上具备强制性的政策规定。但是,这样的行政命令要内化为个人的强制规范,需要至少一代劳动者共同表现出稳定的正常退休状态,而彼时中国的经济、社会、政治发展并没有给足这样的时间。而同一时期为解决大量农村青年进城而造成的城镇劳动力供给过多问题,国务院在1962年发布《关于精简职工安置办法的暂行规定》,开启了以子女顶替就业促提前退休的窗口,由此,在尚未习惯正常退休的时候,劳动者发现提前退休其实也是被鼓励的。但即使给出子女顶替就业的政策利好来鼓励劳动者退休,劳动者的退休意愿依然很低,从而一直到改革开放前,正常退休的政策指令一直未能真正落地。

中华人民共和国成立初期对"劳动最光荣"这一价值理念的塑造和传播,也为劳动者参加工作的社会价值进行了解读和界定,从而劳动本身脱离了挣薪水维持生计的基本层次,上升为能够为国为民、为社会主义建设增光加热的伟大行为,由此,劳动本身的价值也被前所未有的强调。这一理念塑造了劳动者对工作的态度和倾向。工作于劳动者的心理,甚至会超越自我实现的需求满足,而上升到奉献社会的利他主义。在这样的社会文化的主导下,劳动者不仅不愿退休,甚至会反对或蔑视退休。从期望规范层面讲,这一时期的劳动者的退休期望规范是到点儿不退、继续工作。而在普遍的劳动热情、劳动风气下,对退休抱有期待是不符合时代精神的,除真有不得已原因的,申请退休被认为是一种值得羞愧的行为,是不荣誉的。从当时的实践看,申请退休者需要表达出某种负罪感,需要对其退休的客观必要性进行解释才能得到认可。在这样的社会价值取向下,即使政策有让劳动者按时退休的需要,但劳动者自身的决策却不愿如此,因为这受到更加上位的价值观的认可。而这一行为在劳动者中的不断重复出现,则使相关的期望规范得以塑造,而最终也影响了劳动者关于退休的正确性的判断。

(二) 第二阶段应退未退对退休规范的破坏

在这一阶段,随着劳动保险的停办,退休制度从制度规范和管理上陷入双重停滞。一方面，劳动保险制度作为退休制度直接表述形式，一旦其停滞，退休制度就缺乏了最关键的政策文本，原本便未能确立的退休规范在此更加受到挫折；另一方面，劳动保险管理单位的消失，也使退休从管理层面遭遇缺失。由于退休的直接管理机构缺失，加之政治运动的影响，导致大多数劳动者难以办理退休，从而退休也就无法形成常态。由此，退休的期望规范在这一时期从可以不用退休转变为想退也没法退。劳动者因退休难，所以不退休，从而也就无所谓对退休的期待。加之前一时期也未建立起对退休的普遍规范，因此劳动者没有形成对退休的期望。这一时期退休处于无人管理的局面，因此对退休的命令规范是不明显的，而特殊时期的整体社会风气是政治挂帅，是否工作或不工作在此已不再重要，重要之处在于判断政治运动的风向，由此，不仅退休不会形成价值判断，连劳动本身也让位于对政治正确的判断。

（三）提前退休成为退休规范

随着改革开放和经济体制转轨改革后，提前退休成为这一时期的退休规范。一方面，为解决大量积压的应退未退问题，1978年后开启了一轮退休规范化的整顿，从而首次出现严格执行的退休政策，但由于该政策是为解决应退未退，本质上并非对正常退休进行再规范，例如提前退休也是解决应退未退的手段，从而这一轮调整并未触及退休正常化的基础。但是，这一轮改革的相关举措在经济背景变化后反而为下一轮提前退休调整奠定了基础。原因主要在于1978年《国务院关于工人退休、退职的暂行规定》再一次明确了退休养老的必要性，提高了退休的待遇水平，从1958年的50%—70%提升到70%—90%，并且突出了因病退休、特殊工种提前退休的条件。此后，为适应经济体制改革，通过提前退休分流中老年劳动者成为当时首要的劳动力市场调节手段，劳动者首先通过因病退休、特殊工种退休的扩大化使用，具备了提前退休的条件。这一时期随着经济体制的转型，社会对工作—退休形态的认知产生了深远而根本的变化。对劳动价值的认知也逐渐从劳动光荣、奉献社会转变为获取恰当的劳动报酬，也即是按劳分配转型为按劳分配为主的多种分配形式并存的格局。加之前一阶段劳动就业本身在社会生活中的次要化，也为这里的价值转型准备了土壤。在新的经济生产格局和价值理念下，坚持工作一方面变得不必要，另一方面也不符合此时的时代潮流，也即是改革的潮流。不可否认的是，提前退休对不同劳动者的感受是有一定差异的。部分劳动者认为提前退休就是提前失业，是被迫对就业身份的放弃，但也有劳动者认为提前退休后可以从体制外勃兴的市场中获得更大的收益而愿意提前退休。事实上，对工作与否的价值判断，本身也来源于对工作前景的认同。在改革开放的环境下，国有企业的弊病暴露无遗，在与新兴的民营经济竞争中显得步履蹒跚，单位人原本的自豪感、安全感受到打击，从而停止当前的工作也未必不舍。提前退休宽松的待遇水平和申请条件，市场经济发展对旧有企业前景的破坏，劳动价值观受市场机制影响而转变，这些要素结合到一起，深刻改变了劳动者对就业—退休的态度。当越来越多的劳动者因强制命令或个人意愿提前退休后，提前退休成为整整一代人对退休形态的认知。提前退休在经济体制改革呈现出运动式的特征，一时间提前退休成为主流，无论劳动者自愿与否。这一时期非常深刻地改变了劳动者对退休的认识。此前从未建立的规范化的退休历程，竟然在数年之内转化为大范围、长时间的提前退休，而提前退休也成为一代人所面对的期望规范。提前退休规范的形成对此前的退休规范是一次颠覆，这既是退休政策变化使然，也是整个时代风气的变迁使然。至此，退休更多作为一种福利待遇而受到强调，而工作则早已不是为社会奉献的崇高事业，而只是一份受薪劳动。

(四) 正常退休成为规范

2000年后，随着经济体制改革初期对劳动力市场阵痛性调整的完成，社会主义市场经济初步建立，社会保险相继建立，劳动立法渐次完成，市场就业走向规范化。由此，规范的就业、正常的退休成为制度的必然调控方向。随着提前退休结束了历史使命，为扭转提前退休实施以来社会已经习惯化的过早退休，从中央到地方开始实施对提前退休的严控，因病退休、特殊工种退休恢复其原本的制度功能，退休制度从这一时期开始，似乎才真正实现了劳动保险以来的设计目的。标准化的退休成为大多数劳动者可能的选择，从而对退休的期望规范也趋于标准化。

1999年《国务院办公厅关于进一步做好国有企业下岗职工基本生活保障和企业离退休人员养老金发放工作有关问题的通知》，劳动部和各省市都相继颁布了相关政策开始严格管控退休条件，管控违规提前退休问题。越发严格化的退休政策使得提前退休得到有效遏制。由此，对于退休而言的普遍选择成为标准退休，而标准退休也成为此后大多数劳动者的期望规范。但是，每一次退休规范的改变，既意味着阵痛，也意味着固化。当行为固化成规范，并获得其正义性后，对后来的规范转移也会构成障碍。从退休规范的数次变化看，我国的退休规范演变步伐迅速，退休规范从20世纪50年代开始到21世纪初，经历了四次演变。而退休规范的变化幅度也相当可观，从普遍不愿退休、普遍认为不应退休、普遍认为无法退休，跨越到普遍的提前退休，再到普遍的正常退休，几乎每10—15年，我国的退休规范都会经历一次显著的变化。而在正常退休普遍化后的15年，延迟退休又被正式提出，供社会各界讨论和反馈，退休的规范又将开启第五次的转变。而本次转变的社会经济和社会心理背景又有新的特征。

二 延迟退休对不同群体退休规范的塑造路径

（一）延迟退休政策预期逐渐形成

延迟退休在舆论中悄然发酵，逐渐改变着个人对退休的认识，使劳动者再次意识到，延迟退休并非不可想象，延迟退休最终势在必行。这一次的退休政策调整不同于此前任何时期，也即是退休政策调整做了大量的前期工作，尤其对于劳动者接受态度做了充分的调研和引导工作。此前的退休政策调整往往直接来源于官方的行政命令，不会有任何铺垫，会直接出台相关政策。但此次针对延迟退休年龄政策的推进，则一切以民意为先，做了大量的研讨和铺垫工作。进入2010年后，延迟退休的讨论开始升温，官方也在不同时间、不同场合释放出延迟退休的信号，例如上海在2010年率先试点柔性退休，探索将现行退休年龄在某些群体延迟的可能性和实践方式，同一时期学界对弹性退休进行了相当集中的探讨，形成了大量讨论弹性退休的文献成果，而这些成果所指向的，则是以弹性退休促进延迟退休。2013年11月,党的十八届三中全会决定提出研究制定渐进式延迟退休年龄政策,使延迟退休首次进入官方文本。2016年,"十三五"规划纲要首次明确提出制定延迟退休年龄政策。从研究制定到明确提出制定,标志着延迟退休年龄政策的出台进程有了大幅度提升,已是箭在弦上。自延迟退休年龄政策写入"十三五"规划纲要,公众对延迟退休政策出台已无悬念,问题的焦点集中于以何种方式、在哪个时点开启延迟退休进程。在延迟退休年龄政策探索出台的时间里,政府通过多种方式释放延迟退休信号,基于公众更大的预期,同时也观察公众对政策假设的反应。其中2015年十二届全国人大三次会议记者会上,人社部长尹蔚民表示延迟退休方案将于2015年制定完毕,2016年征求意见,争取2017年推出,并且明确指出政策出台会有5年的预告期,也即是出台后5年才会实施,对公众的预期进行了强烈的暗示。2016年"延迟退休方案"被列入中央部委民生工作清单的工作重点,同时人社部再度发言,宣告该方案正在加紧制定中,而同年社科院发布的《人口与劳动绿皮书》则建议2018年开始实施渐进延迟退休政策。2018年人社部部长尹蔚民在《人民日报》的署名文章中再度提及出台渐进延迟退休事宜。"跳票"数次的延迟退休再度进入公众视野,然而最终迎来的是又一次"跳票"。时至今日,延迟退休向公众提供了非常强烈且明确的预期,似乎仅剩那迟迟未能落地的临门一脚。但即使如此,延迟退休的形状已然变得非常明确,为人熟知。按照人社部数次提及的延迟退休方案,我国的延迟退休将依据劳动力市场状况、人口年龄结构在适当的时候提出,方案通过后将有5年左右的预告期,预告期后正式实施,同时实施方式应是参考德国的延迟退休年龄改革,以某一年龄出生的人口为基准,每晚一年出生,延迟退休数月,从而达到渐进延迟的目的。而这一政策在当前的时间进程上,可能不再涉及"60后",涉及部分"70后"和全部"80后"及以后的年龄群体。延迟退休虽然迟迟未能落地,但其实现方式已然较为清晰地勾勒出来了,赋予公众日渐清晰的改革预期。应当指出的是,延迟退休政策的反复延宕,根本原因还是与在复杂的国际国内环境下、在新常态下劳动力市场状况的变化情况。延迟退休的根本落脚点是改变劳动者的退休预期和退休决策,从而与劳动力市场供求密切相关。新常态背景下调结构、去产能,是需要部分企业通过提前退休分流人群的——经验表明,以提前退休的方式分流过剩劳动力,是阻力最小、社会稳定性最好的改革方式,而复杂的国际市场环境对国内企业竞争力的冲击,使高校毕业生就业难问题每年均有所加剧。尽管劳动合成谬误早已表明,老年劳动者的退休和青年就业不存在实践中的替代性,我国临近退休者与参加工作的年轻人在知识结构、岗位类型上均存在差别,而延迟退休政策从出台到落地,再到发挥较显著影响(例如已全面将现存劳动者退休年龄提高一年以上)尚需10年以上的时间,因此对延迟退休的搁置不会有助于解决当前的劳动力市场困境。但问题在于,公众对延迟退休的正当性有其朴素的认知,这个认知一方面存在于不患寡而患不均,另一方面存在于对劳动合成谬误的朴素理解,而后者很难在公众层面进行释疑。由此,当社会中存在部分企业的劳动者,尤其还是就业稳定性、保障性较好的国有企业有大量劳动者通过内退等途径实现提前退休时,再讨论让其他群体延迟退休,便是很容易挑动公众神经的。当每年高校毕业生就业问题凸显、每年考研人数大增时,再来讨论老年劳动者晚些退休,也容易引发对青年就业的朴素忧虑。由此,尽管当前的劳动力市场背景,无论就理论(劳动合成谬误)和现实(延迟退休落地发挥作用与现阶段完全不在一个时间背景下),延迟退休均不至于加重劳动力市场负担,但放在公众的规范性认知角度下,便成为不合时宜。

(二)延迟退休预期对不同职业群体退休规范的影响

进入市场经济体制改革后,我国城镇劳动者开始产生巨大分化。此前清一色的城镇正规就业群体开始产生正规就业与非正规就业的分化;正规就业中,因养老保险制度的双规运行,又产生机关事业单位和企业单位的分化;同时,随着企业年金、职业年金为代表的补充养老保险体系建立,构建了企业年金和职业年金的机关事业单位、大型国企央企,和没有构建补充养老保险的私营企业,又产生另一重分化;最后,根据退休政策设计,部分劳动者允许提前退休(如特殊工种),部分劳动者

第七章 延迟退休对不同职业群体退休社会规范的重塑

允许延迟退休（如高级专家），从而在退休领域存在直接由退休政策所引导的分化。因此，尽管从退休政策本身看，我国的退休制度缺乏灵活性，退休渠道不多，以标准退休为绝对主流，但对于不同群体而言，退休依然具有不同的含义。退休制度在习惯标准退休不多久，又开始进入对延迟退休的探索。提前退休方才遏制，延迟退休又被提上议事日程，过快的退休观念转变，使得劳动者一时间很难接受，延迟退休受到较大抵触。但是，延迟退休这一理念已经缓慢流布，对于公众而言，延迟退休不可避免已成为某种共识，何时推出已是箭在弦上。由此，迟迟悬而未决的延迟退休政策，到如今在观念上已是"深入人心"，尽管反对必然存在，但不会再怀疑这一政策落地的可能性。时至今日，延迟退休政策的推出时机，在心理准备上已渐渐成熟。延迟退休的推出，从早期讨论、官方定调到箭在弦上，已经超过了 10 年。这 10 年也正是中国经济发展逐渐从量变积累到质变的过程，开始真正与国际接轨的时代，也是作为社会中坚力量、承先启后的时代逐渐过渡到 1960—1980 的时代，而"80 后""90 后"的年轻群体正在走向自立、开始表达诉求的时代。这样的时代下，对劳动就业的、老龄安排的新思潮正在激荡。新的退休规范，源于主客观对退休的认同与不认同。新的时代背景，在不同的理念激荡下，不同群体在处理退休的主客观认同中，会面临不同的问题。进入市场经济以后，劳动者已经逐渐习惯市场对劳动力资源的配置，因此对于退休与否，不再保持与荣誉感、负罪感有关的观念，而是更加遵循自身的情况来判断是否在退休后继续工作。但是，这一时期随着到点儿退休观念的确立，对于年轻群体而言，出现了希望老人到点儿退休、不再工作的观念，也从另一方向影响了老人的命令规范。总体而言，退休规范的塑造有三个来源。首先，来自政策的强制性规范；其次，来自自身的工作满意度和就业倾向；最后，来自同其他群体的比较。这三个层面分别对应于"不得不如此"的强制性规范、"愿意如此"的个人认同和"不患寡而患不均"的不吃亏思维。推测规范的转变没有可行的科学方法，因此职能就这三方面的影响路径对不同群体在延迟退休过程中的退休规范变化做出逻辑推演。

1. 延迟退休对普通企业就业人员退休规范的影响

对于参保了城镇职工基本养老保险的城镇企业就业群体而言，随着基本养老保险制度的逐步规范化，提前退休渠道的逐步锁定，退休在近10年是一个已经标准化的生命历程，到标准年龄可以退休，也应该退休是一项业已建立的预期规范。随着延迟退休年龄政策的落地，如果相关的退休规则框架并未改变的话，那么对于这部分劳动者而言，退休政策的强制性命令的意义是不会改变的，其客观上的命令规范会随着退休年龄的逐步上升而上升。但是，渐进延迟退休年龄政策会对劳动者的退休时点产生另一个重要影响，那就是增加了退休在同群体间，甚至同质劳动者间的对比性。此前的退休政策，在不同群体间存在不同的制度激励，在同群体间可能因收入、职位等因素产生可预期（但也可接受）的影响。但渐进延迟退休政策的不同之处在于，即使对于其他经济社会条件同质化的群体，例如同一办公室的普通员工，因年龄不同会造就不同的实际退休年龄差异，而按照当前官方对渐进延迟退休年龄政策调整的大致思路，每晚出生一年，退休年龄可能延迟3个月，那么就意味着年龄差距在4岁的员工，就可能面临一整年的退休年龄差。这极有可能引发对延迟退休公平性的可见的争议，这是延迟退休群体内部的不患寡而患不均的争议。这一争议是很难通过政策后宣传手段克服的，只能冀望于劳动者本身不同质的工作倾向，而这恰恰是无法预知的——因为工作倾向的影响因素可以从职业满意度、家庭收入、家庭结构、个人健康等多种角度出发，具有相当广泛的光谱，无法从类别上加以简单区分。不同质的工作倾向，来源于劳动者各个不同的经济社会背景。在经济高速、多元化发展的当前阶段，同职业劳动者可能因多种原因产生异质性的经济社会背景，即使排除健康这一不可控因素，劳动者会因多种社会禀赋、家庭结构的影响，而产生不同的工作倾向。工作倾向归根到底依然与经济收入有极其明显的正向关联。但现阶段存在的问题在于，职业收入本身在家庭财产结构当中的位置产生了变化。在标准的职业就业时代，劳动者的职业收入构成其最重要的收入来源，而在资本市场尚不发达的时期，劳动者依靠工作带来的流量生活，由此职业工作的重要性是根本性

第七章 延迟退休对不同职业群体退休社会规范的重塑

的。但是，当收入本身变得多元化，以及工作收入对资产结构的影响开始减弱时，劳动者对职业的态度也就很难不产生改变，而不同禀赋劳动者对工作的态度也必然不同。当前中国劳动者的资产结构与2000年以前有天翻地覆的变化，其中占多数家庭资产绝大部分的，是高度增长后的房产价值，而房产价值在众多一二线城市远高于普通劳动者数十年工作收入的现值之和，当前作为劳动者中坚力量的"70后"群体，刚好处于改革开放第二代时期，经历过商品房市场建立的初期，经历过低房价时期，那么若在城镇较早立足，应已积累了超过一套房产。根据中国家庭金融调查，超过20%的城镇家庭自有住房没有被充分使用，近10年的新增住房明显体现出二套及以上住房的增量性增长。

如果除自住房外存在可变现的房产，那么临近退休是否多工作两年便完全不再是出于经济因素考虑了。除房产外，股票等资本收益也构成家庭财富的重要组成。尤其是对于"70后"等完全接触到市场经济的世代，长期固定持有理财、基金、股票等资本市场工具已是绝大多数职业劳动者的共性。由此带来的是家庭资产构成的进一步多元化。除去资产对劳动者看待收入的影响外，随着新业态的兴起，随着互联网经济的发展，以互联网为基础的家庭副业开始成为不少"80后"中国劳动者的新选择。淘宝店、微商、主播、滴滴以及其他类型的网络零工，可以让职业劳动者在朝九晚五之余开辟新的收入来源。由此，基于主要职业获得的劳动收入，不再是唯一的选择，随之带来的则是对职业劳动本身的认同性的降低，从而对工作意愿存在负面的影响。由此，结合渐进延迟退休造成的新的公平性问题，以及难以避免的对朝九晚五式的职业劳动的认同度降低，渐进延迟退休期间劳动者的退休规范在主观意义上存在较大的调整需求，而在主观上建立劳动者对延迟退休的认同，需要从就业制度到退休制度的综合调整。在渐进延迟退休年龄推进过程中，需要建立的新规范，不仅是退休年龄会延迟的规范，而且也是不同年龄者退休时点会有不同的规范。劳动者需要接受的，不仅是更晚退休的规范，同时也是同职位、同工资的劳动者可能会更早或更晚退休这一现实，如何平衡、消除这一新型的不公平争议，是渐进延迟退休过程中需要关注的

· 217 ·

问题。

2. 延迟退休对受企业年金覆盖的职工群体退休规范的影响

受企业年金覆盖的职工群体，在大概率上实际与大型国企、央企职工群体就业人员相重合。参保企业年金的职工大约2300万人，占参保城镇职工基本养老保险人数的6%左右。按照我国企业年金制度框架相关规定，企业年金采取缴费匹配的 DC 型养老金机制，由雇主和雇员共同缴费形成基金积累养老金，账户缴费和投资收益构成劳动者的补充养老金。拥有企业年金覆盖的劳动者，绝大多数为国企、央企职工。由于企业年金属于自愿参保，而在制度建立之初，国企、央企需要起到示范作用，从而这类企业参保数量较高，而民营企业无论雇主还是雇员，对企业年金的参保积极性均有限，因此我国的企业年金覆盖人群，实则体现为国有企业职工人群。这类职工人群在中国的企业中具有相对的特殊性。主要体现在国企职工普遍收入较为稳定，这个稳定既体现在市场活跃的条件下，其工资待遇水平一般不会猛增，也体现在经济下行时，其待遇水平不会锐减，从而能够持有较稳定的收入流。国企职工通常福利待遇较稳定且好于民营企业，主要体现在五险一金的充分覆盖，以及较高的缴费档次（例如公积金）的选取上，从而形成隐性的福利。同时，大型国有企业职工的工作稳定性较好，不易直接受劳动力市场波动影响，一般而言中年劳动者不易被辞退，属于工作保障较好的群体。但也正因为国有企业特殊的就业特征，使得在大型国企就职的劳动者，在特征上与机关事业单位就业人员反而比较类似，就业的行政特性强于市场特性。由此，大型国企对国家政策的响应速度较快，顺应程度较高，而职工对企业的服从度也较高。由此，受企业年金覆盖的企业职工，其群体特性与机关事业单位较为接近。在面临渐进延迟退休政策时，工作更稳定、养老金工资替代更高的大型国企职工，固然会有更大可能的提前退休倾向，但受行政干预的影响较高的职业特性，也使这类职工在面临退休安排改变时，更容易顺应政策建立起新的退休规范，更容易接受延迟退休安排。由此，在延迟退休的规范重建中，个人主观有不愿延迟的意愿，但客观上又认为需要服从政策调整，同时，对比同样遭遇延迟退休的其他群体，自身的处境并不会更差，所以总体而言，这一群体能够较快适应延迟退休的规范重建。

3. 延迟退休对普通机关事业单位就业人员退休规范的影响

对于企业单位和机关事业单位，则兼具企业退休人员在延迟退休中的规范塑造的共性和差异。机关事业单位就业人员长期以来是受到政策红利较多的特殊群体。这一群体往往具有较多的隐性福利，例如公务员阳光工资实施前普遍化的灰色收入问题，权力寻租带来的额外收入问题，在福利分房时期的房产分配优势，对于子女教育读书的隐性福利，一起同其他与生活日用相关联的福利获取。同时就养老保障而言，老体制覆盖下的劳动者可以获得替代水平非常可观的养老保障。但是，在经济结构变迁的过程中，这些依托计划经济余绪的福利供给正在慢慢消减。机关事业单位的工资水平已逐渐与正规企业就业者拉开差距。但机关事业单位工作人员的资产水平和结构又属于较稳定、较好的一类。原因在于这类劳动者起码拥有福利分配的住房，而往往在此基础上另有购置，从而家庭整体的资产结构一般较好。因此在面临渐进延迟退休时，其同质群体的公平性问题和多元化资产带来的工作收入重要性下降问题是这类群体也会遇到的。在工作倾向层面，机关事业单位的晋升天花板较之其他行业更为明显，如果未能在中年以前升上中层职级，那么后期的晋升空间便很难指望了。对于普通科员职级的中老年劳动者而言，其职业倦怠不可避免地上升，工作成就的激励性较低，由此临近退休年龄的劳动者会更加倾向于退休，而渐进延迟退休造成的相近年龄群体的退休差异化问题会受到较多的争议。此外，鉴于机关事业单位的养老保险改革方兴未艾，制度积累的中人群体比重无疑会大于同期的城镇职工基本养老保险的中人参保比例，而这一点很难经由更加缓步地推进延迟退休而得到消解。中人的养老金待遇会明显高于新人，而新人的养老金待遇在与同等条件下的企业职工持平之外，还会享有强制性的匹配缴费型养老金作为补充，由此总的养老金待遇会高于同等条件下的企业职工。较高的养老金待遇意味着较充足的收入替代，高养老金待遇与提前退休倾向总是正相关的，由此，对于这部分劳动者而言，自身所期望的退休规范绝不会是延迟的,除去少数中层以上、有领导职位的干部可能因各种原因对延迟退休抱有期望外,普通劳动者并无延迟退休的期望理由。但是,机关事业单位作为国家公共部门,其雇员受到国家政策的影响更强,也即是平素所谓的"政治性"更强,如果国家坚定推行渐进延迟退休,那么从命令规范的角度,这一群体反而最不可能违抗源自国家意志的政策推进。当然,作为各职业群体中,被认为境况最好、保障最充分的群体,在不公平方面,似乎没有什么值得抱怨的,因此这一群体在建构退休之正义性时,不存在与其他职业群体不患寡而患不均的争议。由此,在渐进延迟退休年龄政策推进中,这一群体的退休规范会紧随着政策命令的变化而变化,尽管这一群体可能是最倾向于提前退休的群体,但面临退休政策调整时其反对的力度可能反而最弱,而适应和建立新的退休规范可能比其他群体更为迅速。

4. 延迟退休对几类特殊群体的退休规范影响

退休制度约束下的特殊群体,拥有特殊的退休渠道可供选择,从而在机会框架层面具有相似性,也具有相似的群体特征。几类特殊群体中,特殊原因的提前退休群体包括因伤残、特殊工种可以提前退休的群体。这类群体在任何一种现代退休制度中均属于需要进行特别关照的群体,有权享受更早领取养老金待遇,从而实现退休。由此,这类群体本身即已建立其应当更早退休的正义性,也从政策设计中确认了这一权益的合理性和必须性。正如前面指出的,渐进延迟退休年龄需要触及的政策设计问题在于,特殊群体的提前退休会否、应否对应到退休年龄而水涨船高。在国际经验中,针对残障群体的养老设计一般通过独立的残障津贴实现,从而与延迟退休与否的联动性不强;而特殊工种退休时点应当衡量的是从事当前工作超过多少年数有可能积累较高的对身心的潜在伤害,理论上与实际年龄也应无涉。由此,对于这一群体而言,对其在何时应当可以退休养老的认知,有着非常明确的期待,而这一期待又具有自身的正义性,由此,这一群体一方面对延迟退休会有最大的反对,而这一反对也容易被用作反对延迟退休的舆论武器。由此,延迟退休对于这一群体,需要做出特殊的制度设计,尤其在其他类型的配套制度相对缺位

（例如残障津贴制度）时，就更需要在设计层面充分保护这一群体劳动者能够得到符合其需求的关照，例如对于残障劳动者，不应改变其最早可领取待遇的年龄，但应进一步严格其申领条件。而对于特殊工种劳动者，应按照其从事工作的年限设计退休安排，将其合理向内退等渠道分流，或直接让其退休。这一群体的退休规范是建立在对弱势群体劳动权益保障的基本逻辑之上，因此这一群体属于特事特办的类型，不应依据延迟退休规定而改变其退休安排。延迟退休的本质在于应对人口年龄结构变化下的养老保险制度的可持续问题，而对于残障和特殊工种群体的提前退休，则不属于正常情况下的老年收入保障，而更加带有救助保障的性质，因此虽然属于提前退休的范畴，但不应依人口结构变化下的精算平衡来调节这一群体的退休时点。

普遍实施内部退养的群体是另一类当前在大型国企、央企较为常见的退休群体，主要响应2016年以来中央调结构、降产能的要求，而以较为优厚的退休条件，以"一刀切"的方式将临近退休的劳动者安排到提前退休序列。实践当中，内部退养的劳动者一般可以拿到相当于工资水平的补助金，同时社保缴费还会继续进行缴纳，如果内退期间的劳动者希望继续工作，则一般通过返聘的方式继续工作。这一机制下的退休群体有其特殊性，一般为从事制造业的大型国企、央企劳动者，因此这一群体的退休规范塑造也带有其他国企员工的特征。内部退养的"一刀切"，一方面更加便于企业调整人员构造，另一方面也是出于内部公平性的考虑，其目的也是在劳动者当中建立提前退休的规范，避免劳动者对于不患寡而患不均的争议。但内退机制的适用性较为狭窄，一般是在特定的历史时期和政策要求的基础上才能得以较为广泛的实施，而涉及内退的群体在整个劳动群体中也属于极少的部分，其对退休合理性、正义性的诉求与建构，并没有除本群体外的参考。而从经济理性的角度，无收入损失的下限获得（收入替代近乎100%的提前退休）自然也是福利改善的，因此这一群体在整个退休制度体系下，属于退休的受益者。由此，延迟退休下，如果这一机制保持不变，那么相较于其他群体，这个群体也是境遇更好的，在相对比较所得到的优势下，延迟退休反而是易于接受的规范。但是需要指出的是，内退制度虽然一直都存在，但这一制度实践的广度受多种经济政治因素影响，往往具有暂时性，因此内退本身是否足以影响延迟退休的新规范塑造，是需要辨析的。如果存在部分群体可以以优厚的条件内退，这对其他群体而言无疑传递了另一重的不公平信息，因此，内退对退休规范的影响，可能不完全在于对其适用群体的影响，还应包括对其他群体的相互影响。

　　最后一类特殊群体，是符合高级专家延迟退休要求的群体。这类群体拥有延迟退休的选择权，同时也是"天生"倾向延迟退休的群体。退休规则之做出，原本依于大工业时代的工业就业，人非机器，需要休憩，于是有一段可以休憩的老年时光乃是工人阶级的福利诉求。但这无疑不适用于创造性劳动者的特征。无论科学家、医生、文学家乃至艺术家，均很少有用退休来了断其工作生涯的，极少数例外可能存在于需要一定体力技巧用以从事工作的职业，例如钢琴家一般的演奏寿命在80岁以前，小提琴家在70岁以前，但即使如此，也绝不会遵循大多数劳动者的退休时点。高级专家从事的创造性劳动，使其无论在岗与否，均会通过多种方式继续创造，但这些创造能否"变现"则由劳动力市场的状态决定。早期的高级专家延迟退休政策是在市场经济体制建立之前推出的，彼时若无法参与正规就业，那么即使再优秀的创作、再深刻的思想，也能藏之青山传诸后世了，因此建立高级专家延迟退休政策，使其能够在达到退休年龄后仍有机会继续工作，便是这一政策的本意。同时，当时退休政策设计着力解决的是应退未退问题，延迟退休是不被鼓励的，因此建立针对高级专家的延迟退休政策属于特事特办，因此专家延迟退休需要在个人申报的基础上审批通过，严格控制。时移世易，高级专家在当前市场条件下，无论政策允许与否，只要能力突出、意愿充足，均能找到相当充足的工作机会。而在当前劳动法规框架下，原本存在对退休返聘保护不足的缺点，即退休返聘者无法受到劳动合同法保护，但这点在高级专家退休再就业层面却几乎不成为问题，因为高级专家的退休再就业是一个明显的卖方市场，退休的高级专家往往是各大科研机构、院校争相争取的顶端人才，没有单位敢给予其不公待遇。由此，在新的历史条件下，高级专家延迟退休成为一项略有鸡肋的政策，因为在这个序列下延迟退休没有经济激励，同时办理退休后也不妨碍高级专家通过其他途径继续就业，与其延迟退休，不如退而不休。但实践当中，高级专家普遍还是以办理延迟退休为主，尤其学科带头人、二级及以上教授等学术声誉卓著、学术影响力较大的群体，基本还是延迟了5年办理退休，其中原因多样，包括单位的挽留、对教学的不舍等，从而形成了高级专家中的某种默契，构建了这一群体的特殊的规范。由此，高级专家在延迟退休过程中，其退休规范可能受到影响，主要视其"比其他群体晚5年退休"这一事项是否已经约定俗成。如果已成为共识，那么高级专业在延迟退休中便能较容易地建立退休规范。但如果高级专家所习惯的是"65岁退休"这一特定的年龄时点规范，那么延迟退休对其的影响，可能就是如果正常退休已经高于60岁，便可能不再申请延迟退休。但无论是哪一种状况，高级专家群体对延迟退休都不会有实质的反对。但还是需要注意高级专家群体延迟退休对其他群体的影响，高级专家群体虽然没有显著的提前退休收益，但也被认为是可以从延迟退休中获益的群体，由此需要在延迟退休年龄推进的同时，对高级专家延迟退休的方案进行修订。在方案出台时，由于高级职称专家较少，因此副高级职称以上均可称为高级专家，但随着高校扩招、高校教师群体扩大，副高级以上已经很难够上高级专家的"门槛"。因此需要重新界定高级专家的概念。这一改变仅是向公众做一个交代，对专家群体的实际退休情况不会有影响。因为当前高级专家的延迟退休是个人申报与单位批准相结合，实践当中也必须本人有较强的学术能力、声誉、资源，才有可能被单位留用。因此提高高级专家门槛，不会影响当前的实践默契，但会让其他群体获得较好的观感与认可。

第八章 跨越边界
——灵活退休机制的国际实践带来的启示

为适应人口老龄化挑战，全球各国近30年一直在探索退休制度的改革路径。延迟退休改革尽管在大多数国家达成了一定共识，但最新的趋势表明，延迟退休的年龄与人口老龄化下人均寿命的增长幅度依然是不相适应的、是低估的；而部分国家在经济危机下又出现了对延迟退休的"叫停""延缓"的趋势。有鉴于此，为适应不断压缩的工作年龄人口对劳动力供给造成的压力，探索延迟退休推进的配套方案，近年来部分国家开始探索将领取养老金和工作结合在一起的方式，构建灵活退休机制。人口老龄化对养老保障和劳动力市场形成双重挑战，在我国人口老龄化加速发展的背景下，如何激发老年劳动者的工作潜力，促进老年劳动参与率的提升，是应对人口老龄化背景下劳动供给缺口，实现积极老龄化的重要议题。我国在未来渐进延迟退休政策推进过程中，尤其需要探索更具灵活性的退休机制，完善退休制度的功能弹性，适应不同劳动者的退休—工作意愿。灵活退休正是一种值得研究和借鉴的机制。

第一节 灵活退休机制的界定、分类和运行原理

一 灵活退休机制的界定

灵活退休（flexible retirement）指劳动者可以灵活选择其养老金领取时点，并且可以将工作和领取养老金结合在一起的一种退休机制，劳动

者可以在工作的同时，全额或部分领取养老金①。这种机制区别于传统退休的特征在于，领取养老金的时点可以灵活选择、不必固定；劳动者在领取养老金的同时也可以继续从事雇佣劳动，不必因领取养老金而退出劳动力市场，从而形成"退而不休"的状态。中文语境下有弹性退休的说法，但往往仅包含养老金可以在不同年龄领取这一内涵，不涵盖"退而不休"的情况。因此为表示区分，此处特别将 flexible retirement 译作灵活退休，与中文语境中的弹性退休相区分。在中文语境下，可以将灵活退休理解为弹性退休、部分退休（partial retirement）、渐进退休（gradual retirement）的综合体。

灵活退休是将工作和领取养老金相结合的新型退休机制，灵活退休机制涉及两个关键要素——领取的养老金为何种养老金，从事的工作为何种工作。首先，灵活退休所指涉的养老金，一般为收入关联型养老金（earnings-related pension）。当前主流发达国家的养老保险多已建成多层次养老保险体系，而与工作直接挂钩的，则是养老保险体系中强制或半强制的收入关联型养老金，其中既包括第一层次养老金，如德国、法国、美国等国的公共养老金，也包括荷兰、英国、澳大利亚的强制及半强制型职业养老金或个人储蓄型养老金。唯有这些收入关联型养老金，才具备结合工作与领取养老金的前提。而一些国家建立的以公民身份为基础的普惠型养老金则无法作为灵活退休的基础，因为这种养老金只有在达到制度要求的养老金领取年龄后方可领取，与工作状态不具有制度理念上的关联性。因此，在探讨灵活退休机制中领取养老金和工作之间的关联时，如无特殊说明，"养老金"均指该国强制或半强制的收入关联型养老金。其次，灵活退休过程中所从事的工作，一般而言对工作单位没有特定限制，劳动者既可以在同单位灵活退休，也可以在其他工作单位继续工作。从事的工作既可以是全职工作，也可以是兼职工作。

二　灵活退休机制的分类及运行原理

发达国家大范围引入灵活退休机制，大多在 2000 年以后。灵活退休

---

① OECD, "Pension at a Glance 2017", *OECD Publishing*, 2007, p. 14.

的引入,是发达国家退休制度调整对人口、经济、社会、政策因素的重新适应。第一,老龄化背景下,盛行于20世纪七八十年代的提前退休造成老年劳动参与率的大幅下降。据统计,OECD国家实际老年劳动力退出年龄(实际退休年龄)在1970—2000年平均下降了5年[1]。第二,自20世纪90年代以来发达国家不断试图提高养老金领取年龄、降低养老金待遇、紧缩提前退休资格,但阻力重重,成效不彰。2002—2016年,OECD国家的提前退休年龄平均上升了14个月,但标准退休年龄只平均提高了8个月,渐进延迟标准退休年龄赶不上老龄化的发展速度。第三,已开始逐步迈入人口老龄化"深水区"的发达国家,亟须鼓励老年劳动者参与工作,从而提高劳动参与率,实现积极老龄化。第四,随着老龄健康的优化、对工作—退休认知的改变,部分国家和地区的老年劳动者已开始出现将工作和退休相结合的意愿和需求。例如OECD调查指出,45%的日本人希望在退休年龄之后继续工作,2/3的欧洲劳动者更倾向将退休和工作有机结合,而非完全退休[2]。

(一)灵活退休机制的两种分类

灵活退休与其说是一种概念明确的退休制度,不如说是一种仍然在实践中不断探索的退休理念。灵活退休机制的基本内涵为将工作与退休(领取养老金)[3]进行有机结合。在实践中,灵活退休有两种基本形态。

第一,"提前退休+工作",也可称为提前灵活退休,指劳动者在制度规定的标准养老金领取年龄之前,既从事雇佣劳动,又开始部分或全额领取养老金的状态。实践当中,几乎所有国家都存有在标准养老金领取年龄前提前领取养老金的制度安排,统称提前退休,一般包括弹性退休、部分退休、失业退休等(林熙、林义,2015)。提前灵活退休的政

---

[1] Börsch-Supan Axel, et al., "Dangerous Flexibility-Retirement Reforms Reconsidered", *Economic Policy*, Vol. 33, No. 94, 2018, pp. 315-355.

[2] OECD, "Pension at a Glance 2017", *OECD Publishing*, 2007, p. 15.

[3] 需要特别指出的是,退休和领取养老金应是两个和而不同的概念。本书所指涉的退休,是领取公共养老金的行为,而非停止工作。由于在实践当中,无论中西方研究文献均在不同程度上将退休和领取养老金混同,为避免增加读者困惑,本书依然沿用标准退休、提前退休来指涉领取标准养老金和提前领取养老金的行为。

第八章 跨越边界

策意义很明显，目的在于降低劳动者提前退休意愿，增加中老年劳动者的劳动参与率。目前实行这一机制的国家包括奥地利、比利时、捷克、芬兰、法国、德国、希腊、日本、挪威、美国。

第二，"标准退休+工作"，也可称为标准灵活退休，指劳动者已达到标准养老金领取年龄，但依然从事雇佣劳动的形态。这种形态早已存在于发达国家中，因为根据这些国家的退休制度设计，劳动者领取养老金与从事雇佣劳动并无特定关联，因此原则上均同意领取养老金后的劳动者在力所能及的范围内从事雇佣劳动[①]。这体现出工业国家在养老保障和劳动法规（labor regulation）的功能分化：劳动者一旦完成了养老保险的缴费义务，那么便有权领取养老金，而不问其工作状况；而劳动者的工作状况作为一种雇佣关系，则是在劳动法规的约束下雇佣双方的协商一致。当然，能够完全领取养老保险，意味着已经获得最具保障的退休经济来源，在这一前提下很多国家的劳动法规并不会禁止雇主让已领取养老金的老年雇员退休（但反过来也不会强制要求其退休），所以也就达成了领取标准养老金和实际退休在实践上（而非制度逻辑上）的趋同。

这两种灵活退休形态的政策目的、约束机制有所不同。在当前的国际实践中，提前灵活退休更加受到关注，因为标准灵活退休本就是制度早已认可的状态。在提前灵活退休下，政府的目的在于鼓励劳动者多工作，即使不愿或难以继续在同一职位全职工作，也最好多去干一些兼职工作，而如果因劳动者减少工作时间而造成了收入损失，那么就可以通过养老保险等社会保障项目得到经济补贴。提前灵活退休其目的在于激励老年劳动者更长久地参与工作，并平滑地过渡到退休。但这样一来，如果选择提前灵活退休，政府对灵活退休者的额外工作收入往往会进行非常严格的限定，若超出限额，则养老金会减少发放。这里的逻辑是显而易见的，如果劳动者既能维持高收入，又能提前领取养老金，那只会鼓励大家都提前退休了。因此，提前灵活退休的制度内涵应理解为，政府鼓励劳动者在达到提前退休年龄后积极参加工作，对于这些积极参

---

① 对于公共部门雇员，例如公务员、教师等群体，一般设有强制退休的规则；对私营部门雇员则无此限制。

工作的劳动者，政府会酌情给予一部分养老金作为鼓励或补贴。所以，提前灵活退休本质上指向就业激励。

当前欧盟国家中，60—69岁的老年人里约有10%结合了工作和退休。其中，60—64岁年龄段里，领取养老金且退休者占43.2%，65—69岁年龄段领取养老金且退休者占69.9%[①]。由此可见，在60—64岁这一传统上提前退休最为盛行的年龄段，将工作和退休相结合这一机制是能对劳动参与起到积极作用的[②]。而65岁以上的年龄段，由于劳动者基本已达到标准退休年龄，因此退休者的数量自然大为增长，但结合工作和退休的人口比重依然稳定。2000年后，越来越多的国家开始鼓励结合退休与工作，但数据表明，各国劳动者退而不休的比重有明显的差异。在55—69岁年龄群体中，退而不休比重较高的国家有瑞典（17.2%）、英国（16.3%）、爱沙尼亚（15.9%）、拉脱维亚（11.4%）、挪威（8.28%），而比利时、卢森堡、西班牙则不足3%[③]。

（二）灵活退休的运行原理

灵活退休既然力求集合工作、退休、领取养老金三者，那么就需要对灵活退休期间工作和领取养老金的权益与约束做出相应的安排。其中，关于工作方面，需要规定灵活退休期间对个人的工作时间、类型是否有限制；关于养老金方面，则需要规定对灵活退休时期领取的养老金是否会因工作收入而扣减，持续工作又是否会继续积累未来的养老金待遇。受各国就业制度、就业文化以及养老保险模式差异的影响，各国的相关规定有所区别。

关于灵活退休对工作时间的限制方面，如果灵活退休是以部分退休的形式运行，那么一般会附加减少额外工作时间的条件，也即是不能从事全职工作。但除部分退休之外的其他灵活退休机制，则一般对工作时

[①] Eurostat, "Healthy Life Years Statistics", 2016, http：//ec.europa.eu/eurostat/statistics-explained/index.php/Healthy_life_years_statistics.

[②] 欧洲国家标准退休年龄均在65岁以后，而60岁左右则往往是各类提前退休项目的起始时点。

[③] Eurostat, "Healthy Life Years Statistics", 2016, http：//ec.europa.eu/eurostat/statistics-explained/index.php/Healthy_life_years_statistics.

长不做限制。关于灵活退休对养老金收益的扣减方面，首先，对于允许提前灵活退休的国家，如果其灵活退休期间的额外收入超过某个上限，则养老金一般会减少发放。例如希腊规定提前退休的养老金和工作收入之和不得超过40%的平均收入，否则养老金会按照额外收入的60%减发。日本规定如果提前退休的养老金收入和额外工作收入之和超过平均收入的2/3，则养老金会开始减少发放。其次，对于达到标准养老金领取年龄后选择灵活退休的劳动者，在少数国家也可能面临额外工作收入的限制，但大多数国家对此不做限制。目前，OECD国家中仅有澳大利亚、丹麦、希腊、以色列、日本、韩国、西班牙会对标准灵活退休的工作收入进行限制。例如在日本，如果正式退休后的收入超过人均收入的1.09倍，养老金会减低发放。

关于灵活退休对劳动者养老金权益的继续积累方面，直接受养老保险制度给付模式约束。对于均一给付（flat-rate）的普惠型养老金（universal pension），由于其待遇不与工作收入关联挂钩，无论提前退休还是标准退休，退休后继续工作都不会影响养老金待遇。对于DC型（缴费确定型）或NDC型（名义账户型）养老金，继续工作会自动积累其个人账户中的养老金，因此自然能增加其未来的养老金收入。但对于DB型（待遇确定型）养老金，如果养老金已被领取（无论是提前领取还是标准领取），由于其计发方式的特殊性，继续工作不会再积累未来的养老金权益。但如果选择延迟领取养老金，那么继续工作会继续积累未来的养老金权益，从而提高养老金收入。目前绝大多数OECD国家允许延迟领取养老金，部分国家会设置延迟领取养老金的年龄上限，如加拿大（70岁）、冰岛（70岁）、挪威（75岁）、葡萄牙（70岁）、瑞士（70岁）、美国（70岁），延迟领取的上限年龄一般比标准年龄高5—10年[1]。如果DB型养老金制度能够做到精算中立，那么延迟领取养老金可以带来可观的养老金增长，其中既包括由精算中立原则得到的养老金增量，也包括因更长缴费年限带来的养老金增量。由此可见，灵活退休机制下，

---

[1] 根据OECD，"Pension at a Glance 2017"，表2.3，p.57相关数据整理。

DC 型养老金与工作能够更好地结合，而 DB 型养老金一旦领取，便无法通过继续工作积累更多的养老金权益。

第二节 典型国家的灵活退休政策实践

灵活退休机制植根于特定国家自身的劳动力市场、人口年龄结构、社会保障政策、就业政策的基础上，不同国家在具体实施灵活退休时，体现出不同的政策目标和政策实践。这些国家的灵活退休机制，与其福利国家体制也有直接的关联。但是，无论灵活退休机制的具体待遇发放方式如何，其目的总是在于激励中老年劳动者继续就业，提高老年劳动参与率，以应对人口老龄化背景下的劳动力萎缩。因此，灵活退休机制不仅是一项具有弹性的退休制度，同时也是一项劳动力市场政策。灵活退休制度设计的分水岭在于，是否对工作收入和工作时间基于明确且严苛的限制。这一限制直接体现了灵活退休在福利国家体制下的制度逻辑、制度内涵和制度倾向，也往往制约了灵活退休的制度效果。

一 对退休—工作不加以条件限制的国家

这类国家对灵活退休期间的工作时间和收入基本不加以限制，较多出现在北欧福利国家和建立了 DC 型养老保险的国家。这一安排机制对劳动者的就业意愿给予充分的满足和支持。

瑞典在 2001 年正式落实名义账户制养老金制度改革，在养老金领取年龄方面，瑞典不再设定标准养老金领取年龄，而是只将 61 岁确立为领取养老金的最早年龄。达到 61 岁的劳动者可以自主选择领取养老金的时点。如果年满 61 岁的劳动者在选择领取养老金后，依然继续参加雇佣劳动，那么其劳动所得依然会按照名义账户的积累规则、为其积累更多的养老金。对于这些"退而不休"的劳动者，瑞典政府并未加以任何针对其额外工作收入的限制[1]。实践表明，越来越多的瑞典人选择在 61 岁领

---

[1] Palmer, Edward E., "The Swedish Pension Reform Model: Framework and Issues", No. 12, Washington, D. C.: World Bank, 2000.

取养老金,而非延迟到更晚。据调查,1939 年出生的年龄群体中,有 3.9% 选择在 61 岁退休;1949 年出生的群体中,有 4.9% 选择在 61 岁退休;1953 年出生的群体中,有 7.8% 选择在 61 岁退休。但是,这一现象并不说明瑞典劳动者更倾向提前退休,事实上,与改革前(1999 年以前)相比较,瑞典男性的实际退休年龄从男性 64 岁上升到 65.8 岁,女性从 62 岁上升到 64.6 岁[①]。从其实施方式和成效上看,瑞典可以说是实行灵活退休最为彻底的国家,是真正意义上将退休和工作做到灵活匹配的国家。瑞典的灵活退休可谓灵活退休机制的理想形态。

与瑞典相似,芬兰在 2005 年引入了灵活退休计划,将弹性年龄区间定位 63—68 岁。为了鼓励劳动者选择更晚的退休时点,养老金待遇向延迟退休倾斜。同时,芬兰政府鼓励年满 63 岁的劳动者将退休和工作相结合,弹性领取养老金的劳动者可以继续工作,且没有任何收入上的限制。并且,如果劳动者继续工作,那么其工作收入还可以继续积累未来的养老金权益。弹性年龄下限将在 2027 年前从 63 岁提升到 65 岁[②]。

澳大利亚的灵活退休机制建立于 2005 年,劳动者一旦达到超级年金的保留年龄,就可以选择开始领取超级年金。保留年龄不同于标准领取年龄,最初保留年龄为 55 岁,将逐渐上升到 65 岁。到达保留年龄且不足标准年龄的劳动者,可以减少工作时间,同时从超级年金中获得补偿。补偿的金额不得超过超级年金账户余额的 10%。达到 65 岁、开始领取超级年金后继续工作,若工作收入超过 169 澳元/月,则年金会减少发放[③]。

二 对退休—工作实行严格限定的国家

这一机制对灵活退休期间的工作时间和收入给予严格甚至严苛的规定,大多见于建立了 DB 型现收现付养老保险的众多保守主义福利国

[①] Börsch-Supan, Axel, Klaus Härtl, and Duarte N. Leite, "Earnings Test, Non-actuarial Adjustments and Flexible Retirement", *Economics Letters*, Vol. 173, 2018, pp. 78 – 83.

[②] OECD, "Pension at a Glance 2011", *OECD Publishing*, 2011.

[③] Warren, Diana, "Australia's Retirement Income System: Historical Development and Effects of Recent Reforms", Working Paper No. wp2008n23, Melbourne Institute of Applied Economic and Social Research, The University of Melbourne, 2008.

家。灵活退休也多体现为部分退休、渐进退休。

德国在1992年的养老金改革中就建立了灵活退休机制。其灵活退休机制体现为部分退休机制。男性可以从63岁、女性可以从60岁开始申请部分退休，减少工作时间。减少工作时间自然会造成收入减少，而作为补偿，则会允许他们部分地领取自己的养老金。按规定，养老金可以选择领取1/3、1/2或2/3。以男性为例，63岁到标准退休年龄之间选择部分退休，其额外的工作收入需接受审核，如果其额外收入不足参考标准的1/7（约每月255欧元），那么养老金可以全额领取。如果月收入低于1483欧元，可以领取1/3养老金，如果月收入低于1112欧元，可以领取1/2养老金，如果月收入低于741欧元，则可以领取2/3养老金[①]。如果年龄超过标准退休年龄65岁，那么便不会设置收入限制了。退而不休可以允许工作，其工作收入限制按照申请领取养老金前三年的收入状况。这一机制并不为大多数德国人所接受，整个20世纪90年代里，每年申领部分养老金的人数仅为2000人左右。这一机制推行以来，每年申领部分养老金的人数仅占当年申请养老金总人数的0.5%左右。2016年，德国政府出台新政，放宽对收入上限的限制，按照新政策，如果养老金领取者的额外工作收入超过6300欧元/年，那么6300欧元以上的收入，仅按40%进行计算，以此鼓励更多的老年劳动者参与工作[②]。但总体而言，德国的灵活退休并非其主流的退休渠道。

奥地利的部分退休机制建立于2000年。申请部分退休的劳动者可选择减少40%—60%的工作时间。其因此而减少的收入由政府进行补贴。在达到标准退休年龄前，如果其额外劳动收入高于290欧元/月，养老金将停止发放。如果达到标准退休年龄，则不再附加收入限制条件。选择部分退休的劳动者有两种选择。劳动者可以选择在整个期间内（6.5年）减少50%的工作时间。也可选择分阶段的实现部分退休，例如在第一阶

---

① Börsch-Supan, Axel, Klaus Härtl, and Duarte Nuno Leite. "Social Security and Public Insurance", *Handbook of the Economics of Population Aging*, Vol. 1, North-Holland, 2016, pp. 781–863.

② Börsch-Supan, Axel, et al., "Dangerous Flexibility-Retirement Reforms Reconsidered", *Economic Policy*, Vol. 33, No. 94, 2018, pp. 315–355.

段依然全职工作，但在第二阶段完全停止工作。在部分退休期间，劳动者的收入损失由养老保险进行补贴，补贴的金额为50%—75%工作收入。在部分退休期间，养老保险缴费需要按照以前的规则继续缴纳。自部分退休机制建立以来，可申请部分退休的年龄下限在不断提高，从2000年的男性55岁、女性50岁，提高到2013年的男性60岁、女性55岁。参加部分退休计划的人数一直有所增长[1]。

法国在1993年起建立了部分退休机制，年满55—65岁的劳动者均可申请。部分退休后，劳动者可以继续从事非全职的工作。并且如果劳动者满足了全额领取养老金的缴费年限条件，即使还未达到标准养老金领取年龄，也可全额领取养老金，并且对额外的工作收入不设限制。雇主招募劳动者从事兼职工作，会从财政得到补贴，补贴数额约为全职劳动者月工资的30%。20世纪90年代末，大约有45000人受益于这个项目，这一机制废止于2005年[2]。法国的灵活退休与其他国家的不同之处在于，其对继续工作的补贴并非来自直接支付给劳动者一部分养老保险金，而是通过财政向雇主进行补贴，再由雇主发放给劳动者。

虽然地缘上更贴近北欧国家，但丹麦的灵活退休呈现出更加类似西欧国家的特征。丹麦的灵活退休机制是由失业保险筹资，而非养老保险。年满60—66岁的劳动者，可以申请减少工作时间，而由此带来的收入损失则由失业保险基金予以补偿。具体而言，劳动者至少需要降低25%的工作时间（但同时每周依然最少需要工作12小时），由此每减少1小时的工作量，便可获得12.32欧元的时薪补贴。但这一机制收效甚微，据估计每年仅有约1000人申领。由于这一灵活退休是通过失业保险基金筹资的，所以对额外的工作收入没有限制。对于已经达到标准退休年龄，开始正式领取养老金的人员，如果其额外的工作收入高于40518欧元/年（此收入大约占丹麦人均工作收入的3/4），那么基本养老金会减少

---

[1] Graf N., Hofer H., Winter-Ebmer R., "Labor Supply Effects of a Subsidized Old-age Part-time Scheme in Austria", *Zeitschrift Für Arbeitsmarktforschung*, Vol. 44, No. 3, pp. 217-229.

[2] OECD, "Ageing and Employment Policy: France 2005", *OECD Publishing*, 2005.

30%①。丹麦灵活退休的特点在于,这是一种与失业退休相联系的灵活退休方式,由失业保险基金而非养老保险基金发放补贴。

比利时政府在 2002 年引入灵活就业计划。这一计划原则上并非纯粹的退休计划,旨在允许劳动者在其整个职业生涯的某些特殊时点,灵活地选择工作时间。具体地,劳动者可以在某一年里只工作一半的时间,或者在 5 年内只工作 80% 的时间。此后,对于 50 岁以上的劳动者,该计划还特别推出了名为"职业生涯末期计划"的特殊方案,该方案规定如果劳动者已满足 20 年工作经历,且在同一单位就业满 3 年,便可申请减少 20%—50% 工作时间,直到办理退休为止。因减少工作造成的收入损失,可从政府发放的、均一给付的养老金中获得数额不等的补偿。但是,在达到标准退休年龄之前,如果额外的工作收入高于收入上限（7793 欧元/年）,那么养老金会根据超出上限的部分减少发放;如果额外收入为上限的 1.25 倍,养老金则会停止发放。在达到标准退休年龄后,如果个人收入高于 22509 欧元/年,那么养老金会根据超出上限的部分减少发放,同样,如果收入达到上限的 1.25 倍,那么养老金会停止发放。但是,如果退休者年满 65 岁且养老金的缴费年限超过 42 年,那么就不会再有关于收入的限制②。这项计划的公众接受度较高,从 2002 年的 8700 人增长到 2011 年的 88000 人。2012 年,该计划的年龄下限从 50 岁提高到 55 岁,并将在 2019 年逐渐提高到 60 岁。同时,针对达到退休年龄的人员的收入限制也将废除③。

三 灵活退休机制的约束条件和实践特征

无论从制度理念还是制度实践,灵活退休机制都呈现出显著差异。

---

① Ploug, N., "The Recalibration of the Danish Old-age Pension System", *International Social Security Review*, Vol. 56, No. 2, 2010, pp. 65 – 80.

② Devisscher, Stephanie, and Debbie Sanders, "Ageing and Life-course Issues: the Case of the Career Break Scheme (Belgium) and the Life-course Regulation (Netherlands)", *Modernising Social Policy for the New Life Course*, 2007, pp. 117 – 132.

③ Albanese, Andrea, Bart Cockx, and Yannick Thuy, "Working Time Reductions at the End of the Career: Do They Prolong the Time Spent in Employment?", *Empirical Economics*, Vol. 59, No. 1, 2020, pp. 99 – 141.

从国际实践可以总结出灵活退休机制设计和实践的两个关键约束条件：养老保险模式和劳动力市场规则。首先，DC 型或 NDC 型的养老保险与灵活退休机制更具亲和性，因为养老保险的积累和发放以实际或名义的账户余额确定，无论部分领取、中断领取、重新领取都更易操作。瑞典能够实现较为完全的灵活退休与其 NDC 型的养老保险模式有显而易见的关联。而传统的 DB 型养老保险则受到缴费规则和计发形式的约束，无法做到真正的灵活领取，只能通过严格规定工作和退休的比例，以及工作收入的限额来进行。在这种情况下，灵活退休中领取的养老金，并非基于严格精算规则来支付的养老金，而是以养老金为名出现的对持续工作进行的补贴机制，其融资渠道可能来源于养老基金，也可能源于其他方式。其次，劳动力市场规则，以及其所蕴含的对老龄就业的支持倾向，影响着灵活退休的制度倾向。退休作为一项典型的劳动力退出机制，体现着劳动力市场规则所表征的市场和社会对老龄就业安排的倾向。在对老龄就业权益有较高保障、支持老龄就业的国家，灵活退休更易为市场和社会所接受，制度设计也会更加"大胆"，充分尊重各类劳动者的退休—工作意愿。相反，德国、法国等保守主义国家，其劳动力市场规则倾向于保障老龄劳动者的退休权益而非劳动权益，在其劳动文化语境下，老年人退休享受其应得的福利保障方是正途，老年群体本不应是还在尽力工作的群体。因此，这些国家在提高老龄就业率方面一直步伐缓慢，灵活退休机制在这些国家不仅设计保守，仅对因兼职劳动等因素而导致收入欠佳的劳动者基于适当补贴，而对于广大平均收入水准及以上的劳动者，鼓励效果非常有限。

灵活退休机制的国际实践还呈现出以下实践特征。第一，灵活退休机制植根于特定国家退休制度当中，受特定国家社会保障制度的制约，因此，灵活退休机制的实践方式不一而足，没有特定的、可供效仿的模板。灵活退休既有以弹性退休（弹性养老金领取机制）为基础的，也有以部分退休为基础的，还有以失业退休和职业退休为基础的方式。第二，提前灵活退休是现存的提前退休渠道的一个改良形态，例如部分退休原本就是一种提前退休方式，比利时的灵活退休建立在失业退休基础上，法国的灵活退休与其职业退休有密切关联。第三，提前灵活退休机制受老年劳动者的工作意愿制约，只有老年就业意愿较高，传统上老年劳动参与率较高的国家，提前灵活退休才具有较好的效果；反之则相反。第四，灵活退休机制的土壤在于养老金和退休和而不同的关系。在西方社会保障制度框架下，领取养老金和退休并非合二为一的关系，是否领取养老金，是建立在养老金缴费、待遇、预期寿命的测算和预估上，与劳动者是否从本单位退休没有理论上的必然联系，这为灵活退休这种将领取养老金和工作相结合的机制提供了生长的土壤。

第三节 灵活退休机制对中国退休制度改革的借鉴思路

人口老龄化背景下，渐进延迟退休年龄已是难以回避的改革路径。但延迟退休阻力很大，至今依然无法取得公众的共识。延迟退休年龄政策并不能视为一项单一的退休年龄调整政策，而应放在退休制度改革的大视野下进行思考，在延迟退休中逐步理顺养老保障和劳动力市场在人口老龄化各阶段的不同诉求，并通过灵活的配套机制适应不同类型劳动者的退休愿景。因此，延迟退休年龄政策必然是一项综合性的一揽子制度改革，而灵活退休正是一种值得关注的退休机制。但是，灵活退休机制的效果取决于养老保险制度、劳动力市场制度、劳动意愿、人口老龄化发展进程多方面的交互作用，因此，灵活退休只能是建立在我国国情基础上的创造性引入，方可具备有效的政策价值。

一 中外构建灵活退休的基础条件比较

我国构建灵活退休的现实基础与发达国家在退休制度构建和人口年龄结构方面，具有较大的差异。这些基本差异将制约我国引入灵活退休的必要性、可能性和可行性。

从退休和领取养老金的关系上看，我国的退休制度在理念上和制度实践上将达到退休年龄、领取养老金和实现退休构成三位一体的关系。

根据我国《社会保险法》《劳动法》《劳动合同法》相关规定，劳动者达到退休年龄的，劳动合同终止；劳动者开始领取养老金的，劳动合同终止。这一强制退休规则，实际是沿袭计划经济时期退休制度的惯性思维，体现国家对劳动力的宏观控制。但在市场经济条件下，这一退休规则已逐渐偏离其政策内涵。因为劳动者达到养老金领取年龄、办理退休后，依然可以在劳动力市场上继续从事非劳动关系的其他劳务工作，所以强制退休机制早已无法实现对劳动力供给的直接控制。但是，这一规则的继续存在，则使我国退休制度呈现僵化特征，难以适应老龄化背景下的劳动力供给需求，也使灵活机制很难嵌入当前的退休制度。上海在2010年曾试点实施的柔性退休，正是对这三位一体的规则进行放宽，允许部分劳动者在达到退休年龄后继续签订劳动合同，可见我国实施灵活退休的最大障碍在于僵化的退休制度规则，灵活退休机制嵌入我国现行退休制度存在现实障碍。

  从人口老龄化的发展阶段看，我国的人口老龄化发展阶段与发达国家尚有差异，但正在快速追赶的过程中。根据联合国人口预测，我国当前60岁以上人口占总人口比重约为16%，相当于发达国家1990年左右的平均水平，而发达国家当前平均水平为26%；但是，到2050年，我国60岁以上老人将占到总人口36%，基本与同期发达国家平均水准持平（Bloom & Luca，2016）。这一现象说明了两个问题：第一，我国当前人口老龄化的发展阶段与发达国家总体尚存差距。目前发达国家基本已经步入人口年龄转变的最后一个阶段，也即是生育率和死亡率长期低迷、人口增速和老龄化增速逐渐平缓的阶段，而我国依然还处在快速老龄化的过程中。第二，我国的人口老龄化将以发达国家数倍的速度增长，发达国家花费60年达到的老龄化程度，我们只需要30年。在这一背景下，国家、市场以及老年劳动者自身对老龄就业态度将在我国以极快的速度转变。发达国家通过灵活退休结合工作与领取养老金，鼓励老年劳动者参与就业，增加社会总体就业率，是建立在更高程度的老龄化水平下的客观需求，这一需求如果说在我国尚未明显表露，那么也将在未来几年内以可见的速度显现出来。从这个意义讲，探索如何鼓励老年劳动参与率的制度、机制,将面临迫切的前瞻性政策储备需求。这一制度、机制创新,需要与尚未推出的渐进延迟退休年龄机制政策齐头并进,互为支撑。渐进延迟退休年龄政策虽然是应对人口老龄化的退休制度改革的核心内容,但渐进延迟退休年龄战线长、进度慢,纵观自1990年就开始探索渐进延迟退休的诸多发达国家,30年来总体提高了不到两年,那么以我国老龄化的发展速度,尚未出台的渐进延迟退休政策调整极有可能无法赶上老龄化发展速度。这样便需要更加灵活的制度、机制创新来促进和保障社会与老人自身增加劳动供给的意愿和可及性。

二 中国探索构建灵活退休机制的政策选择

(一)在延迟退休政策中植入灵活退休机制

灵活退休机制是退休制度改革的组成部分,应将其视为我国渐进延迟退休年龄政策的配套机制,而非独立生效的机制。灵活退休应植入渐进延迟退休年龄政策当中同步推出,将现行退休年龄(男性60岁,女性55岁)[1]设定为灵活退休的最早年龄,而在最早年龄和标准年龄之间,一方面设计精算公平的基础养老金计发规则,再通过灵活机制鼓励劳动者继续工作。这一设计方案,一方面无碍延迟退休的推进,另一方面依然对现有退休年龄做了保留,从而降低公众对延迟退休的抵触情绪。将现行标准退休作为灵活退休年龄对我国而言并无不妥,发达国家的最早养老金领取年龄一般也集中在55—63岁。但是,由于我国的基础养老金是典型的DB型养老金,那么标准退休年龄和灵活退休年龄之间,需要在精算公平的基础上明确延迟和提前领取养老金的收入差异,从而至少在经济手段上避免构成对提前退休的诱导,同时,精算公平的养老保险制度也可对延迟领取养老金提供充足的经济激励,为达到标准退休年龄后的灵活退休奠定基本的激励框架。

(二)破解劳动法律法规对老年就业的限制

从法律层面取消《劳动法》《劳动合同法》对劳动者到点退休的限

---

[1] 延迟退休年龄遵循女先男后原则,因此女性的最低退休年龄也必然渐进提高到60岁,事实上目前已有部分满足条件的女性劳动者实现了60岁退休。

制,尊重用人单位和劳动者双方意愿确定实际退休年龄,是我国构建灵活退休机制的必要前提。灵活退休机制将领取养老金和工作进行有机结合,以达到促进老年就业的目的,因此就有必要打破现行领取养老金等于办理退休的两位一体联系。当前劳动法规对老年劳动者强制退休的限制,从学理、法理上讲并无充分的依据,这一方面可能源于计划经济时期对劳动力调配实行直接控制的历史传承,另一方面也由于国家就业工作重心一直没有偏重老年劳动者。自改革开放以来,就业难的问题先后体现在返城知青、农业转移、大学扩招后的应届毕业生等几大群体上,因此老年劳动者非但不会成为政策关注的重心,反而还会成为缓解其他群体就业压力的"泄压阀"。但是,随着我国老龄化进程的快速发展,随着当前老年就业意愿和就业现状的变化,老年劳动权应从限制转向保障。将达到养老金领取年龄的老人强制脱离正规就业,已经不再是对老年人劳动权益的真实保护。将领取养老金和办理退休"解绑",可以便于提前灵活退休者将领取养老金和工作相结合,同时也便于达到标准退休年龄、有工作意愿和工作机会的劳动者继续从事有充分劳动保障的工作。

(三)结合国情合理设计灵活退休激励规则

西方部分国家当前实施的提前灵活退休,就是在弹性退休基础上的一个变体。如果说精算中立的弹性退休机制是依靠经济手段诱导劳动者选择更晚退休,那么灵活退休则是综合考虑了劳动力市场变化、劳动者退休意愿、经济收益而设计的一种激励延迟退休的机制。这一激励机制必须建立在特定的养老保险制度环境和就业文化的基础上,才有可能发挥正面的效果。鉴于我国企业职工基本养老保险实行的是 DB 型基础养老金 + DC 型个人账户的混合型养老保险模式,有两种政策构想。其一,在保持当前养老保险制度架构不变的前提下,规定劳动者达到灵活退休年龄后,可按月领取个人账户养老金。而 DB 型的基础养老金则继续保持积累。其二,劳动者达到最低退休年龄时,开始部分领取 DB 型基础养老金,将基础养老金中未领取的部分折算计入个人账户进行积累,待正式退休后与个人账户养老金一并领取。额外工作收入也可按缴费比例继续记入个人账户，达到标准退休年龄后再进行领取。在灵活退休阶段，对劳动者的额外工作收入不设置收入限制，也即是不附带养老金的减发机制。当劳动者达到标准养老金领取年龄后，劳动者可选择全额领取养老金，也可选择进一步延迟领取。达到标准退休年龄后，劳动者有自由选择是否工作的权利，额外的工作收入不会引起养老金的减发，因为满足标准退休年龄的劳动者均已实现其对养老保险制度的责任，完成了缴费任务，其领取养老金乃是个人权利。但是，如果劳动者选择领取养老金，那么在 DB 型基础养老金的规则下，即使继续工作，未来的基础养老金不会产生变化。但如果劳动者在超过标准退休年龄后选择延迟领取养老金，那么额外的工作收入会按照养老保险相关规定继续为未来的养老金待遇积累更多的权益。与其他国家现行的灵活退休机制相比，这一灵活退休方案结合了我国自身的国情特征和养老保险制度的内在规律，主要呈现以下特点：继续工作不妨碍养老金发放，从而最大限度地鼓励劳动者超过灵活退休年龄继续工作；达到标准退休年龄前，充分利用个人账户的计发规则，不妨碍基础养老金的精算平衡，又可切实给予劳动者补贴，简便易行；将灵活退休植入渐进延迟退休，既对劳动者习以为常的退休年龄给予"保留"，又能以多元化的方式鼓励其自主选择更晚的退休年龄。灵活退休机制在中国延迟退休制度设计下的实施潜力，将在下一章进行详细探讨。

第九章 延迟退休政策配套改革的政策建议
——多元化、灵活化的延迟退休实践框架

中国的退休演化路径和内在逻辑与其他国家既有相似之处，也有鲜明的特征。在老龄化加速发展的阶段，退休改革作为牵一发而动全身的关键改革节点，涉及亿万劳动者的切身利益，涉及用人单位的经济效益，涉及国家养老保险事业的长期可持续发展，涉及全社会对退休的新的语义建构。有鉴于此，延迟退休改革不能也无法成为一项简单的、单线条的政策调整，必然是系统耦合的结果。换言之，延迟退休应当是在多系统有机匹配下形成的结果，而非导致延迟退休实践的起因。在中国特殊的退休耦合结构下，当前政策语境下的延迟退休——实质为延迟领取基本养老险——所牵涉的面过于广泛，涉及的劳动者类型过于多样，因此，应当从中国的退休演化实际出发，从退休和老龄这一对必然区分的概念出发，从劳动与退休这一对相辅相成的矛盾关系出发，对中国的延迟退休改革的路径和配套机制提出可行的建议。劳动者的收入构成，劳动者与用人单位的关系，用人单位的用人成本，国家的养老保险长期可持续发展，是构建良好的延迟退休政策需要理顺的基本关系。只有在这个四角关系理顺的基础上，才可以实现良性的、各方可以接受、不至于扭曲的延迟退休政策。因此，延迟退休年龄政策的配套机制，便是为了理顺这几者相互牵扯的关系，从而耦合成一套适合时代、经济、社会发展要求和接受能力的新的退休图景。

第一节 阻碍延迟退休政策实施的几个关键的结构性问题

随着人口老龄化的加速发展,以及机器大工业就业形态在信息化背景下的转型、转向,退休和老龄的区分是具有普世意义的,无论西方工业国家还是中国都在经历着这样一种区分。认知并适应退休与老龄的区分是延迟退休改革的基础,或者说延迟退休改革也正是在这个区分的基础上提出的一种实践方式。中国的退休受中国的劳动关系、劳动力市场、养老保险等制度的影响,反过来对退休的任何改革都需要同时应对来自多方面的压力。

一 延迟退休对于用人单位的非必要性

从延迟退休开始广泛讨论以来,当前的延迟退休仅仅站在延迟领取养老金这个基于养老保险财务平衡的立场立论,并未涉及劳动力市场之雇佣行为。但中国自经济体制改革以来逐渐形成的退休是将退休行为与领取养老金相一致的,仅考虑一端而不提及另一端,则遭遇到的阻力不仅来自劳动者本身的意愿,更来自用人单位的反对,以及对用人单位造成的压力。中国自市场经济建立以来的退休是国家退休政策规范下的市场行为,退休与否并非源于市场主体自身对于成本、收益考虑下的供求问题。由此,退休之于用人单位,是不存在自主的、灵活的、自由的用人调整的。而在基于《劳动合同法》构建的劳动关系又使其人为地区分了人事雇佣关系和劳动关系,其中重要的区分来自社会保障权责和劳动保护等方面的责任。如果不存在这样的区分,那么用人单位在未来不可避免的青壮年劳动力减少过程中自然会增大对老年劳动者的需求,但在这个区分的前提下,用人单位无须通过延长劳动者正规就业的年数也能获得其他途径的聘用就业者——后者的用人形式还更加灵活,因此在这个体系下,市场几乎不会自发地要求延迟退休——当劳动者在现有制度中二元化后,退休成为一个特殊事件,不延迟退休不妨碍雇主继续对员工的留用。这样一来，延迟退休便不会成为用人单位任何时候的诉求，这只意味着用人单位的社会保险责任的延长。简而言之，社会保险的主要缴费者是用人单位，延迟退休不仅意味着工资的自出，更意味着附加的社会保障缴费的持续支出。而如果沿用当前的退休时点，采用返聘的方式聘用劳动者，则可以极大地节省用人成本，同时满足用人需求。在中国没有实施对人事雇佣关系的严格管理的前提下，用人单位即使在人口老化的背景下，也无须通过延迟退休来倒逼劳动者留用；相反，如果劳动者能够一方面办理正式退休，另一方面继续通过聘用来实现留用，反而可以在返聘的工资酬劳上有更大的谈判空间，从而更好地吸引劳动者。总而言之，在现有的劳动关系所造成的人为区分下，只要企业能够合理平衡薪酬给付和社会保险缴费，那么即使在人口老龄化导致青年劳动力减少的背景下，也不会依赖国家层面的延迟退休政策去填补用人缺口。

二　延迟退休对于劳动者的矛盾特性

在我国特有的退休制度下，延迟退休对于劳动者而言不仅意味着延迟领取养老金，同时也意味着延长在本单位的工作年限。这一现象对不同类型、不同年龄层的劳动者有着不同的利益结构。这种利益结构随着老体制和过渡群体的逐渐退出后，会逐步缩减是否拥有职业年金或企业年金覆盖的范畴。在当前多种制度覆盖、多个年龄群体参与的现状下，退休观念在不同群体的交互观察中呈现着各种理解，而这些理解中包含了许多基于年龄、体制结构下的误解。当不同体制的养老金伴随着过渡的完成而趋于统一后，整个社会对养老金待遇才会有更加一致的共同观念。延迟退休在当前的退休—养老金制度结构下，在我国不设限的劳动雇佣政策下，劳动者面临着与用人单位相似的决策空间。延迟退休在退休后可另行缔约的前提下，对有能力且有意愿的劳动者而言退而不休将是更合意的选择，一方面领取没有打折扣的养老金，另一方面依然可以取得雇佣收入。对于受老体制影响下拥有更加丰富的养老金资源的劳动者而言，退休金高度的收入替代使其乐于选择闲暇，此时的延迟退休对

· 243 ·

于老体制劳动者而言几乎是没有吸引力的——即使他仍然希望继续工作，也不妨碍通过其他途径继续获得返聘的待遇。真正可能自然倾向于延迟退休的群体必然存在如下的经济社会特征——养老金待遇与工作收入存在较大差距、自身财富积累较少、身体健康、本身的就业机会结构较少的劳动者，在人口老龄化、高龄化成为共识后，拥有这类特征的劳动者才可能是乐意自愿延长工作时间的劳动者，而他们受到就业机会结构的影响，在没有政策推动下可能无法获得继续聘用的机会，由此只能依赖退休时点的政策性延后。由此，在现有的养老保险和劳动雇佣制度下，劳动者会否倾向延迟退休与其养老金待遇结构、财富结构、就业机会结构有直接的关联。在现有的架构下，劳动者的退休存在制度性退休（规范退休）和实际退休的区别，退休收入、劳动收入存在交织，这一背景增加了劳动者对退休的观感的复杂性及其对延迟退休政策调整的认可度。

三 延迟退休对于国家宏观劳动力市场政策的取舍

尽管当前的延迟退休主要着眼于养老金收支失衡预期下的可持续发展考量，但养老和正规退休的联结性使得养老金的远期可持续发展与劳动力市场政策之间必然存在取舍。而对于任何国家的劳动力市场政策，青年劳动力就业问题从来都高于老年劳动者的退休问题，在劳动力市场政策的取舍之间，青壮年的就业岗位和老年劳动者持续工作之间的政策偏向是不言自明的。而在新常态下、在复杂而严峻的国际环境下、在后疫情时代外向型经济遭遇的突如其来的打击下，就业问题将是未来双循环背景下持续存在的政策难题。事实上，根据历史经验，在严峻的就业形式压力下，提前退休甚至是比延迟退休更有可能出现的政策选择——自2016年以来在结构调整压力下鼓励国有企业以内退+返聘的方式消化转移劳动力，同时节省劳动成本几乎成为大型制造业国企的共同选择，而在更加严峻的经济形势下，如何为企业减负——最核心的便是劳动成本减负——延迟退休这一给企业带来劳动成本增加的改革预期的政策，是很难在短时间内以直接的方式推进的。

总而言之，延迟退休作为退休调整的环节，既是保障责任的显现，也是劳动关系的调节。在中国语境下,保障责任与劳动关系的最终权衡者依然是国家,而非经由市场向上传递的模式。因此,延迟退休的最终推行,源于市场的阻力并不是最重要的,而市场情况经由政治系统的判断后形成的政策层面的阻力才是问题的关键。这个政策阻力包括中央经济政策任务重心的设置,包括对相关经济指标、劳动力市场指标的设置,对经济任务的规划等多重因素。相对而言,市场主体对于退休更多的只是被动的接受者而非主动的谋划者,因此延迟退休的暂停绝非因为市场主体,甚至包括公众议论这些外在因素,而是与近年来国际经济政治形势、国内经济政策目标重心的多重因素影响下的搁置,是决策层在经济发展、就业稳定和保障责任三者之间做出的权衡取舍。我国延迟退休政策在我国的养老保险、劳动关系、雇佣形态、宏观经济形势的相互耦合下,无论国家、用人单位还是劳动者都很难展现出明确的赞同意图,并且这个形式在短期内很难得到改变。在这样的背景下,延迟退休目前背后所涵盖的对公共养老金长期收支平衡的关切,以及对未来老龄化背景下的劳动—退休阶段的重构,需要站在系统结构耦合的视角下,以解构的方式来分化、重组、形成具有中国特征的促进延迟退休实质展开的方案。

第二节 建构退休收入与老龄收入的合理关系

伴随经济体制转型,职工养老保险所构成的退休收入与老龄收入之间的关联是处于不断的淡化之中。经由终身劳动转化而来的养老收入,逐步让位于保障基本生活的基本养老金。如果以养老金系统构建的四大目标之首——充足性（adequate）的意涵来衡量,那么中国的职工养老金所形成的对养老金充足性的界定,恰好处于收入替代之充足性向消除贫困之充足性过渡的中间地带。如果说城乡居民基本养老保险通过鼓励参保实现了最低限度的保障基本生存的养老金供给,那么城镇职工基本养老保险提供的养老金则是逐步从收入替代走向了保基本——统筹形成的基本养老金的工资替代效应早已没有提及,从最初1997年建制的"社会平均工资的20%",到附加了复杂化的收入关联特征,但依然包含着强烈再分配效应的2005版计发公式,基础养老金的保基本特征表露无遗,而承担着贡献——待遇关联的则交由个人账户养老金来完成。在这个结构下,中国早已形成了与老龄相区分的养老保险思路。应在此基础上对职工养老金的收益结构进行更加明确的论证,充分传递养老金对于职业劳动者老龄生涯的新意义。

一 进一步明确和优化基本养老金的理论内涵和实际意义

当前不同职业群体劳动者对延迟退休的不同态度,部分源于多元化养老金供给下不同群体,以及不同群体中的不同年龄群体对自身所观察的养老金的不同待遇实践。由此造成当前各群体对我国基本养老保险的发展趋势、待遇结构在观念上的误判。对于中等年龄层次的劳动者,很难给予现收现付、待遇确定型的养老金架构去预测自身未来的养老金,由此其对养老金待遇的判断主要给予当前的退休者、接近退休的年长同事,以及其他同龄群体,而这几个群体本身参与的养老金制度及其待遇结构便是不同的。对未来养老金的误判会影响劳动者对未来退休决策的预期,也会加大对延迟退休政策的不满——当养老金能够高度替代工资收入时,从历史和实践上看,绝大多数劳动者会非常倾向退休。尽管自1997年建制以来我国的职工养老保险就以保基本作为基本原则,十九大报告也明确指出我国社会保障的发展方向应当是"覆盖全民、城乡统筹、权责清晰、保障适度、可持续的多层次社会保障体系",但保障标准的适度性之阐释至今还比较模糊。其原因在于作为社会主义国家,在保障供给层面天生会具备某种福利性的语义。正如中华人民共和国成立之初劳动保险制度中并未将退休金视为一种"活得太老没收入"的风险保障手段,而一开始就将其视为劳动者应"享有"的基本权益。在此之后伴随市场化改革,尽管养老金的计发方式和权益结构已经产生根本性的变化,但养老保障作为一项基本的民生保障内容,则是体现共产党执政之优越性的重要内容之一,虽然我国的职工养老保险在其收支框架下已经尽可能地通过调待等方式增加给付,但养老金收益的减少是制度的必然结果,然而又是很难直接宣之于口的结论。养老金制度的专业化、复杂化也使得个人对养老金的预测和计算存在难度。造成的综合效应便是劳动者对退休后基本养老金收入判断的模糊性和不确定性，而凭借经验所获得的养老金观感则是高估的。因此，应立足社会主义核心价值观和新时代中国民生保障的理念和内涵，对我国职工基本养老金的内涵、意义、待遇结构做出合理、权威的诠释。在经济体制转型过程中，劳动者对其享有的权益和应承担的义务也处于转型之中，对权利和义务的误读，会直接导致对相应制度诉求的预期的差异。国际养老金制度改革的一大实践发现就在于，养老金改革一方面是在应对着客观存在的首先以财政问题为表征的可持续发展问题；另一方面则是对制度承诺的兑现问题，制度承诺是比制度设计本身更加直观地向参与者输送的信息。制度参与者对制度承诺的理解和信任远远高于对制度设计本身做出理性分析后所得出的结论。目前我国职工养老保险存在制度承诺和制度设计的某种程度的脱节，例如新时代民生理念表述为"不忘为人民谋利益的初心，牢固树立以人民为中心的发展思想，坚持增进民生福祉的根本目的；以解决社会主要矛盾为主线，以人民日益增长的美好生活需要为动力，以共建共治共享为原则，坚定地走共同富裕的道路；以公平正义的制度安排做保障，以人民有更多的获得感、幸福感、安全感为评价标准"，但如果不对其中蕴含的福利内涵和适度保障的原则进行进一步阐释，则很容易让社会对养老保障发展存在更高的要求和预期，但在职工养老保险体系下的保障水准是达不到这个预期的——除非在缴费基数做实，并按照当前国家规定的极高的个人账户记账利率来计算个人账户养老金，而这两点都是难以保障的。因此，应当首先从理论和现实相结合的层面，对我国养老保障、养老保险的角色、定位、内在含义进行明确的诠释，形成对国家的养老保障责任、适度退休收入保障的合理预期。

二 优化多层次的老龄收入保障体系的内容和结构

随着退休和老龄的根本性分化，事实上多层次的养老保障是一个自然生成的过程。中西方国家走向这个过程的道路虽然不同，但殊途同归。

西方工业国家经由养老保险造就退休,再由国家、雇主、雇员三者在经济发展背景下的共识形成的提前退休,以及人口老龄化的社会结果,自然形成退休和老龄的分化,退休金无法承担人为和自然共同构建的漫长老龄生涯的生计开支,由此出现多层次的养老保障制度构想。我国则经由计划经济时期老龄和退休在观念上的合———作为劳动者基本权益的享有而提出,但在计划经济时期个体的高度非经济化生涯使得退休的经济保障本就不是一个至关重要的话题——退休后的生计保障实现,乃至整个劳动生涯的生计保障之实现,有赖于国家通过产品和服务的分配来实现,而非货币购买,因此计划经济时期的退休金只是退休的一种象征性的货币保障而非核心性的生计给付。而到了经济体制改革时期,为建立与市场经济相适应的基本养老保险,我国建立了统账结合的基本养老保险制度,旨在提供对退休后的基本收入保障,此时的退休金一方面从制度理念上不再负责提供充分的老年收入;另一方面在市场经济条件下,个人对经济的参与越来越深,从劳动到退休的生计保障越来越有赖于货币化的收入所进行的支付,因此退休经济收入在退休生计保障中的重要作用越来越明显,制度化的退休经济收入旨在"保基本"、退休生计的经济化成分越来越大,二者的叠加效应使得退休金对于老龄生计的作用越来越弱化。因此,多元化的老龄收入供给才是劳动者退休后实现美好的老龄生活的必然选择,多层次养老保障与其说出于政策的推动,不如说出于退休金和老龄收入分化下的必然样貌——如果养老金不能独立实现对老龄生计的充分满足,人民自然会考虑、去计划更充分的收入来源。而国家需要做的,则是直接或间接地提供给人民能够满足老龄生计的、承担得起的、可持续的、抗风险的老龄收入渠道。以世界银行提出的五层次模式进行衡量,我国劳动者的多层次养老保障体系主要是以职工养老保险作为第一层次,职工的企业年金和职业年金以及商业养老保险作为第三层次的双层制度。鉴于退休制度所涵括的城镇正规劳动者的普遍参保情况,作为第零层和第三层交织存在的城乡居民基本养老保险在此不列入考量。但这并非广义上作为劳动者构建老龄收入的全部,事实上,中国家庭可自由支配的住房和股票、基金等金融资产所涵盖的其他类型

第九章 延迟退休政策配套改革的政策建议

的储备，在老龄化背景下也会成为获得或换取养老资源的来源。根据《中国家庭金融调查报告》，我国城镇家庭自由住房率接近70%，城市家庭平均金融资产为11.2万元。拥有自有住房的老人即使不能将其变现，也能依靠住房这个资源换取生计的资源。而在中国根深蒂固的孝文化基础上的老年非正规赡养一直都是老年生计保障真正意义上的兜底机制。由此，老龄的收入体系、生计获得机制与和劳动相关联的退休所得，本来就存在着自然的分离。延迟退休制度的顺利推行有赖于退休金和老龄收入体系从理念到实践的在权责划分的实现，从而实现退休金与老龄收入真实的关联和分立。

（一）优化基础养老金和个人账户养老金的功能层次

理顺区分基础养老金和个人账户养老金的功能层次，建立均质化的基础养老金+名义账户制的个人养老金，增强缴费和待遇之间的明确性。我国采取统账结合式的基础养老金，其初衷在于通过混合模式来实现养老金的基本保障与收入激励功能，并由此预防老龄化背景下现收现付养老金的收支可持续问题。2005年为了加强制度的收入激励功能，将基础养老金的计发改革为类似德国"积分制"养老金的形式，加入了个人收入作为养老金计发的核心元素，但同时通过统筹地区平均收入来进行收入分配，从而加强了基础养老金的激励性。但从长远发展看，这一调节机制是有待商榷的。一方面，养老金的计发和缴费之间依然不存在明显的精算关联，延迟或提前领取养老金并未体现出充分的与工作贡献相挂钩的激励。另一方面，养老金附加繁复的计算公式后，不仅增大了制度本身理解的难度，而且加大了未来与城乡居民基本养老保险对接的难度——二者从属于完全不同的计发体系。此外，明显以工作贡献匹配为导向的个人账户养老金与基础养老金的功能便存在冲突——如果前者已经是建立在明确的缴费—待遇关联基础上，那么后者对缴费—待遇关联的加强则有叠屋架床之嫌。因此，应当在统账结合的第一层次养老金中进一步加大两种养老金的功能区分，统筹账户的基础养老金通过计发参数的调整加大再分配性，维持制度的公平性，使其逐渐成为对于统筹地区劳动者而言的一种近似于普惠制的基础养老金，而基础养老金的差异主要体现于服务年限这个参数，而非个人工资水平，从而实现服务年限（缴费年限）和待遇水平的挂钩，弱化工作收入和待遇水平的挂钩。基础养老金实现基础保障的，并形成缴费年限赫尔待遇的明确挂钩——最好能让劳动者直观感受到每多缴费一年可以明确多得多少养老金，而个人账户养老金则实现完全的缴费—收入关联，并留下与企业年金、职业年金的接口，形成 DC 型的、可携带的养老金。

但目前存在的争议点在于个人账户养老金的筹资层面。个人账户养老金长期填补转型成本后形成的空账使得完全积累制在目前看来沦为一纸空文，在国有资本注资、部分弥补个人账户的政策尚未落地时，个人账户形成了实质上的名义账户制。名义账户制的实质是以 DC 的计发方式和现收现付的筹资模式相配合，在不改变筹资方式的基础上，在计发层面形成明确的、直接的缴费—待遇关联。但需要指出的是，名义账户的终点在哪里？如果将名义账户视为以 DC 的方式来讲一个现收现付的"故事"，那么名义账户本质上就是一个换了名目的、附加了自动待遇调整机制的现收现付养老金，只不过传统的 DC 型养老金应当依据市场回报率来折算未来的养老收益，而名义账户制则是根据人口年龄结构、经济发展等因素综合下"自动"通过名义利率的增减来实现养老金自动化的待遇调整——这样做的好处在于可以尽可能使养老金待遇客观化，减少在 DB 模式下养老金待遇调整的"黑箱"感，从而减少劳动者对养老待遇增减的公平性的疑虑。如果将名义账户制视为像完全基金积累制的过渡机制，则又是另一种制度逻辑，名义利率应当贴合市场收益，并逐步以其他方式来做实转型中的个人账户空账，从而在较长的周期中"摊薄"转型成本。

我国的个人账户养老金的发展前景至今还在探讨当中，2017 年人社部和财政部共同出台《个人账户记账利率办法》（以下简称《办法》），从表述上看，应当是间接采用了名义账户制的第一种思路，也即是政府根据制度发展现状和需求直接指定记账利率的方式来实现个人账户的名义积累。但这个方案存在一些明显的粗糙性和制度逻辑问题。第一，方案并未公布记账利率的计算方式和指标体系，对于劳动者而言记账利率的高低依然是一个纯粹的政府行为，从而也就让政府背负以记账利率为表征的新的"承诺"；第二，记账利率需要满足激励性和适度保障的双重任务，而在目标的内在矛盾性上未能界定二者的边界，从而可能在运行中存在较大的偏向；第三，直接提出以精算平衡作为基础来科学确定记账利率是一个不全面的说法，因为在基础养老金存在的背景下，个人账户养老金如果未能首先确定应有的保障水平，那么对于未来的精算平衡影响是不可测的——原则上个人账户养老金如果按照建制之初的构想进行实账积累的话，理论上都不该有精算平衡的说法。

根据这一《办法》可以读出两个取向，首先目前的政策预期可能已经不打算做实个人账户了，其次在此基础上对于个人账户的定位依然是模糊的。一个不做实的、以收入替代为标准的、以保障基本生活和工作激励为目的的、以精算平衡为原则的名义积累式的养老金，到底应当在我国的职工基本养老保险中扮演怎样的角色？承担怎样的保障责任？这是首先应当阐释和论证的问题。

对这个问题的解答直接关系到多层次老龄收入体系构建的层次和衔接问题。这个变化唯一带来的可能对退休有益的地方在于，劳动者未来所面临的职工养老保险将具有不同以往的内涵，一种基础养老金＋NDC式的创新的混合模式，有望重塑劳动者对退休金的期望内涵，同时也是加强贡献—待遇关联的良好契机。纵观2017年以来的记账利率，目前显然是以超过市场收益的高名义利率进行记账的（2018年为8.29%，2017年为7.61%）。如果记账利率能和市场利率维持这样的关系，那么对劳动者的工作激励无疑会非常正向——市场上几乎找不到一种低风险投资工具能够给出这样的年化收益水准，而唯有持续工作、参保基本养老保险才可能获得这样的记账利率。这次调整无疑为未来我国统账结合的职工基础养老保险的改革方向给出了充分的暗示，进一步通过逐渐名义账户化的个人账户养老金实现对待遇和收入的明确关联，从而使劳动者建立明确的劳动积累和退休收入之间的物质和心理关联，使其逐步转化对退休收入的认知。如果能够创造性地用好个人账户养老金的理念和机制，便可以在润物细无声中使我国的养老金制度产生结构性的转变。统筹账户提供基础收入，或者直接过渡为最低养老保证（minimum pension），而个人账户以实质的 NDC 的形态来实现养老金长期收支平衡和缴费待遇明确关联的同构。在这样的基础养老金架构下，可以容纳更加灵活的退休改革变体。例如，可以考虑在全国统筹实现后、缴费基数做实后，将统筹基金的部分缴费率继续向已经名义账户化的个人账户迁移，降低统筹账户的缴费比例，提高个人账户的缴费比例，使用人单位缴费形成统筹基金下的基础养老金，而单位缴费＋个人缴费形成实质为 NDC 型的个人账户养老金。这种方案不会增加企业的实际缴费负担，不会减少政府的实质养老收入，并且有助于增加养老金制度对个人的吸引力——当然，前提是记账利率的形成的收益从长期来看能够实现较好的增长。由此形成在精算平衡下基本公平的、均质的甚至可以基本不反映个人贡献的基础养老金和能够实现直观反映缴费待遇之增量性关联的个人账户养老金。这里所提到的缴费和待遇之增量关联并不仅仅局限于实现贡献和收益的严格匹配，更重要地实现一个故事的讲述——年限和记账总量的匹配，让个人能够意识到每一年的增量是直观的。NDC 型的个人账户之优势就在于，它并不是建立在直观的缴费—待遇之数量核算间的直观联系，而是可以附带多种社会政策目标的制度架构。因此也无须担忧 NDC 型的个人账户之再分配问题，这是可以通过不同的记账利率赋予来实现纵向再分配和横向再分配综合发展潜力的制度架构。

（二）创新补充养老保险在延迟退休中的激励功能

在延迟退休过程中合理发挥补充养老保障的作用。多层次养老金是退休收入和老龄收入的综合体，其中既存在与退休与否直接关联的如职业年金、企业年金，也存在构建更加广阔的老龄收入空间的个人养老金、商业保险等内容。在延迟退休政策推进过程中，受我国补充养老保险基本架构的影响，以职业年金、企业年金为代表的第二层次养老金与第一层次养老金存在直接的联动性。这意味着延迟退休第一层次养老金，等同于延迟领取第二层次养老金。在延迟退休背景下，应当重新定位和思考多层次养老金与退休之间更加灵活的匹配，回归两种年金在养老金制度架构，尤其在延迟退休中的灵活作用。当前的延迟退休是针对第一层次养老金而言的，作为目前为止我国实行实账积累的第二层次补充养老保险，是不存在精算平衡下的收支问题的，因此早领晚领并不应当成为是否延迟退休的理由。与之相匹配的，两种职业年金可以适度成为鼓励延迟退休的给付机制。例如在延迟退休中更加灵活的、自主选择的职业养老金领取时点，可以结合延迟退休的目标设立职业养老金的弹性领取区间，以当前退休年龄为起点，以目标退休年龄为终点来设置弹性的提取时点，由此缓和部分劳动者可能对延迟退休的反对，使其能够在部分领取补充养老金的同时，继续工作到延迟退休的时点。作为灵活的实账积累型制度，对于选择提前领取职业养老金的劳动者，可以依据其选择领取的比例部分撤回雇主的缴费义务，减轻单位在延迟退休期间的部分劳动成本，而对于愿意等到退休时点再领取的劳动者，则继续向职业养老金的账户进行缴费积累。我们认为，职业养老金作为补充养老保障收入，其本身的作用是弥补和增强第一层次养老金，不必争取"一时一地"，而应以更加灵活、开放的姿态融入老龄收入体系的构建中。综合劳动者与单位的诉求，结合国际上职业养老金普遍领取时点低于第一层次基本养老金的实践现实，可以考虑在延迟退休的过程中，将当前的退休年龄（男性60岁、女性55岁）确定为职业养老金的领取时点，与目标的退休年龄形成3—5年的间隔期，从而既安抚劳动者对延迟退休的反对情绪，也能实质性地降低企业在延退期间的用人成本。

第三节 在延迟退休中融入灵活退休机制

正规退休和工作劳动之间的关联，随着工业化向后工业化转型、随着互联网技术对劳动生产的重塑，必然会变得弱化。而在我国的养老退休架构中，正规退休和非正规的就业既存在明确的区分，也存在无障碍的交织。从而造成的状况是，正规退休者可以无障碍地参加非正规就业，从而老龄劳动的非正规性（informality）就不可避免地上升了。这种结构将对着眼于延长正规就业时长、延迟正规退休年龄的制度改革产生极为不利的影响。但是在我国的劳动力市场架构和法规制度体系下，强制老年人进入正规就业，或者禁止其从事非正规就业，既是不必要的，也是不可能的。从长远来看，我们应当包容甚至鼓励老年劳动者从更加灵活的就业形态中获得收入，而工作收入本身应该成为未来老年群体的收入结构中的重要组成部分。由此，需要做的不是停止老年人的非正规就业，而应当从加强留在正规就业的吸引力的基础上，来激励老人留在正规就业序列中实现工作年限的延长。正规化的延迟退休是延迟退休政策推进所必须破解的难题。解决这个难题需要在劳动者的养老金激励、用人单位的缴费成本、国家的财政负担三者之间取得平衡。在统账结合式的养老保险制度架构中，在全国统筹尽快实现、缴费基数尽快做实的背景下，在个人账户逐步走向名义账户的趋势下，创造性地结合延迟退休期间的工作与退休，可以对延迟退休制度推进中的障碍给予新的解决思路。

一 在延迟退休中融入灵活退休机制的可行性、价值和基本原则

（一）中国实行灵活退休机制的主客观基础

灵活退休机制的核心在于灵活二字，能够有效实现领取养老金和继续工作的有机结合。我国推行灵活退休机制，已具备较好的主客观基础。从客观层面看，我国的城镇职工基本养老保险制度，是一项典型的现收现付+基金积累的混合型养老保险。现收现付条件下，可以实现养老金领取后继续就业，这在 OECD 国家已有不少先例，从政策机制上看，并不难实现。我国个人账户养老金的基金积累属性，则更加适合灵活退休机制。一方面，基金积累、待遇确定型养老金天生具有灵活的因素，养老金的发放取决于个人账户的积累；另一方面，个人账户养老金的养老金权益计算简便，无论何时领取、领取多少，都可以直观地反映在个人账户的积累上。从主观层面看，我国已有不少劳动者具有延迟退休意愿，退而不休、老有所为成为部分老人乐意的选择。据《人民日报》2018 年调查，大部分退休者有重新就业的意愿，但困于就业渠道不畅[①]。张永

---

① 《人民日报》调查部分老人晚年生活：退休后重新就业意愿较高但渠道不畅，人民日报网络版，2018 年 10 月 29 日，https://app.peopleapp.com/Api/600/DetailApi/shareArticle?type=0&article_id=2770005。

第九章　延迟退休政策配套改革的政策建议

梅、方晓伟根据浙江省调研数据指出，就业状况对延迟退休意愿有显著影响，在单位处于中层职位或具有高级技术职称的人有更强烈的延迟退休意愿[①]；机关事业单位的劳动者倾向于延迟退休；女性比男性更愿意延迟退休。李琴、彭浩然指出，受教育水平越高的人越不愿意延迟退休；女性比男性具有更强的延迟退休意愿；具有高级技术职称的人更倾向于延迟退休[②]。灵活退休机制与延迟退休非但不会冲突，而且在领取养老金和继续工作方面，更有独特的优势，因此，具备延迟退休意愿的劳动者，理论上也会是灵活退休的拥趸。同时，灵活退休机制是一种基于自愿选择的退休机制，因此对于不愿延迟退休的劳动者，也不会与其退休诉求相冲突，从而能够更好地兼顾劳动者复杂多样的退休意愿，避免延迟退休年龄调整"一刀切"。

（二）可形成延迟退休年龄政策推进的前瞻性政策储备

渐进延迟退休年龄政策虽然是应对人口老龄化的退休制度改革的核心内容，但渐进延迟退休年龄政策战线长、进度慢，纵观自1990年就开始探索渐进延迟退休的诸多发达国家，30年来其总体退休年龄提高了不到两年。而我国渐进延迟退休年龄政策之动议提出已有多年，虽然已经写入"十三五"规划纲要，但却迟迟未能落地，可见延迟退休年龄政策需要相当漫长的政策酝酿实践期。但与此同时，我国人口老龄化正在飞速发展。根据联合国人口预测，我国当前60岁以上人口占总人口比重约为16%，相当于发达国家1990年左右的平均水平，而发达国家当前平均水平为26%；但是，到2050年，我国60岁以上老人将占到总人口36%，基本与同期发达国家平均水准持平[③]。这说明我国的人口老龄化将以发达国家数倍的速度增长，发达国家花费60年达到的老龄化程度，

[①] 张永梅、方晓伟：《城镇中青年人延迟退休意愿及影响因素分析——基于浙江省的调查数据》，《调研世界》2016年第12期。

[②] 李琴、彭浩然：《谁更愿意延迟退休？——中国城镇中老年人延迟退休意愿的影响因素分析》，《公共管理学报》2015年第2期。

[③] Bloom, David E., and Dara Lee Luca, "The Global Demography of Aging: Facts, Explanations, Future", *Handbook of the Economics of Population Aging*, Vol. 1, North-Holland, 2016, pp. 3 – 56.

· 255 ·

我们只需要 30 年。快速的人口老龄化进程，使我国不仅需要加快推进延迟退休的步伐，还需要对老龄化中后期的就业—退休政策进行更具前瞻性的预判。发达国家先我国一步的老龄化发展业已显示，在不同的人口老龄化阶段，政策重心是会有所变化的。发达国家在近年来的政策重心已经逐渐从应对老龄化背景下的养老保险财务负担，逐渐过渡到鼓励老龄就业、提高老年劳动供给上。因此，我国需要一种更加灵活的退休方案，一方面可以鼓励、引导劳动者延迟领取养老金；另一方面有助于释放逐渐上升的老龄就业需求。在推进延迟退休年龄政策的过程中，引入灵活退休机制，既可以降低延迟退休年龄政策推进阻力，又可以起到鼓励、促进老龄就业的作用。

（三）中国引入灵活退休机制的基本原则

结合上述目标，灵活退休机制引入中国需要遵循几个基本原则。第一，灵活退休者养老金经济收益不受损原则。这一原则是灵活退休机制建立的基础条件。结合现行的养老保险制度框架，劳动者通过灵活退休领取的养老金收入所对应的养老金财富，不得低于现行退休年龄（男性 60 岁、女性 55 岁）的养老金财富。需要说明的是，国外灵活退休往往没有考虑养老金本身的收入，而是将养老金的部分给付视为对劳动者继续工作的"奖励"，继续工作本身取得收入即是一种福利。但是，在我国当前社会大众对退休的认知下，工作归工作，退休归退休，是不会将养老金的额外给付视为奖励的，并且灵活退休是嵌入到延迟退休过程中的机制，所以劳动者通过灵活退休获得的养老金财富较之以往，只能多，不能少。第二，减少国家对基础养老金的总体给付原则。老龄化背景下所必需的养老保险制度改革，所对应的是现收现付、待遇确定型养老保险，也即是城镇职工基本养老保险制度中的基础养老金部分，这部分养老金受到人口年龄结构的冲击会出现收支失衡，延迟退休所针对的延迟领取养老金，本质上是这部分养老金。个人账户养老金属于基金积累、缴费确定型养老金，其财务模式不会受到老龄化的直接冲击，其积累方式本身也具有天然的纵向公平性，因此在改革过程中，只需要考虑直接体现国家财政责任的现收现付型基础养老金负担。第三,确保养老金给付的公平性。灵活退休只是延迟退休的配套机制,因此,灵活退休所带来的收益不能高于直接选择完全延迟退休所带来的养老金收益。

二 灵活退休机制的设计思路

人口老龄化背景下,渐进延迟退休年龄已是难以回避的改革路径。但延迟退休阻力很大,至今依然无法取得公众的共识。延迟退休年龄政策并不能视为一项单一的退休年龄调整政策,而应放在退休制度改革的大视野下进行考量,在延迟退休中逐步理顺养老保障和劳动力市场在人口老龄化各阶段的不同诉求,并通过灵活的配套机制适应不同类型劳动者的退休愿景。因此,延迟退休年龄政策必然是一项综合性的一揽子制度改革,而灵活退休正是一种值得关注的退休机制。但是,灵活退休机制的效果取决于养老保险制度、劳动力市场制度、劳动意愿、人口老龄化发展进程多方面的交互作用,因此,灵活退休只能是建立在我国国情基础上的创造性设计,方可具备有效的政策价值。

(一)灵活退休机制所针对的养老保险制度要素

灵活退休机制的核心在于灵活设计养老金领取机制。由于退休行为是一项与雇佣劳动直接关联的行为,换言之,退休者首先得有"单位",否则退休便不具备意义,成为一种主观的状态认知。因此,作为灵活退休机制之基础的,是城镇职工基本养老保险,而非城乡居民基本养老保险,后者的参保对象并非纳入劳动关系的正规就业者。我国城镇职工基本养老保险的收入由社会统筹部分和个人账户部分构成。2005年后,统筹账户将个人缴费因子引入到基础养老金计发公式,增加了收入关联性,一定程度上提高了基本养老金替代率。由此,我国现行基础养老金的计算公式为:

基础养老金 = (领取前一年当地职工年平均工资 + 指数化年平均缴费工资) ×0.5×缴费年限×1%

公式可表述为基础养老金 $P_b = (\overline{w_{r-1}} + \overline{w_{r-1}} \cdot \sum_{c=1}^{r-a} \frac{w_{a+c-1}^k}{w_{a+c-1}})/(r-a))/2 \cdot (r-a) \cdot 1\%$。其中 r 为养老金领取年龄,a 为劳动者参保年

龄，c 为缴费年限，k 代表职业类别，w 为工资，$\overline{w}$ 为当地职工平均工资。

另：个人缴费因子为 $E = \sum_{c=1}^{r-a} \dfrac{w_{a+c-1}^k}{\overline{w}_{a+c-1}} / (r-a)$，则有：

$$P_b = (\overline{w}_{r-1}(1+E)(r-a)/2) \cdot 1\%$$

退休前个人账户积累额为 $\sum_{s=a}^{r-1} 8\% w_a (1+g)^{s-a} (1+i)^{r-s}$

其中，s 为劳动者的实际年龄，g 为预设的工资增长率，i 为个人账户回报率（当前为利率水准）。因此个人账户养老金为：

$$IA = \left(\sum_{s=a}^{r-1} 8\% w_a^k (1+g)^{s-a} (1+i)^{r-s} \right) / 计发月数 \times 12$$，其中计发月数根据不同退休年龄有所区别，60岁退休的计发月数为139个月。

（二）灵活退休机制的核心理念和方案设计

中国构建灵活退休机制，需要创造性地运用统账结合的养老保险制度。从国际实践看，建立统账结合养老保险且引入灵活退休机制的，仅有瑞典。但瑞典的基础养老金采用名义账户制计发，在计发层面具有DC型养老金特征，因此瑞典的设计方案不适用于我国。在灵活退休者养老金经济收益不受损、减少国家对基础养老金的总体给付、确保养老金给付的公平性这三大原则的要求下，可采用灵活领取养老金与个人账户互相转换的机制，设计最低养老金领取年龄和标准养老金领取年龄之间的灵活领取方案。

以男性劳动者为例，假定将养老金全额领取的最低年龄设为60岁，劳动者可以选择60岁开始可以领取50%的养老金，到65岁再领取全额养老金；或直接等到65岁再领取养老金。在部分领取养老金的阶段，劳动者可以继续参加工作。简化起见，先考虑某一劳动者选择60岁灵活退休，与考虑65岁正常退休进行比较。结合我国养老金计发规则和灵活退休机制构建原则，进行如下规定。

（1）劳动者如果选择60岁灵活退休，则领取的基础养老金应按照60岁领取进行计算，记为 P_{60}。具体而言，劳动者在60—64岁领取50% P_{60}，而到65岁开始领取全额 P_{60}。劳动者如果选择在65岁全额领取养老金，那么将获得 P_{65}。这是因为，基础养老金遵循现收现付、待遇确定规

第九章　延迟退休政策配套改革的政策建议

则，一旦劳动者开始提取养老金，便无法继续缴费参保了，因为继续缴费参保难以在待遇计发公式中进行重新核算。事实上，当前所有建立现收现付DB型基础养老保险的国家，其灵活退休阶段都无法继续参保缴费，这是DB型待遇确定方式所固有的内在特征，无法改变。只有建立DC型或NDC型养老金，其待遇计发体现为缴费的本利之和，才能够在提取养老金后继续积累待遇。

（2）当劳动者选择在60岁灵活退休时，可领取50% P_{60} 作为部分养老金。此时个人账户积累的养老金不可提取，并且另外50% P_{60} 会记入个人账户，在60—64岁阶段按照个人账户投资收益进行积累，达到65岁再进行发放。我国的养老保险采用混合模式，这便为灵活领取机制提供了较好的解决方案。灵活退休者尚未领取的另一半养老金并不会损失，而是放入个人账户延迟发放。个人账户养老金发放月数有限，延迟发放个人账户养老金也有助于养老金在高龄阶段的充足性。

（3）当劳动者已经选择60岁灵活退休后，企业可以继续雇用该劳动者，并且不再为其缴纳养老保险。因为劳动者自灵活退休时间开始，其养老金已经被锁定在 P_{60}，企业已经完成了对该劳动者的缴费义务。为鼓励劳动者的就业积极性，规定灵活退休阶段的个人账户缴费参保为自愿参加。

（4）灵活退休期间，劳动者依然可以与企业签订正规劳动合同继续在本单位或其他单位就业，劳动所得不会影响其养老金的部分领取。

比较国外现行的灵活退休机制和此处提出的中国思路，二者存在以下不同。第一，制度内涵存在差异。国外灵活退休机制下，养老金的部分提前领取是作为部分工作机制的补贴而存在，其内涵在于，当老年劳动者因个人原因不再愿意从事全职工作，但又会因此减少工作收入时，通过部分领取养老金来补贴部分收入，从而这是一项工作鼓励计划。而中国思路的出发点则是鼓励劳动者延迟领取养老金。第二，制度推行的背景存在差异。西方国家已基本结束对于延迟退休年龄的讨论，延迟退休年龄方案已经形成社会共识，并诉诸法律、法案，推行灵活退休机制的目的并不在于延迟领取养老金，而在于鼓励老年劳动参与、提高老年劳动供给。而中国的延迟退休年龄方案尚在讨论当中，还未形成共识，也未正式推出，现阶段的主要着眼点在于延迟领取养老金，因此更加关注的是灵活退休如何协助推行延迟退休年龄政策。基于我国发展灵活退休机制的特殊性，在设计灵活退休机制时，就需要因地制宜。例如西方国家的灵活退休是从标准退休年龄往下"降"，因此其基准养老金是依据标准退休的养老金，灵活退休拿到的养老金是一种额外的好处；但中国的灵活退休是从当前退休年龄往上"升"，所以如果只让劳动者部分地领取养老金，无疑会被劳动者认为是一种损失，所以必须将没有发放的那一部分养老金通过其他途径进行填补。西方国家的灵活退休过程中，在达到标准退休年龄之前，一般附带了养老金减发机制，当收入超过某个界限，养老金会减少或停止发放，而中国发展灵活退休势必不能套用这一机制，否则必将遭致极大抵触。综上，西方国家的灵活退休是一种旨在增加老年劳动参与率的激励手段，而我国若实施灵活退休，需要将其作为渐进延迟退休年龄的配套政策来设计。

（三）不同退休方案下的养老金财富比较

在上述方案构建下，需要对60岁退休、60岁灵活退休、65岁退休三种方案下的养老金财富进行比较。为了尽可能清晰地展现三种退休方案的比较结果，假定获得：（1）男性劳动者获得平均收入，年收入为72000元；（2）名义工资增长率与通货膨胀率持平，因此实际工资增长率为0；（3）劳动者参加工作年龄为25岁，终极寿命为85岁；（4）养老金名义调增率与通货膨胀率持平，因此实际调增率为0；（5）个人账户投资收益参考银行定期利率与通胀率持平，实际零利率为0；（6）鉴于上述规定均已抵消名义增长率，而贴现率是对未来现金流预先收取的利率，因此这里在计算养老金财富时，可以不考虑贴现率。

基于以上假定，结合灵活退休方案设计，三种退休的养老金财富及其构成如下（单位：元）。

60岁正式退休：60岁退休的基础养老金 $P_{60} = 25200$，领取到85岁去世为止总额为630000；个人账户余额 $IA_{60} = 201600$；养老金财富总额为831600。

60 岁灵活退休：60 岁基础养老金 $P_{60}=25200$，自 65 岁开始全额领取 20 年，总额为 504000；60—64 岁领取 50% $P_{60}=12600$，总额为 63000；60 岁时 $IA=201600$；60—64 岁未领取的一半养老金记入个人账户进行积累，总额为 63000，因此个人账户的积累总额为 264600；灵活退休下的养老金财富总额为 831600。

65 岁正式退休：65 岁的基础养老金 $P_{65}=28800$，领取 20 年总额为 576000；个人账户 $IA_{65}=230400$；养老金财富总额为 806400。

根据上述计算，整理出两个关键指标：养老金财富总额，基础养老金支付总额如表 9-3-1 所示。

表 9-3-1　不同类型退休方式的养老金财富与基础养老金给付比较　　单位：元

	60 岁正式退休	60 岁灵活退休	65 岁正式退休
养老金财富总额	831600	831600	806400
基础养老金给付	630000	567000	576000

对于劳动者而言，最关心应当是养老金财富总额。60 岁正式退休和 60 岁灵活退休的养老金财富总额持平，高于 65 岁正式退休的养老金财富总额。这一现象源于在当前我国养老保险计发办法下，延迟领取养老金有可能造成养老金财富损失。这一结论在国内学者如彭浩然（2012），林熙、林义（2015），封进等（2018）的相关研究中业已形成一定共识。这昭示着在养老保险计发未能做到精算公平的基础上，延迟退休对劳动者可能构成损失。但灵活退休则有可能规避这一损失。

对国家而言，最关心的当是基础养老金支付额。现收现付的基础养老金支付是国家责任和养老金财务平衡的直接体现，其支付额是国家财政压力的直接体现。个人账户养老金在现行制度设计下也应有国家保障给付，但其财务机制为强制储蓄积累，因此理论上与财务平衡无关。因此，延迟养老金给付的价值，便是看基础养老金支付能否得到控制。在三种方案中，60 岁正式退休的基础养老金支付最高，其次为 65 岁正式退休，60 岁灵活退休的基础养老金支付最低。这意味着 60 岁正式退休对养老金财务平衡的压力最大,而 60 岁灵活退休对养老金财务平衡的压力最小。

对企业而言,60 岁灵活退休与 60 岁正式退休一致,劳动者年满 60 岁企业均不需要缴纳养老保险费。而 65 岁正式退休,则企业需要依法缴纳劳动者 60—64 岁的养老保险费用。

根据相关假设下的计算对比,在现行城镇职工基本养老保险计发框架下,通过充分利用我国养老保险统账结合的制度模式,将未领取的养老金转移给了个人账户,从而也将养老金的计发责任从国家财政转移到基金积累,实现了养老金计发从 DB 向 DC 的转换,在不损失劳动者权益的同时,变相降低了国家责任。在这一机制的作用下,灵活退休能够减轻国家所担负的养老金财务压力,能够减轻企业的养老保险缴费负担,能够至少不降低个人最终得到的养老金财富总额,从而实现了中国构建灵活退休机制的基本原则,能够较好地适应延迟退休年龄政策的改革目标。不仅如此,对于企业而言,企业雇用灵活退休者可以大幅减少其社保缴费,这对企业是非常显著的激励,也能变相实现企业社保降费的目标。对于个人而言,灵活退休者继续工作的可能性和机会是存在的,领取养老金的同时并不妨碍其获得收入,而这一工作收入并未纳入此前的假设考虑,因此灵活退休对于劳动者福利的改善是被低估的,仅从经济福利看,灵活退休者不仅得到了不少于现行退休的养老金财富,还可能额外获得工作收入,因此灵活退休会显著优于当前退休。最后,需要特别强调的是,在尚未做到精算中立的养老保险计发条件下,延迟退休对劳动者可能存在不利影响,这是在延迟退休年龄政策确立前需要妥善处理和调整的。

(四)另一种思路的探讨——先个人账户后统筹基金的灵活退休

上述方案所探讨的是在劳动者年满 60 岁时以部分领取的方式,折半领取基础养老金,并将剩余养老金折算进个人账户、在满足正式退休要求后一并领取。在这个方案下实现劳动者的延退激励、企业的成本控制、国家实现延迟退休这三重诉求。但是,这一方案受个人账户政策的影响较大,尤其在当前个人账户记账利率的形成机制尚未公开的基础上,折半后折算进个人账户的基础养老金受记账利率影响,到底会产生怎样的效应是难以推测的,高记账利率下可能因此造成政府的额外负担,例如上例所推算的,若记账利率显著高于通胀率,例如按照近两年记账利率和按照消费物价指数衡量的通货膨胀率来折算的话,记账利率的实际利率水平高达4%—6%,如此一来折半计算的60—64岁养老金(如果按照实际利率5%计算)就不再是63000,而是76577,显著高于基准值,而在名义账户下,这个超额的养老金增长并非源于市场利率的自然收获,依然意味着国家的财政责任。在我国养老保险制度架构依然处于变化发展的趋势下,对延迟退休下的灵活退休作用还应该有更加开放的思维。接下来探讨的是如果劳动者在60岁时只领取基础养老金,正式退休再领取个人账户养老金的思路和衍生的问题。

假定劳动者依然将60—65岁视为灵活退休的实现空间,此时自60岁开始,劳动者可以在任意时点选择领取个人账户的养老金,并维持在原单位工作。当劳动者达到标准退休年龄后,解除劳动合同,并领取来自统筹账户的基础养老金实现正式退休。灵活退休期间,个人账户养老金可全额领取也可按比例部分领取,领取过程中对劳动就业收入不产生抵扣效应。未领取的养老金可以继续在个人账户中进行积累。劳动者在灵活退休期间,可继续按缴费基数向个人账户缴费,但也可以依据对劳动者缴费意愿的调查,停止劳动者对系统的缴费,从而将国家对劳动者在这个层面的支付义务固定下来。但与此同时,用人单位对统筹基金的缴费需要继续进行。这个方案显然涉及一个问题,就是理论上用人单位的负担并不会直接减轻,用人不会因此减少劳动成本,从而无法从改革中受益。当然,按照上一部分对补充养老保险的设想,可以考虑让用人单位在这个阶段停止缴纳职业年金和企业年金的缴费,以此来进行对用人单位的安抚。更为根本性的解决方案需要建立在统筹账户本身的缴费率的重构上,而这又建立在个人账户在名义账户制下的改革方向。如果确定建立名义账户制,则可以考虑将统筹账户缴费比例进一步做低,例如8%的缴费进入个人账户,另外8%则以匹配缴费的形式记入个人账户,从而实现总计16%的名义账户缴费。匹配缴费的8%不会体现在职工本人的财务账户上，职工选择灵活退休时，单位的匹配缴费和职工的个人缴费都可以停掉，并按照此时的积累来折算养老金；单位继续进行统筹缴费。如此单位的缴费率则下降了8%，自愿选择灵活退休的劳动者虽然会损失未来的养老金积累，但这是基于自愿选择的要求，能够体现劳动者基于自身资源禀赋的自主决策。对于政府而言，来自单位的8%的缴费能够继续取得，而政府在名义账户层面对劳动者赋有的义务则已经通过名义账户养老金的折算给予兑现了，此后不会产生新的义务。对劳动者而言，劳动者减少了个人缴费（提高了现期到手的工资），并且提前领到养老金，也会继续留在单位就业，不会减少就业的正规性（不会减少劳动者在正规就业系统中的贡献）。对于企业而言，老年劳动者实际上会变得更便宜，因此也有继续雇佣的动力。这个方案对个人账户养老金的改革走向有较大的依赖，尤其是记账利率的形成机制是如何体现财务平衡的，这一点目前尚无明确的阐释。养老保险制度是正规退休的基石，如果其制度选择、框架建构存在进一步的改革空间，那么势必对延迟退休的制度效果产生显著的影响。

三 结合灵活退休机制优化退休群体继续就业的正规性

阻碍老年劳动者延迟退休的一大因素在于退休结构中以返聘机制为代表的退休就业机制的广泛存在，使老年劳动者和用人单位具备更加灵活的用人策略。以返聘为代表的退休者就业策略确实可以更好地适应不同单位类型对老年职工的需求差异，但其问题则在于强化老年就业的非正规性，使部分老年劳动者在与雇主的共谋中被非正规就业类型所吸纳，从而脱离了与社会保障相融合的权责关系，形成对社会保障与劳动就业之基本逻辑的背离。以正规就业为基础的养老保险实质是以缴费为基础的对市场主体与社会保障之间权利义务的明确。但在社会保障缴费和待遇之间不存在透明关联的前提下，支取养老金且以非正规的形态来实现就业，本质上是对市场所负担的责任之消解与逃避——除非养老金能够完全做到缴费待遇的明确、清晰、公平的关联，否则就业和缴费便应当是同构的责任义务关系。因此，以返聘为代表的各类老年雇佣机制应当做出调整。但是从实际情况看，令退休受雇者的劳动者和企业继续缴费会存在一定的阻力，同时也会损伤这一机制的灵活性——在现行制度下，已经领取一段时间养老金的退休者是无法重建、接续其统筹账户的缴费历史的。在此可参考部分国家设计的养老金退回机制（phase out），也即是养老金领取者在满足适当条件时应当退回部分养老金。结合灵活退休的思路，可令退休受雇者的基础养老金减少发放或暂停发放，个人账户养老金则按照实际情况继续领取。如果个人账户养老金最终走向名义账户化，那么劳动者可选择将养老金名义账户继续积累以取得未来更多的年金收入。这一调整方式的基本逻辑在于，劳动者和用人单位达成返聘共识意味着老年劳动的实际供需是存在的，那么这个实际供需若无法转移为对养老金的缴费收入，形成新的养老金资产（无论是现收现付资产还是基金资产），那么也需要对应实现节流（减少或停止具有相应工作收入期间的基础养老金发放）。需要指出的是，这一调整区别于灵活退休机制，二者在劳动关系属性上存在区别，且退休受雇者可能在任何时点进入任何类型的单位，不一定如灵活退休一样依然在原单位从事劳动。如果劳动者选择兼职性质的，例如以互联网为基础的灵活就业，则不受此约束。这一做法是适应养老保险的改革思路来做到对劳动者延长实质工作年限的规范性，形成更加良性的工作—保障对应关联，完善市场主体对社会保障的权利义务关联。

第四节　建立新时代的老龄劳动用人关系

退休的多系统耦合特征意味着养老保险的领取年龄延迟只是建构退休关系中的一个环节，退休最终需要落地的是劳动者本身的状态转移，而这一状态的转移有赖于劳动就业环节的用人与雇佣之间的共识性解决方案。这一共识的来源，在计划经济时期主要包括不同类型的政策语义和劳动文化，在市场经济体制下则受到市场雇佣主体和劳动法规政策的双重约束。但是，在社会主义市场经济的语义下，我国市场化就业形态与西方国家有着本质的区别，这个区别在于对劳动关系中的调节机制并非以用人单位和劳动者的有组织的意见表达为基础,而是以国家的劳动法规建构和劳动力市场政策为表达基础。由此形成的对于老年劳动者是否退休的决议,有赖于国家政策替代劳动关系双方来进行决策。这一特殊的劳动关系决定方式使我国的退休制度注定与西方同行有极大差异,也决定了退休政策的调整路径与西方同行的不同基础。因此,需要站在我国劳动关系在退休决策中的特殊地位的层面,对延迟退休政策进行审慎安排;需要充分认识到我国退休政策框架在退休福利和劳动权益两方面的建构作用,站在我国改革开放以来正规就业大幅缩减,乃至成为少部分劳动人群的就业方式的背景下,需要重视甚至警惕延迟退休政策可能造成的在老年劳动层面的社会公平问题——延迟退休同时意味着正规劳动权的延伸。

一 谨慎研判延迟退休政策的综合影响范围、意涵和效用

中国的退休政策调整是一项具有全局性的政策。尽管严格意义讲中国并没有独立意义的退休政策,而是经由《劳动法》《劳动合同法》《社会保险法》相互诠释的对于劳动者(签订劳动合同者)在满足了相应的社会保险缴费条件与年龄条件后,应当存在的解除现有劳动关系、停止劳动合同并领取基本养老保险(以及如果存在的话,企业年金或职业年金)的事项。这一事项实质是政府对于劳动者基于劳动雇佣的劳动权的界定和分配形式。作为一个依然在发展中的后发国家,我国基于资本量所形成的就业岗位,也就是可以容纳的通过进入相应的资金系统以付出的劳动来换取生计的岗位量必然是有限的,若要让绝大多数劳动年龄人口被包容进这样一个劳动系统(简言之,找到正规单位签订劳动合同),有两个途径。第一,国家经济全面现代化,经济总量高度扩张,人均 GDP 达到发达国家水平,从而实现如工业国家一样的近乎全民的职业就业。第二,劳动人口总量降低,且用人单位对劳动力的需求程度保持一致(例如不会存在大量的机器替代人工的同步发展)。很显然,第一条道路是我们正在努力突破,但复杂的国际形式使得中国的崛起还有较多的困难需要克服。第二条道路可能在人口结构变化下实现,但也存在新技术发展下对人均劳动价值的对冲。

因此，对何种人群有资格进入到资本总量中依据劳动获得劳动关系下的初次分配与再分配这一论题的判断，我国采用的是以市场为基础的、国家综合协调的方式。其中市场自主的劳动供需调节是核心方式，依靠资金的运营者——企业基于其利润的判断，依靠劳动者自身在其教育培训中积累和打磨的能力禀赋，实现供求合意的劳动关系。而国家在这个过程中对不同人群进入和退出对资本总量的分配与再分配权利中，实行了有倾向性的调控措施。例如应届毕业生的就业，国家以各级政府、高校为触手实现对应届毕业生的市场干预确保其基本的就业水平。而对于退休的控制也从属于这样的逻辑，因为劳动对资本的索取权是一个连续时间的概念，而非瞬时的概念（互联网背景下的新业态则带有瞬时的特征，劳动具有高度的瞬时可替换性），那么在中国远远无法实现所有劳动者都进入正规职业序列的背景下，什么人能在多长时间存在于职业就业体系，不仅是一个经济问题，更是一个权益问题。因此，在多种法律法规下约束而成的退休政策，不仅表达了退休养老的福利语义，同时灌注了劳动就业的权益语义。这是发展中国家在西方工业国家塑造的"正规就业"语义下所不得不呈现的状态。

在这一基本前提下，中国是否形成有组织的劳动关系表达框架，便是值得探讨甚至辩难的话题，而这个话题恰好会形成中西方退休政策框架内在逻辑的基本差异，也涉及中国劳动与社会保障领域的深层次话题——保障充分的基于劳动就业的分配方式，到底带来的是社会团结还是社会割裂。如前所述，中国作为后发国家，工业化、城镇化、信息化建设正在进行当中而远未完成，有资格进入资本的正规运用架构——职业就业的劳动者必然是所有城乡劳动者中的少部分，这与西方自福利国家以来，通过建立全民就业为基础的劳动—资本分配形式在基础层面存在差异，从而能够进入职业劳动的劳动者，是在多种条件综合下形成的幸运结果，而这里涉及的条件差异既包括个人自身的努力（从教育培训取得学历和技能），也包括诸多客观的差异条件，例如城乡、一二线城市与中小城市、家庭经济社会地位等，能够进入正规职业就业的"幸运儿"，还会进一步存在职业类别的差异化，这种差异化的存在和衡量标准实质上体现着对劳动者的保护性。例如在职业类别中公认处于占优地位的公务员、事业单位工作人员，以稳

· 267 ·

定的工作收入、职业预期和较完善的保障水平作为其优势的主要描述；而企业单位中，国企、央企、私企、外企，在相似的经济体量下，工资待遇、工作时间、带薪休假、职业稳定、福利保障形成的综合依然成为优势的主要描述对象，从中也存在较大的差异。这个差异当中工资待遇本身反而不是最显著的指标，例如互联网企业"996"的工作模式、35岁的裁员危机下，即使其保有较高水平的工资收入，总体的职业满意度却存在疑问。劳动权益的综合保护的不同，在市场经济条件下呈现出离国家越近、综合保障越全面的现象。从而也意味着国家作为"雇主"，对其设计的劳动法规之遵循是最好的。而在国家不直接介入的私营领域，缺乏组织的劳动者获得的保护相对更少，其权益的声张有赖于更加间接的法律程序来维护。劳动保护的不均等特性使得职业群体的劳动权益的实现是有差异的。

在中国市场经济条件下特殊的劳动关系及其约束机制下，退休成为需要审慎决策的综合性政策，国家需要就退休的时点、待遇、类别针对不同的劳动群体做出综合的考量。其中所涵盖的则是如何论证不同类型的劳动者在退休这个论题上的劳动权益和福利保障权益。如果说有保障、有保护的劳动本身便是相对于其他群体的"福报"，那么以延迟退休维持更长时间的就业，对于这部分劳动者而言是福利的上升；如果说退休金足够丰厚，那么退休领取待遇本身便会形成福利的直观差异。而中国的退休政策需要通过劳动关系的自决来直接给出国家的分配方式，这便构成了退休政策调整的高度复杂性，因为中国退休政策需要解决的并不是覆盖多数人群的职业群体共同性的提高退休时点、延长工作时间的方案，而是在只有少部分人能进入职业劳动的背景下，如何实现其劳动和退休的双重权利的表述。在此基础上，延迟退休的福利表述形成一对反向的观念———一方面劳动者推迟了获得领取养老金的权利的时点，而当养老金成为其主要的稳定生计来源时，这便推迟了其享受闲暇的时点；另一方面劳动者获得了更多的停留在正规劳动中的时间，而这在发展中国家的就业形态中，是少数人才能享有的权益，而这项权益的保有可能会直接或间接影响其他群体。这便需要慎重考虑正规就业者基于年龄的劳动权，到底该加以怎样的规制才符合中国就业结构下的就业公平。

二 拆分正规就业权和养老保障权的年龄构成

退休本质上意味着劳动者有条件接受终身性地停止劳动的安排，这个条件在福利国家以后的短暂历史时期被具象化为养老保险的给付行为，但是在退休和老龄进一步区分的逻辑和现实必然性下，退休的条件保障势必多元化、多层次化。在此基础上，退休和老龄实现分化，而退休和养老就有了拆分的可能。养老金的领取年龄和退休之间的区分，此前亦有学者尝试提出，但并未获得太多认可，因为其设想在于劳动者于养老金领取之前停止工作，静待一段时日再领取养老金，却未涉及此一时段劳动者的收入获取问题。而此处所言的拆分，并非劳动者就业状态与养老保障的拆分，而是其基于劳动合同的正规就业与养老的可选择的拆分。拆分的目的在于理顺中国就业结构下的正规就业权的定位、养老金保障权的定位。而这个拆分需要充分建立在前文提出的理顺养老金制度结构和探索灵活退休机制的基础上才能得以实施。拆分的思路在于充分运用多层次养老保障和灵活退休机制，一方面实现养老金领取年龄的合理化——为劳动者因年老脱离工作而提供基础性的保障；另一方面实现对正规劳动权的合理分配——老年劳动者对正规劳动权的索取或者取消应当是均质的。由此，可以延迟的是劳动者基于参保城镇职工基本养老保险而索取的基础养老金，如果下一步有将基础养老金发展为国民年金的改革议案，则应重新论证基础养老金的发放年龄，在此过程中其调整方式可以大步推进而非小步渐进。

当下，唯有基础养老金是直接关涉现收现付制下基金平衡的，能够将这一部分的发放承诺较快速度地推迟，可以缓解国家和企业的在养老金可持续发展论题下的双重压力。基础养老金的发放时点表征着劳动者获得养老保障权的时点。而以60岁为起点，到预期的基础养老金发放时点（例如65岁，但有待论证，并建议根据预期寿命的某个比例进行同步的自动调节），则进行对劳动雇佣权的灵活释放。60岁以后的劳动者统统进行劳动身份的转移，不再统一续签劳动合同，但需要原单位继续雇佣，并签订雇佣合同。雇佣期间不允许用人单位在劳动者无合同约定的显著过错及劳动法规限制的诸种情况下解除雇佣合同,但允许用人单位做适当的调岗安排。雇佣合同生效期间用人单位无须继续缴纳单位的养老保险费,但与此同时,单位可代扣个人账户缴费,劳动者也可选择不缴纳个人账户缴费、开始提取个人账户养老金,但出于对鼓励老龄积蓄的考虑,应当将前者视为默认选项,后者可申请退出。劳动者在年满60岁后可自由缔结雇佣合同,其与用人单位的关系转移为对用人单位有限制的人事雇佣合同。因此,劳动者也可出于个人和家庭的考虑解除所有用人关系,停止在本单位的劳动行为。由此形成对劳动关系的放宽——正规劳动权在全社会老龄人口的公平分配,与养老权合理界定——基础养老金或国民年金的延迟领取,二者相结合的分配形式。由此最终形成劳动权和养老保障权在内涵和表现上的分化,同时为适应未来更具灵活性的就业形态——稳定的正规就业终归源于工业时代对于固定场所、固定时间、固定人员的生产方式的诉求——奠定开放的框架。

第五节 总结

在中国的退休制度建构下,在日益复杂的国际国内政治形势下,在人口老龄化密云不雨的压力下,延迟退休政策的改革思路、政策设计和落地实施牵涉深广,对决策层而言是一项巨大的考验。中国语境下的退休和延迟退休都与西方国家语境下的政策调整有着巨大差异,应从我国退休建构的政策逻辑和实践情况出发,充分考虑延迟退休对国家和市场的影响,综合延迟退休对社会保障、劳动力市场政策、用人单位负担、不同职业群体劳动者的特征(劳动性质、退休结构)等要素作为出发点进行创造性的制度建构。在此过程中,需要妥善调整养老金体系的作用、目标定位,厘清基本养老保险制度中基础养老金和个人账户的权责和功能,对劳动群体建立可预期的、实现透明的个人缴费和待遇的关联机制。需要厘清多层次养老保险体系中企业年金和职业年金的功能定位和实现方式,充分利用补充养老保险的灵活性来调节企业和劳动者对于延迟退休的接纳度。需要充分考虑更具灵活性的退休机制,为未来必然趋于灵

第九章　延迟退休政策配套改革的政策建议

活性的就业形态和退休形态做出前瞻性的政策基础建构，同时也有助于使用灵活退休来替代更易引发歧义的延迟退休。在灵活退休机制中充分利用基础养老金和个人账户不同的权责关系和功能定位，建立延迟退休期间用人单位负担不增加、个人缴费不增多、国家养老保险资产负债平衡优化的机制。这一机制必须建立在劳动者养老保险缴费和待遇非常清晰的关联基础上，以此来鼓励用人单位和劳动者愿意实现更长年限的岗位供求，从而在"一刀切"的延迟退休之外，建立更具灵活性的、多元化的退休路径来适应不同用人单位的用人需求、不同职业群体劳动者的劳动期望、国家宏观劳动力市场政策目标的实现、养老保险长期可持续发展目标的实现。最后，需要立足中国自身作为发展中人口大国在市场经济体制下的就业结构特质，建立更公平、更可持续的老年资源分配方式和基本养老保障机制。

参考文献

林熙：《退休制度的结构要素和实践形态研究——基于退休渠道的视角》，西南财经大学出版社2016年版。

林义（主编）：《社会保险》，中国金融出版社2010年版。

［美］麦克法夸尔、［美］费正清编：《剑桥中华人民共和国史，1949—1965年》，谢亮生等译，中国社会科学出版社1998年版。

陈功、宋新明、刘岚：《中国残疾人退休年龄政策研究》，《残疾人研究》2012年第3期。

陈凌、姚先国：《论我国退休政策的劳动力市场效应》，《中国劳动》1999年第12期。

丁建定、何家华：《关于推迟退休年龄问题的几点理论思考——兼论中国推迟退休年龄问题》，《社会保障研究》（北京）2014年第1期。

董沛文：《论胡塞尔意义理论的意向性》，《理论探索》2010年第1期。

封进：《延迟退休对养老金财富及福利的影响：基于异质性个体的研究》，《社会保障评论》2017年第4期。

封进、胡岩：《中国城镇劳动力提前退休行为的研究》，《中国人口科学》2008年第4期。

郭正模：《对制度安排的劳动力市场退出和退休行为的经济学分析》，《社会科学研究》2010年第2期。

韩克庆：《延迟退休年龄之争——民粹主义与精英主义》，《社会学研究》2014年第5期。

何晔：《我国退休人员再就业权劳动法保护新探》，《长沙民政职业技术学院学报》2012 年第 2 期。

何圆、王伊攀：《隔代抚育与子女养老会提前父母的退休年龄吗？——基于 CHARLS 数据的实证分析》，《人口研究》2015 年第 2 期。

姜春力、杨燕绥、胡成：《渐进延迟我国退休年龄政策设计与建议》，《中国智库经济观察》2014 年第 2 期。

李昂、申曙光：《社会养老保险与退休年龄选择——基于 CFPS2010 的微观经验证据》，《经济理论与经济管理》2017 年第 9 期。

李东方、江建：《企业职工预期退休年龄及影响因素的实证研究——基于我国 10 省市调查数据的实证分析》，《西北大学学报》（哲学社会科学版）2017 年第 2 期。

李汉东、凌唯心：《我国老年人口退休年龄、健康状况及工作意愿分析》，《老龄科学研究》2014 年第 9 期。

李乐乐、杨燕绥：《基于灰色关联分析的我国退休年龄影响因素研究》，《西北人口》2017 年第 5 期。

李琴、彭浩然：《谁更愿意延迟退休？——中国城镇中老年人延迟退休意愿的影响因素分析》，《公共管理学报》2015 年第 2 期。

李珍：《关于中国退休年龄的实证分析》，《中国社会保险》1998 年第 5 期。

廖少宏：《提前退休模式与行为及其影响因素——基于中国综合社会调查数据的分析》，《中国人口科学》2012 年第 3 期。

林熙、林义：《法国退休制度演变与改革的经验教训及启示——基于退休渠道的视角》，《国外社会科学》2017 年第 2 期。

林相森、白金：《婚姻对我国城镇女性退休行为的影响》，《当代财经》2017 年第 8 期。

林义：《关于我国退休制度的经济思考》，《当代财经》1994 年第 4 期。

林义：《我国退休制度改革的政策思路》，《财经科学》2002 年第 5 期。

刘奇兰、万斌：《解析"提前退休"现象》，《中国社会保障》2002 年第 8 期。

刘元春：《退休年龄社会基础的国际比较》，《广东行政学院学报》2015

年第1期。

牛建林：《受教育水平对退休抉择的影响研究》，《受教育水平对退休抉择的影响研究》2015年第5期。

彭浩然：《基本养老保险制度对个人退休行为的激励程度研究》，《统计研究》2012年第9期。

彭希哲、邬民乐：《养老保险体系可持续性与劳动生产率增长》，《人口与经济》2009年第2期。

钱东宁：《历史悠久的英国银行业》，《欧洲研究》1990年第3期。

钱锡红、申曙光：《经济收入和健康状况对退休期望的影响——一个交互效应模型》，《经济管理》2012年第3期。

申曙光、孟醒：《财富激励与延迟退休行为——基于A市微观实际数据的研究》，《中山大学学报》（社会科学版）2014年第4期。

退休年龄问题研究本书组、刘伯红、郭砾等：《她/他们为什么赞成或反对同龄退休？——对选择退休年龄影响因素的实证研究》，《妇女研究论丛》2011年第3期。

汪泽英、曾湘泉：《中国社会养老保险收益激励与企业职工退休年龄分析》，《中国人民大学学报》2004年第6期。

王爱云：《试析中华人民共和国历史上的子女顶替就业制度》，《中共党史研究》2009年第6期。

王延中：《中国"十三五"时期社会保障制度建设展望》，《辽宁大学学报》（哲学社会科学版）2016年第1期。

席恒、翟绍果：《我国渐进式延迟退休年龄的政策机制与方案研究》，《中国行政管理》2015年第5期。

许彬、罗卫东：《协调成本、内生劳动分工与区域经济增长——加里·贝克尔内生经济增长模型评述》，《浙江大学学报》（人文社会科学版）2003年第2期。

闫利娜：《供给侧改革背景下焦煤集团职工安置方法探讨》，《中国集体经济》2018年第5期。

阳义南：《我国职工退休年龄影响因素的实证研究》，《保险研究》2011

年第 11 期。

阳义南、肖建华：《参保职工真的都反对延迟退休吗？——来自潜分类模型的经验证据》，《保险研究》2018 年第 11 期。

杨翠迎、汪润泉：《我国城镇就业人员养老金待遇的历史考察与思考》，《社会保障研究》（北京）2017 年第 1 期。

佚名：《我国职工延迟退休意愿决定因素实证分析——基于全国 28 个省级行政区的调查数据》，《江苏大学学报》（社会科学版）2018 年第 6 期。

于铁山：《延迟退休年龄政策的社会认同与影响因素——基于 CLDS（2014）数据的实证研究》，《社会工作与管理》2017 年第 6 期。

张荣鑫：《浅析内退"一刀切"之弊》，《中国人力资源开发》2004 年第 3 期。

张永梅、方晓伟：《城镇中青年人延迟退休意愿及影响因素分析——基于浙江省的调查数据》，《调研世界》2016 年第 12 期。

赵耀辉：《老龄化、退休与健康》，《2014 年春季 CMRC 中国经济观察》，2014 年。

郑苏晋、王文鼎：《延迟退休会减少职工的养老金财富吗？》，《保险研究》2017 年第 5 期。

周明、韩茜薇：《延迟退休背景下劳动者养老方式选择意愿影响因素分析——基于我国 10 省市调查数据的实证分析》，《西北大学学报》（哲学社会科学版）2017 年第 2 期。

[德] N. 卢曼：《社会的经济》，余瑞先、郑伊倩译，人民出版社 2008 年版。

[德] N. 卢曼：《宗教教义与社会演化》，刘锋、李秋零译，中国人民大学出版社 2003 年版。

[法] 杜阁：《关于财富的形成和分配的考察》，南开大学经济系经济学说史教研组译，商务印书馆 1961 年版。

[荷] B. 曼德维尔：《蜜蜂的寓言》，肖聿译，商务印书馆 2016 年版。

[苏联] 恰亚诺夫：《农民经济组织》，萧正洪译，中央编译出版社 1996

年版。

［英］贝弗里奇：《贝弗里奇报告（社会保险和相关服务）》，劳动和社会保障部社会保险研究所译，中国劳动社会保障出版社2004年版。

［英］弗朗西斯·培根：《论财富》，载培根《培根随笔集》，曹明伦译，人民文学出版社2018年版。

Adams S. J. , "Age Discrimination Legislation and the Employment of Older Workers", *Labour Economics*, Vol. 11, No. 2, 2004.

Albanese, Andrea, Bart Cockx, and Yannick Thuy, "Working Time Reductions at the End of the Career: Do They Prolong the Time Spent in Employment?", *Empirical Economics*, Vol. 59, No. 1, 2020.

Armour P. , Hung A. , "Drawing down Retirement Wealth: Interactions between Social Security Wealth and Private Retirement Savings", SSRN Electronic Journal, 2017.

Baylsmith P. H. , Griffin B. , "Age Discrimination in the Workplace: Identifying as a Late-career Worker and Its Relationship with Engagement and Intended Retirement Age?", *Journal of Applied Social Psychology*, Vol. 44, No. 9, 2014.

Bicchieri C. , Muldoon R. , Social norms, In Zalta E. N. , ed. , *Stanford Encyclopedia of Philosophy*, Stanford University Press, 2014.

Bloom, David E. , and Dara Lee Luca, "The Global Demography of Aging: Facts, Explanations, Future", *Handbook of the Economics of Population Aging*, Vol. 1, North-Holland, 2016.

Blundell, Richard, et al. , "Female Labor Supply, Human Capital, and Welfare Reform", *Econometrica*, Vol. 84, No. 5, 2016.

Borsch-Supan, Axel and R. Schnabel, "Social Security and Retirement in Germany", in J. Gruber and W. Wise, eds. , *Social Security Programs and Retirement around the World*, The University of Chicago Press, 1999.

Borsch-Supan, Axel H. , Wilke, Christina B. , "The German Public Pension System: How it Was, How it Will Be", NBER Working Paper 10525,

2004.

Borsch-Supan, Axel, "Disibility, Pension Reform and Early Retirement in Germany", in David Wise, ed., *Social Security Programs and Retirement around the World: Historical Trends in Mortality and Health, Employment, and Disability Insurance Participation and Reforms*, The University of Chicago Press, 2012.

Burtless, Gary, "Social Norms, Rules of Thumb, and Retirement: Evidence for Rationality in Retirement Planning", *Social Structures, Aging, and Self-regulation in the Elderly*, 2006.

Börsch-Supan Axel, et al., "Dangerous Flexibility-Retirement Reforms Reconsidered", *Economic Policy*, Vol. 33, No. 94, 2018.

Börsch-Supan A., Bucher-Koenen T., Coppola M., et al., "Savings in Times of Demographic Change: Lessons from the German Experience", *Journal of Economic Surveys*, 2015, Vol. 29, No. 4.

Börsch-Supan, Axel and Courtney Coile eds., *Social Security Programs and Retirement around the World: Reforms and Retirement Incentives*, Chicago: University of Chicago Press, 2021.

Börsch-Supan, Axel, et al., "Longitudinal Data Collection in Continental Europe: Experiences from the Survey of Health, Ageing, and Retirement in Europe (SHARE)", *Survey Methods in Multinational, Multiregional, and Multicultural Contexts*, 2010.

Börsch-Supan, Axel, et al., "Micro-modeling of Retirement Decisions in Germany", *Social Security Programs and Retirement Around the World: Micro-estimation*, 2004.

Börsch-Supan, Axel, Klaus Härtl, and Duarte Nuno Leite, "Social Security and Public Insurance", *Handbook of the Economics of Population Aging*, Vol. 1, North-Holland, 2016.

Börsch-Supan, Axel, Klaus Härtl, and Duarte N. Leite, "Earnings Test, Non-actuarial Adjustments and Flexible Retirement", *Economics Letters*,

Vol. 173, 2018.

Clark, Gordon L., "European Pensions and Global Finance: Continuity or Convergence?", *New Political Economy*, Vol. 7, No. 1, 2002.

Coile, Kevin Milligan, and David Wise, eds., *Social Security Programs and Retirement around the World: Working Longer*, Chicago: University of Chicago Press, 2019.

Costa Dora L., "The Promise of Private Pensions: The First Hundred Years", By Sass Steven A. Cambridge, MA: Harvard University Press, 1997, p. viii, 332, *Journal of Economic History*, 58 (2).

Costa D. L., "The Evolution of Retirement: An American Economic History, 1880 – 1990", *Journal of Labor Research*, Vol. 23, No. 1, 1999.

David A. Wise, eds., *Social Security Programs and Retirement around the World: The Capacity to Work at Older Ages*, Chicago: University of Chicago Press, 2017.

David A. Wise, eds., *Social Security Programs and RetirementAround the World: Disability Insurance Programs and Retirement*, Chicago: University of Chicago Press, 2016.

David A. Wise, ed., *Social Security Programs and Retirement around the World: Historical Trends in Mortality and Health, Employment, and Disability Insurance Participation and Reforms*, Chicago: University of Chicago Press, 2012.

Devisscher, Stephanie, and Debbie Sanders, "Ageing and Life-course Issues: the Case of the Career Break Scheme (Belgium) and the Life-course Regulation (Netherlands)", *Modernising Social Policy for the New Life Course*, 2007.

Diamond, Peter and Jonathan Gruber, "Social Security and Retirement in the United States", *Social Security and Retirement around the World*, Chicago: University of Chicago Press, 1999.

Disney R. F. 2006. Disney R., "The Impact of Tax and Welfare Policieson

Employment and Unemployment in OECD Countries", *Imf Working Papers*, 2006.

Dwyer D. S., Mitchell O. S., "Health Problems as Determinants of Retirement: Are Self-rated Measures Endogenous?", *Pension Research Council Working Papers*, Vol. 18, No. 2, 1999.

Ebbinghaus Bernhard, *Reforming early Retirement in Europe, Japan and the USA*, Oxford: Oxford University Press, 2006.

Elster, Jon, "Social Norms and Economic Theory", *Journal of Economic Perspectives*, Vol. 3, No. 4, 1989.

Feldstein, Martin, and Andrew Samwick, "Social Security Rules and Marginal Tax Rates", *National Tax Journal*, Vol. 45, No. 1, 1992.

Feldstein, Martin, and Jeffrey B. Liebman, "Social Security", *Handbook of Public Economics*, Vol. 4, 2002.

Graf N., Hofer H., Winter-Ebmer R., "Labor Supply Effects of a Subsidized Old-age Part-time Scheme in Austria", *Zeitschrift Für Arbeitsmarktforschung*, Vol. 44, No. 3.

Gruber C. J., "Future Social Security Entitlements and the Retirement Decision", *The Review of Economics and Statistics*, Vol. 89, No. 2, 2007.

Gruber, Jonathan, and David A. Wise, eds., *Social Security and Retirement around the World*, Chicago: University of Chicago Press, 1999.

Gruber, Jonathan, and David A. Wise, eds., *Social Security Programs and Retirement around the World: Fiscal Implications of Reform*, Chicago: University of Chicago Press, 2007.

Gruber, Jonathan, and David A. Wise, eds., *Social Security Programs and Retirement Around the World: Micro-estimation*, Chicago: University of Chicago Press, 2004.

Gruber, Jonathan, and David A. Wise, eds., *Social Security Programs and Retirement around the World: The Relationship to Youth Employment*, Chicago: University of Chicago Press, 2010.

Guillemard, Anne-Marie and Dominique Argoud, "France: A Country with A Deep Early Exit Culture", in Maltby, Tony and Bert de Vroom et al., eds., *Ageing and the Trransition to Retirement*, Ashgate Publishing Limited, 2004.

Guillemard, Anne-Marie and Martin Rein, "Comparative Patterns of Retirement: Recent Trends in Developed Societies", *Annual Review of Sociology*, Vol. 19, 1993.

Gustman, Alan L., and Thomas L. Steinmeier, "Integrating Retirement Models: Understanding Household Retirement Decisions", *Factors Affecting Worker Well-being: The Impact of Change in the Labor Market*, Emerald Group Publishing Limited, 2014.

Han, Shin-Kap, and Phyllis Moen, "Clocking out: Temporal Patterning of Retirement", *American Journal of Sociology*, Vol. 105, No. 1, 1999.

Hanel B., Riphahn R. T., "The Timing of Retirement — New Evidence from Swiss Female Workers", *Labour Economics*, Vol. 19, No. 5, 2012.

Holzmann R., Hinz R., *Old Age Income Support in the 21st Century: An International Perspective on Pension Systems and Reform*, World Bank Publications, 2005.

Holzmann, Robert, Edward Palmer, and David A., Robalino, eds., *Nonfinancial Defined Contribution Pension Schemes in a Changing Pension World*, Vol. 1 on Progress, Lessons and Implementation, Washington, D. C.: World Bank and Swedish Social Insurance Agency, 2002.

Holzmann, Robert, "Global Pension Systems and their Reform: Worldwide Drivers, Trends and Challenges", *International Social Security Review*, Vol. 66, No. 2, 2013.

Holzmann, R., Bank, T. W., & Bank, W., "The World Bank Approach to Pension Reform", *International Social Security Review*, Vol. 53, No. 1, 2010.

Jacobi L., Kluve J., "Before and After the Hartz Reforms: The Performance of Active Labour Market Policy in Germany", *Journal for Labour Market*

Research, Vol. 40, No. 1, 2007.

Jacoby, Hanan G., "Shadow Wages and Peasant Familylabour Supply: An Econometric Application to the Peruvian Sierra", *The Review of Economic Studies*, Vol. 60, No. 4, 1993.

Johnson R. W., Neumark D., "Age Discrimination, Job Separations, and Employment Status of Older Workers: Evidence from Self-Reports", *Journal of Human Resources*, Vol. 32, No. 4, 1996.

Juster F. T., Suzman R., "An Overview of the Health and Retirement Study", *Journal of Human Resources*, 2016, Vol. 30, No. 1, 2016.

Kim J. E., Moen P., "Retirement Transitions, Gender, and Psychological Well-Being A Life-Course, Ecological Model", *Journals of Gerontology*, Vol. 57, No. 3, 2002.

Kohli, Martin, "The World We Forgot: A Historical Review of the Life Course", Walter R. Heinz, Johannes Huinink, and Ansgar Weymann (eds), *The Life Course Reader: Individuals and Societies across Time*, Frankfurt, Campus-Verlag, 2009.

Kohli, Martin, "The Institutionalization of the Life Course: Looking Back to Look Ahead", *Research in Human Development*, Vol. 4. No. 4, 2007.

Kok J., "Principles and Prospects of the Life Course Paradigm", *Annales de Démographie Historique*, Vol. 113, No. 1, 2007.

Laczko, Frank and Chris Phillipson, "Great Britain: The Contradictions of Early Exit", in Martin Kohli etc, eds., *Time for Retirement—Comparative Studies of Early Exit from the Labor Force*, Cambridge University Press, 1991.

Lancee B., Radl J., "Social Connectedness and the Transition From Work to Retirement", *Journals of Gerontology*, Vol. 67, No. 4, 2012.

Lazear, E. P., "Retirement from the Labor Force. -Handbook of Labor Economics Volume 1. Edited by O. Ashenfelter and R. Layard", 1986.

Luhmann, Niklas, "Society, Meaning, Religion: Based on Self-reference",

Sociological Analysis, Vol. 46, No. 1, 1985.

Luhmann, Niklas, "The Paradoxy of Observing Systems", *Cultural Critique*, Vol. 31, 1995, pp. 37 – 55.

Lumsdaine, Robin L., James H. Stock, and David A. Wise, "Why are Retirement Rates so High at Age 65?", *Advances in the Economics of Aging*, University of Chicago Press, 1996.

Maltby, Tony and Bert de Vroom eds., *Ageing and the Trransition to Retirement*, Ashgate Publishing Limited, 2004.

Martin Kohli, Martin Rein, Ann-Marie Guillemard, and Herman Van Gunsteren eds., *Time for Retirement: Comparative Studies of Early Exit From the Labor Force*, Cambridge: Cambridge University Press, 1991.

Mayer, Karl Ulrich, and Urs Schoepflin, "The State and the Life Course", *Annual Review of Sociology*, 1989.

Mayer, Karl U., "Life Courses and Life Chances in a Comparative Perspective", for the Symposium in Honor of Robert Erikson "Life Chances and Social Origins", *Swedish Council for Working Life and Social Research* (FAS), Sigtunahöjden, November 24 – 25, 2003.

Mayer, Karl U., "New Directions in Life Course Research", *Annual Review of Sociology*, 2009.

Mayer, Karl U., "The Paradox of Global Social Change and National Path Dependencies: Life Course Patterns in Advanced Societies", Alison E. Woodward and Martin Kohli (eds.) (2001), *Inclusions and Exclusions in European Societies*, London: Routledge, 2007.

Mclean M., "The Future of Retirement", *Pensions An International Journal*, Vol. 17, No. 3, 2012.

Meadows, Pamela, "Retirement Ages in the UK: A Review of the Literature", *NIESR Discussion Papers* 755, 2003.

Mitchell O. S., "Retirement and Economic Behavior", Edited by Henry J. Aaron and Gary Burtless (Book Review), *Industrial and Labor Relations*

Review, Vol. 38, No. 4, 1985.

Moorthy A., Amin S., "Using Behavioral Insights to Increase Retirement Savings", *Mathematica Policy Research Reports*, 2017.

Mulders, Jaap Oude, "Employers' Age-related Norms, Stereotypes and Ageist Preferences in Employment", *International Journal of Manpower*, Vol. 41, No. 5, 2019.

Naschlod, Frieder and Bert de Vroom eds., *Regulating Employment and Welfare: Company and National Policies of Labour Force Participation at the End of Worklife in Industrial Countries*, Walter de Gruyter & Co., 1993.

Neugarten, Bernice L., Joan W. Moore, and John C. Lowe, "Age Norms, Age Constraints, and Adult Socialization", *American Journal of Sociology*, Vol. 70, No. 6, 1965.

OECD, "Pension at a Glance 2011", *OECD Publishing*, 2011.

OECD, "Pension at a Glance 2017", *OECD Publishing*, 2007.

OECD, "Ageing and Employment Policy: France 2005", *OECD Publishing*, 2005.

Palmer, Edward E., "The Swedish Pension Reform Model: Framework and Issues", No. 12, Washington, D.C.: World Bank, 2000.

Papers D. D., "Closing Routes to Retirement: How Do People Respond?", Discussion Papers of DIW Berlin, 2017.

Ploug, N., "The Recalibration of the Danish Old-age Pension System", *International Social Security Review*, Vol. 56, No. 2, 2010.

Radl J., "Labour Market Exit and Social Stratification in Western Europe: The Effects of Social Class and Gender on the Timing of Retirement", *European Sociological Review*, Vol. 29, No. 3, 2013.

Ransom R. L., Sutch R., "The Labor of Older Americans: Retirement of Men On and Off the Job, 1870–1937", *Journal of Economic History*, Vol. 46, No. 11986.

Ritter, Gerhard Albert, *Social Welfare in Germany and Britain: Origins and*

Development, Berg Publishers, 1986.

Samwick, Andrew A., "New Evidence on Pensions, Social Security, and the Timing of Retirement", *Journal of Public economics*, Vol. 70, No. 2, 1998.

Sargeant M., "Mandatory Retirement Age and Age Discrimination", *Employee Relations*, Vol. 2, No. 2, 2004.

Savage M., Stovel K., Bearman P., "Class Formation and Localism in an Emerging Bureaucracy: British Bank Workers, 1880 – 1960", *International Journal of Urban & Regional Research*, Vol. 25, No. 2, 2010.

Schirle, Tammy, "Why Have the Labor Force Participation Rates of Older Men Increased since the Mid-1990s?", *Journal of Labor Economics*, Vol. 26, No. 4, 2008.

Schlachter M., "The Prohibition of Age Discrimination in Labor Relations", General Reports of the XVIIIth Congress of the International Academy of Comparative Law/Rapports Généraux du XVIIIème Congrès de l'Académie Internationale de Droit Comparé, *Springer Netherlands*, 2012.

Stock, James H., and David A. Wise, "The Pension Inducement to Retire: An Option Value Analysis", *Issues in the Economics of Aging*, University of Chicago Press, 1990.

Thane, Pat, *Old Age in English History: Past Experiences*, Present Issues, Oxford Press, 2000.

Thane, P., "The History of Retirement", Oxford Handbook of Pension and Retirement Income, G. L. Clark and A. HMunnell (eds), Oxford University Press, 2006.

Thane, P. M., "The Debate on the Declining Birth-rate in Britain: the 'Menace' of an Ageing Population, 1920s – 1950s", *Continuity & Change*, Vo. 5, No. 2, 1990.

Thomson, David, "A World Without Welfare: New Zealand's Colonial Experiment", in Paul Johnson and Pat Thane eds., *Old Age from Antiquity to Post-Modernity*, New York: Routledge, 1998.

Turner J., "Social Security Pensionable Ages in OECD Countries: 1949 - 2035", *Comparative Economic & Social Systems*, Vol. 60, No. 1, 2009.

Venne, Rosemary A., and Maureen Hannay, "Demographics, the Third Age and Partial Retirement: Policy Proposals to Accommodate the Changing Picture of Female Retirement in Canada", *Journal of Women & Aging*, Vol. 29, No. 6, 2017.

Vermeer N., Rooij M. V., Vuuren D. V., "Social Interactions and the Retirement Age", *DNB Working Papers*, 2014.

Warren, Diana, "Australia's Retirement Income System: Historical Development and Effects of Recent Reforms", Working Paper No. wp2008n23, Melbourne Institute of Applied Economic and Social Research, The University of Melbourne, 2008.

Whiteford, Peter, and Edward Whitehouse, "Pension Challenges and Pension Reforms in OECD Countries", *Oxford Review of Economic Policy*, Vol. 22, No. 1, 2006.

WindA D., Leijten F. R., Hoekstra T., et al., "'Mental Retirement?' Trajectories of Work Engagement Preceding Retirement among Older Workers", *Scandinavian Journal of Work, Environment & Health*, Vol. 43, No. 1, 2006.

World Bank, *The Changing Nature of Work*, World Development Report, 2019.

Young, H. Peyton, "The Evolution of Social Norms", *Economics*, Vol. 7, No. 1, 2015.